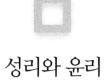

성리와 윤리

대우학술총서

623

성리와 윤리

—윤리 개념의 한국적 정초

양일모 · 이원석 · 정원섭 지음

아카넷

차례

머리말

바야흐로 윤리의 시대가 왔다. 일상생활에서 생활 윤리가 요청되고, 기업에서는 기업 윤리를 중시하고 있다. 선생님에게 교사 윤리를 가르치고, 교수에게 연구 윤리를 준수해야 한다고 지도한다. 환경 윤리가 있고 생명 윤리도 있다. 모든 직종에 직무 윤리를 정하고, 심지어 공무원과 국회의원에게 적용하기 위해 공무원윤리헌장과 국회의원윤리강령을 제정하였다. 더구나 올해부터 미국의 유명 대학에 인공지능 윤리 교과목이 신설되었다는 소식도 들린다. 인공지능을 만드는 공학자에게 공학 윤리가 요청되고, AI 역시 윤리적 규제를 통과한 알고리즘으로 만들어질 것이다. 오늘날 사람들이 만나서 놀고 일하는 모든 영역에 윤리가 요청되는 시대에 살고 있다.

인간의 모든 활동 영역에서 요청되는 것은 윤리이며, 이때 윤리는 윤리 강령으로서 윤리적 규제에 가까운 의미를 지니고 있다. 이러한 강령에는 윤리라는 수식어가 붙어 있지만, 무엇을 해야 한다는 것을 규정하기보다는 주로 무엇을 하지 말아야 한다는 내용을 담고 있다. 연구 윤리에 제시된 하지 말아야 할 일을 하면, 즉 공무원 윤리헌장이나 연구 윤리를 위반하면, 도덕적 비난은 말할 것도 없고 법적 처벌을 받게 된다. 하지 않는 일(有所不爲)이 있는 사람은 윤리적 비난에서 벗어날 수 있고 무난하게 세상을 살아갈 수 있다. 그렇지만 윤리 강령을 위반하지 않아야 한다는 집착을 가지게 되면, 우리의 삶은 고단하고 피곤할 뿐이다.

윤리라는 말이 흔하게 쓰이는 것은 윤리가 필요한 시대를 말하며, 윤리가 부재한 시대를 반영하고 있다. 한국 사회는 유래를 찾아보기 어려울 만큼 단기간에 경제적으로 윤택한 생활을 영위하고 정치적으로 민주화를 달성한 나라이다. 그렇지만 사회적으로는 심각한 문제가 자주 발생하고 있으며, 삶의 질과 만족도가 높지 않다. 부의 축적과 정치적 권력에 대한 신뢰가 그다지 높지 않을 뿐만 아니라, 국가와 국민, 심지어 사람과 사람 사이의 관계도 인간적이지 못하다. 여론을 이끄는 사람들은 한국 사회에 만연한 윤리의 부재 혹은 윤리의 타락에 대해 개탄하며 윤리 교육의 필요성을 강력히 제기한다. 심지어 최근에는 인성 교육을 입법화하기조차 하였다.

모든 영역에 윤리 강령을 만들면 우리 사회의 고질적인 문제가 해결될 수 있다는 희망을 가질 수 있을까? 지금까지의 사례로 볼 때, 윤리 강령은 하지 말아야 할 내용을 주로 담고 있다. 그렇다면 해서는 안 되는 일과 할 수 있는 일 사이의 경계를 어떻게 결정할 것인가? 나아가 윤리 강령의 규제에 저촉되지 않고 할 수 있는 일, 혹은 그러한 규제나 강령에 구애받지 않고 인간이 추구할 수 있고 또한 해야 할 일은 무엇일까? 맹자는 "하지 않는 일이 있으면, 그 다음에 할 수 있는 일이 있다."라고 말했다. 인간은 어떤 강령을 지키기 위해 신중하고 소극적인 자세로 살아가기보다 어떻게 살 것인지 긍정적으로 고민하면서 행복을 추구하고자 한다. 이것이 또한 윤리의 문제이다.

경제학이 경제 현상을 다루듯이, 윤리학은 윤리의 문제를 다룬다. 그런데 다른 학문은 대체로 연구 대상이 분명하지만, 윤리학은 곧장 윤리란 무엇인가 하는 순환론적 질문을 유발한다. 철학이란 무엇인가 하는 물음과 마찬가지로 이 질문에는 수많은 견해가 주어져 있다. 윤리에 대해 다양한 이질적 견해들이 상호 갈등하며 공존하는 상황, 즉 가치 다원주의가 우리 사회에 만연하여 있다는 점은 부정하기 어렵다. 가치 다원주의 상황에서도 지역마다 그 대응 방식은 매우 독특한 양상을 보여준다. 사회적 지도자의 스캔들이 발생할 때, 어떤 국가에서는 심각하게 다루어지는 사안이 다른 국가에서는 전혀 윤리 문제로 부각조차 되지 않는다.

윤리는 보편성을 지향하지만 이처럼 특수한 측면을 무시할 수 없다. 이 책에서 다루고자 하는 것은 현재 한국에서 윤리란 무엇인가 하는 물음이다. 현재에 대한 물음에 대답하는 방법 중의 하나로서 과거의 역사적 경험에 대한 성찰로부터 지혜를 얻을 수 있다. 현재의 윤리적 과제가 과거의 과제로부터 단절되는 부분과 연속되는 부분을 지니고 있기 때문이다. 한국은 19세기 말 서양과의 만남 이후로 개화기, 대한제국시기, 식민지시기, 남북분단의 상황을 거치면서 근대적 국민국가를 형성해왔다. 지난 150여 년은 한국의 역사가 가장 급격한, 가장 복잡한 형식으로 전개된 시기라고 할 수 있다. 따라서 현재 한국의 윤리 문제를 다루기 위해 이 책은 소급적인 접근 방식을 취하고자 한다.

몇 년 전 한국에서 효도법 제정을 둘러싸고 적지 않은 논쟁이 전개되었다. 우선 국가가 법률적으로 부모와 자식 사이의 가족 문제에까지 개입하는 것이 정당한가 하는 것이 논란이다. 둘째로, 가족 사이의 관계가 법적으로 제어되어야 하는가, 아니면 일상의 윤리적 차원의 문제인가 하는 점이다. 셋째, '효행 장려 및 지원에 관한 법률'이 입법의 취지인 고령화 사회의 노인 문제 해결에 실질적으로 도움이 되는가 하는 점이다. 이러한 법률 제정이 한국의 현 상황에서 여성의 부담을 가중시킬 수도 있다는 여성계의 반론에도 귀를 기울여야 할 것이다. 여러 가지 문제가 제기되지만 그중에서도 중요한 것은 효행 장려와 효문화진흥원과 같은 제도가 한국인을 윤리적으로 만드는 데 어떤 역할을 할 것인가 하는 점이다. 이 글과 관련해서 또 하나의 근본적 물음은 고령화 사회의 대책으로 왜 효도라는 방식이 도입되었는가 하는 점이다.

효도를 부모에 대한 사랑이라고 설명한다면 인간미가 넘치는 윤리가 될 수 있지만, 유교적 규범과 관련된 예교(禮敎)로 해석한다면 현대 사회에서 또 하나의 굴레가 될 수도 있다. 효도는 현재 한국 사회에서는 젊은 세대가 선뜻 동의하기 쉽지 않은 규범이다. 효도의 사회적 의미에 대한 논의는 이미 30여 년 전에도 있었으며, 칭찬과 비판의 목소리가 동시에 제기되었다.

> "그렇지만 신문은 신문대로 사건을 취급하는 규칙이랄까 하는 것이 있습니다. 신문·잡지 윤리요강이란 것이 그것인데, 사생활을 침범하는 기사는 못 쓰게 되어 있습니다."
> "허허. 윤리 한번 맹랑한 윤리도 있구려. 효도는 만 가지 윤리의 근본인데, 불효한 놈 신문에 못 내게 하는 윤리도 있단 말이요?"
> 호적계장이 차고 나섰다.

"글쎄, 그렇기는 합니다마는, 뭣이냐, 말하자면 ….."

영하는 잔뜩 주눅이 든 데다가 말이 묘하게 꼬여 버리자 어떻게 말가닥을 추려야 할지 몰라, 고추 먹은 소리로 허텅지거리만 늘어놓고 있었다.

"지금 나라에서도 충효를 으뜸으로 내세우고 있지만, 그중에서도 효도라 하는 것은 …."

"자꾸 효도, 효도, 그 케케묵은 소리 좀 작작하시오. 더구나, 요새 같은 세상에 효도가 만 가지 윤리의 근본이라니, 그런 답답한 소리를 하니 말발이 안 서요."

갑자기 민영감이 인정머리 없이 호적계장을 몰아세웠다.

"가만 있자, 효도가 케케묵은 소리라니요?"

호적계장은 지금 무슨 소리를 하고 있느냐는 눈으로 민영감을 멀뚱하게 건너다봤다.

—송기숙, 『개는 왜 짖는가』, 1984.

　　이 연구는 "오늘날 한국 사회에서 '윤리'는 어떻게 규정될 수 있는가?" 하는 물음에 대한 논의를 통해 윤리 개념의 한국적 정초를 도모하려는 시도이다. 따라서 이 글은 20세기를 전후해서 유교적 이념에 의해 전개되어왔던 전통적 질서가 어떤 과정을 거치면서 현대 사회에 이르렀고 윤리학이라는 근대적 학문이 한국인의 윤리 문제에 어떤 역할을 담당했는지 살펴보고자 한다. 잘 알려져 있듯이, 성리학을 중심으로 형성된 유교적 규범이 일상화된 전통적 질서는 근대 국가를 형성하는 사이에 비판의 대상으로 간주되면서 표면적으로는 서양으로부터 도입된 새로운 가치 체계가 이를 대신하였다. 삼강오륜 혹은 수신제가 등의 유교적 가르침은 진부한 이념으로 간주되었으며, 정치적·사회적으로는 자유와 민주 등 새로운 가치관이 형성되었다. 그렇지만 한국의 근대를 내면적으로 분석해보면, 비판의 대상이 되었던 유교적 규범이 개인의 행위나 정치적 질서 속에 내면화되어 있다는 점을 부정하기는 어렵다. 즉 한국의 근대화 과정을 단순한 서양 사상 혹은 서양 윤리의 도입으로 간주하기 어렵다는 것이다.

유교적 사회에서 현대 사회로 이행하면서 나타난 윤리의 전환 과정을 규명하기 위해서는 또다시 유교적 규범 그 자체가 윤리적으로 어떤 의미를 지니는지에 대한 엄밀한 분석이 필요할 것이다. 유교는 공자, 맹자에서 시원하는 원시유교가 있으며, 송나라시대 중국에서 전개된 주자학 그리고 조선시대에 활발하게 전개되었던 성리학 등으로 세분해서 살펴볼 수 있다. 이 글에서 주목하고자 하는 것은 유교가 이러한 역사적·지역적 전개 과정에서 인간의 윤리적 문제를 어떤 측면에서 접근하고 인간의 윤리적 행위의 가능성과 정당성을 어떤 방식으로 확보하는가 하는 점이다. 성리학은 인간의 본성[性]과 자연의 질서[理]의 일치성을 추구하면서 인간이 선한 본성을 실현할 수 있다고 주장한다. 물론 성리학의 이러한 논리 구조는 공자, 맹자 이래로 전개되어온 인, 예, 성(聖), 효(孝), 수신(修身) 등과 같은 특수한 개념 장치 위에 건립된 것이었다.

조선시대에는 성리(性理)의 관점에서 인간의 윤리적 행동을 조절하고 사회를 구성할 수 있었다. 그렇지만 20세기를 전후하는 일종의 근대화 과정에서 서양의 윤리학이 수용되면서 성리가 아니라 윤리가 요청되는 시대가 되었다. 그렇다면 오늘날 한국 사회에서 '윤리'란 무엇을 의미하는가? 이러한 물음에 대한 대답은 윤리라는 단어의 정의를 설명하는 것만으로는 충분하지 않다. 왜냐하면 윤리라는 한국어 개념은 서양의 Ethics와 동아시아 한자어인 '윤리(倫理)'가 중첩된 것이기 때문이다. 이 연구는 이러한 물음에 대답하기 위해 다음과 같은 세 가지 물음을 제기하고 대답하는 방식으로 접근하고자 한다.

1. 한국 사상에서 전통적으로 윤리(성리)란 무엇을 의미했는가?
2. 서양 윤리 사상을 도입하는 과정에서 동아시아에서 윤리는 어떻게 형성되었는가?
3. 현재 한국 사회에서 윤리 문제를 어떻게 규정하고 정초할 것인가?

따라서 이 책은 다음과 같이 3부로 구성되어 있다. 각 부는 위에서 제시한 세 가지 물음에 대한 일종의 대답이다. 제1부는 "'성리'의 정립을 향하여—동양의 전통 윤리 사상과 성리학", 제2부는 "동아시아에서 윤리 개념의 정초—한중일의 서양 윤리학 수용 과정", 제3부는 "서양 윤리 수용과 윤리 개념 정초—1980년대 이후 한국 사회의 격변에 따른 윤리학적 쟁점 형성의 연구"이다.

이 연구는 윤리 문제의 한국적 정초를 다루고 있지만, 윤리를 지역적 특수성에 한정하지 않고 오히려 인류의 보편성과 특수성이라는 양면에 동시에 주목하면서 다음과 같은 문제를 설정하고자 한다.

가. 윤리의 영역: 한국에서는 어떤 문제를 윤리적 문제로 간주하며 어떤 문제는 윤리와 무관하다고 생각하는가? 그리고 그 기준은 유교적 사회에서 생성된 윤리 개념의 문제와 어떤 관련을 맺는가?

나. 윤리의 수용: 20세기 전후 전통 윤리로 간주된 유교의 기본적 가르침은 서양의 윤리 사상이 도입되면서 어떻게 재구축되어 있는가?

다. 윤리의 정초: 20세기 후반 한국 사회에서 윤리 개념 형성에 중요한 영향을 미친 서양 윤리 사상은 무엇이며 이러한 윤리 사상은 어떤 방식으로 수용되어 터 잡게 되는가?

이러한 문제를 연구하기 위해 본 연구는 현재 한국의 '윤리'의 문제를 거시적·미시적 방면에서 분석해보고자 한다. 즉 한국에서 서양 윤리 사상이 도입되는 과정을 통시적으로 고찰하면서 유사한 사상적 토대를 지닌 중국과 일본의 모습과 비교하여 근대 한국 윤리 형성 과정의 특징을 추출하고자 한다. 실제로 동아시아의 서양 윤리 사상 수용 과정에서 일본의 역할은 무시할 수 없다. 일본에서 간행된 서양 윤리 사상의 번역 혹은 일본인의 저술은 중국과 한국에 급격히 전달되었다. 따라서 한국에서 윤리학 혹은 윤리 사상의 수용 과정을 분석하기 위하여 동아시아적 접근, 비교철학적 분석, 아울러 사상사적 접근을 시도하고자 한다. 특히 현재 우리가 사용하고 있는 '윤리' 개념은 일본어 번역으로부터 수용된 것이므로, 일본과 중국에서 윤리 개념의 형성 과정을 분석하면서 근현대 한국에서 윤리 개념이 형성되고 사회적으로 확장되어 언어적 권위를 형성하는 과정을 개념의 역사성을 분석하는 방법론을 통해 분석하고자 한다.

이 연구는 대우재단의 연구비 지원을 받아 진행되었다. 한국의 윤리 문제의 중요성을 인정하고 기꺼이 지원해준 대우재단에 진심으로 감사 드린다. 그리고 지난 3년 동안 현대 한국의 윤리 문제의 정착이라는 방대하고 어려운 주제에 함께 참여하면서 절차탁마의 미덕을 깨우쳐준 공동연구원의 인덕에 고마움을 전하고자 한다. 부족한 원고를 꼼꼼히 다듬어 변변한 한 권의 책이 될 수 있도록 도와준 아카넷의 이하심 부장에게 거듭 감사 드린다.

연구진을 대표하여
양일모 씀

제1부

'성리'의 정립을 향하여
― 동양의 전통 윤리 사상과 성리학

1. 유교 윤리에 대한 기존 연구 검토

1) 베버의 유교 윤리 비판

유럽 계몽주의 이래 유교는 막스 베버의 관점에 의해 타율적 "수용의 윤리"로 간주되어왔다.[1] 베버에 따르면 기독교에는 선지자의 전통이 있었던 반면 유교에는 그런 전통이 없었다. 구약시대의 선지자는 당대의 도덕적 타락상을 지적하면서 당대인에게 회개하도록 촉구할 때, 기독교 최고신의 대언자(代言者)로 자임하며 이른바 예언을 발했다. 주지하다시피 기독교의 신은 초월성을 핵심 속성으로 지닌다. 유

---

1) Heiner Roetz, *Confucian Ethics of the Axial Age: a Reconstruction under the Aspect of the Breakthrough toward Postconventioanl Thinking*, New York: State University of New York Press, 1993. p. 1.

교에는 초월적 신 관념이 없었기 때문에 구약시대의 선지자에 대응하는 인물 유형도 없었다.

구약의 선지자들은 초월적 신의 명령과 현실의 도덕적 타락 사이에서 발생하는 엄청난 틈새를 강렬하게 의식했던 만큼 신의 초월성을 새삼 자각하고 초월과 현실의 관계에 대해 고민했다. 하지만 유교에는 그런 신이 존재하지 않았기 때문에 유학자들의 관심은 피안이 아니라 차안에 머물렀고 상대적으로 형이상학에 대한 열정이 약했으며, 그 당연한 귀결로 도덕 이상과 현실 세계 사이에서 어떠한 긴장도 느끼지 않았다는 것이 베버의 주장이다.[2]

차안에 대한 관심은 자연스럽게 그것의 긍정으로 귀결되어 인간은 원죄를 저지른 존재가 아니라 선한 본성을 지닌 존재로 인식되므로, 자신의 사악한 본성과 맞서 싸우는 도덕적 투쟁, 그런 본성을 스스로 규율하기 위한 자율적 윤리, 그리고 자율적 윤리를 위한 필요조건인 내면적 가치 척도, 도덕적으로 타락한 세상에 맞서기 위한 평형추로서 자임하려는 태도 등이 유교에는 없다고 베버는 말한다.

베버는 유학자들의 주요 관심사를 예(禮)라고 보았다. 고대 중국인은 예가 우주 질서의 구현물이라는 조화적 우주론을 가졌으며, 사람은 예를 무조건 수용해야 한다고 여겨졌다. 그런데 사실 예란 기존 관습 가운데에서 비교적 바람직하다고 여겨지는 것의 총체로서 고대 중국의 봉건제를 지탱하는 규범 체계였다. 따라서 예의 무조건적 수용은 자연스럽게도 기존 권력 질서에 대한 순응을 초래할 가능성이 컸

---

2) 유교 윤리에 대한 베버의 이해는 뢰츠의 같은 책과, 토머스 메츠거가 짓고 나성이 번역한 『곤경의 탈피』의 「들어가며」 각주 4번에 실린 내용을 바탕으로 한다. 토머스 메츠거 저/ 나성 역, 『곤경의 탈피』, 서울: 민음사, 2014. 300쪽 참조.

다. 유학자들의 학문 역시 도덕적 자아를 실현하는 것이 아니라 단순히 기존 관념을 소화하는 데에 머물렀다고 베버는 인식했다. 따라서 유교 윤리는 특수주의, 낙관주의, 신화, 타율성의 특징을 갖지만, 서양의 근대 윤리는 보편주의, 세속에 대한 지배, 초월, 자율성을 특징으로 갖는다고 한다.[3]

유교 윤리에 대한 베버의 규정은 비록 여러 부분에서 논의할 여지가 있지만 사회학자로서의 명성과 선명하고 명쾌한 그의 설명 방식 그리고 헤겔과 마르크스로부터 전해지던 아시아 정체론과 결합함으로 인해, 이후 학계에 광범위한 영향력을 행사했다. 베버와 그 비판자들 사이에서 다루어진 논제는 유교 윤리의 특성에 대한 것이 아니라, '과연 유교에 윤리라고 불릴 만한 것이 있느냐?'라는 근원적 물음이었다. 베버는 유교의 윤리라는 것이 실상 처세술에 지나지 않는다고 주장했지만, 그 비판자들은 유교에도 자율적 주체라는 윤리의 기본 요소가 있었음을 입증하고자 했다.

베버의 유교관은 서구의 여러 연구자에 의해 비판받았음에도 불구하고 여전히 막대한 영향력을 끼치고 있다. 예컨대 2017년 한국에서 번역·출간된 오구라 기조의 『한국은 하나의 철학이다』는, 현대 한국 사회를 유교 이념의 철저한 구현체로 간주하면서 "도덕 지향성" 혹은 "도덕 환원주의"를 핵심 특성으로 파악했다. 그런데 이 책이 역점을 두어 비판하고자 했던 것은 한국인의 도덕 추구가 명예·권력·부의 추구와 연결된다는 것이었다.[4] 물론 그런 흐름은 진정하게 도덕을

---

3) Heiner Roetz, op. cit., p. 1.
4) 오구라 기조 저/ 조성환 역, 『한국은 하나의 철학이다』, 서울: 도서출판 모시는 사람들, 2017. 166, 172, 179-180쪽.

추구했던 "선비"들로부터 비판을 받았겠지만,[5] 박정희 정권이 재벌의 경제 활동에 민족주의라는 리(理), 즉 일종의 도덕적 정당성을 부여했던 것처럼,[6] 도덕은 이윤 추구를 정당화하는 도구로 쓰인다고 그는 보았다. 이런 도덕은 사실상 처세술의 다른 이름에 불과할 것이다.

베버는 현대 한국의 연구자에게도 영향력을 행사한 것으로 보인다. 박봉배에 따르면, 유교의 "우주적 문화형"에는 우주적 통체(統體, Cosmic Totality)를 넘어서는 초월적 · 객관적 가치가 인정되지 않으며 조화와 통합을 핵심 속성으로 갖는다고 한다. 이런 "우주적 문화형"에 기초한 철학은 인간관계나 사회관계의 갈등을 무시하거나 과소평가하는 경향이 강하다고 하며, 이런 의미에서 유교의 도덕 철학을 조화의 철학(Philosophy of Harmony)이라고까지 정의했다.[7]

2) 현대 신유학자의 대응

중국에는 근대적 윤리에 부합하는 것이 없다는 베버의 주장이 중국인들에게 수월하게 받아들여졌을 리는 없다. 그들은 대응 논리를 만들어내고자 했는데 토머스 메츠거는 탕쥔이(唐君毅)가 그 전형을 보여준다고 한다.

탕쥔이는 세계의 본질을 "유행(流行)", 즉 변화라고 보았다. 변화는

---

5) 같은 책, 136쪽.
6) 같은 책, 170쪽.
7) 박봉배, 「조화의 철학에 기초한 유교 윤리」, 『기독교사상』 14(12), 대한기독교서회, 1970. 92쪽.

"감응"으로 표현되고 이것이 선의 근원이라고 한다.[8] 아마도 탕쥔이는 장재(張載)의 일기(一氣)적 우주론을 염두에 두었을 텐데 장재에 따르면 우주는 끝없이 하나로 이어져 있는 기(氣)이며, 기의 내부에는 음(陰)과 양(陽)의 두 가지 힘이 있어 상호 대극적으로 작동하지만 궁극적으로 상호 보완한다고 한다. 물론 상호 대극과 상호 보완은 모순이지만 탕쥔이가 그렇게 서술한 까닭은 세계의 다양성과 일원론을 단일한 기 개념으로 종합하려고 했기 때문일 것이다.

탕쥔이는 이런 음양의 상호작용을 바로 "감응" 또는 "감통"이라고 하며, 우주의 일부분인 인간 역시 "감응" 또는 "감통"을 자기 본질로 삼는다고 한다.[9] 여기서 주목되어야 할 점은 탕쥔이가 일기적 우주 자체를 초월적 실체로 간주한다는 점이다. 그렇기 때문에 일기적 우주의 속성인 감응은 인간을 포함한 만물에 편재하고 그것은 인간에게서 본질이 된다. 감응이 인간에게서 현실화할 때 타인에 대한 공감, 즉 측은지심과 같은 것이 발출한다. 그런데 타인의 고통에 공감해주는 것은 도덕적으로 선하므로, 공감의 근원도 선한 것으로 여겨져야 한다. 이처럼 인간의 도덕은 초월적인 것한테서 오는 것이다. 그초월적 존재는 만인에게 편재하여 선천적 본성이 되므로 인간은 단지외적 권위에 순종하여 도덕을 행사하는 것이 아니라 자신에게 편재한도덕적 본성에 따라 도덕을 행하게 된다. 그렇다면 유교는 결코 타율적 수용의 윤리로 규정될 수 없을 것이다.

이렇듯 도덕 혹은 윤리의 근거를 초월적인 것에서 찾고, 그것이 인

---

8) 토머스 메츠거 지/ 나성 역, 앞의 책, 49쪽.
9) 같은 책, 50쪽.

간에게 내재하여 본질이 된다는 성리학적 사유 방식을 옹호함으로써 베버적 규정을 반박하려는 움직임은 최근에까지 이어지고 있다. 천라이(陳來)는『인학본체론(仁學本體論)』을 발표하여 유교의 핵심 덕목인 인(仁)이 본체적 지위를 지닌다는 것을 강조했다. 그는 주희(朱熹)의 「인설(仁說)」을 그 증거로 제시했다. 주희의 성리학 체계에 따르면 천지(天地)는 끊임없이 새로운 존재를 낳아준다. 즉, 새로운 존재에게 생명을 베풀어주는 것이다. 그러므로 천지에는 덕이 있는 것으로 여겨지는데 덕의 다른 이름이 바로 '인'이라고 한다. 더 나아가 천지로부터 태어난 만물은 천지의 자식이니만큼, 천지의 '인'을 물려받아 자신의 본질로 삼아 태어날 것이다. 따라서 만물의 본성은 '인'이 된다.

만물은 그 본성이 '인'이므로 천지와 마찬가지로 다른 존재에게 호의를 베풀려는 성향이 있기 마련이다. 다만 개체성이라는 제약 조건으로 말미암아 어진 덕을 잘 베풀지 못하게 된다. 하지만 그런 제약 조건을 성공적으로 극복한다면, 인간은 천지와 나란히 서서 다른 존재를 자기보다 먼저 배려하여 덕(德)을 베풀 수 있게 될 것이다. 이런 구도에서 우리가 눈여겨봐야 할 것은 '덕' 또는 '인'의 보편성, 즉 그 무소부재함이다. '인'은 천지의 본성일 뿐 아니라 만물의 본성이기도 하므로 그것은 초월적 존재이다.[10]

'인'은 초월적 존재일 뿐만 아니라 전체적 존재이기도 하다고 천라이는 주장하는데 바로 이 점이 성리학에 대한 그의 독특한 이해를 보여준다. 그에 따르면 '인'은 실체로서 만물에 편재하는 초월적 존재인 동시에, 조화로운 유기체적 존재로서 만물을 그 안에 품고 있는 부모

---

10)　陳來,『仁學本體論』, 北京: 三聯書店, 2014. 38쪽.

와 같은 존재이다. 아니, 만물의 유기적 연결체 그 자체가 바로 '인'이다. 그래서 천라이는 "송대 유가 철학의 견지에서 말하자면 실체와 유기체[機體]는 대립할 필요 없이 통일될 수 있다."라고 주장한다.

송대 유가 철학은 실체성을 표현할 때는 리(理) 개념을 사용하고 유기체성을 표현할 때는 기(氣) 개념을 사용했다. 천라이에 따르면 '인'은 실체성과 유기체성을 동시에 갖는다. 그렇다면 '인'은 리와 기를 통합하는 상위 존재로 자리매김될 수 있다. 천라이는 이런 이해가 숭스리(熊十力)나 펑유란(馮友蘭)의 존재 이해와 일치한다고 보았다.[11] 아마도 천라이에게서 '본체'는 실체성과 유기체성을 동시에 지칭하는 것으로 사용되었던 것 같다.

하지만 이처럼 '인'을 본체로 삼는 견해는 전통시대에는 타당하게 여겨질지 몰라도 과학적 세계관이 득세한 오늘날에는 시대착오적인 것으로 치부될 수 있다. 이에 대해 천라이는 근대의 레비나스(Emmanuel Levinas)와 마틴 부버(Martin Buber), 특히 후자의 철학이 성리학과 유사한 구도로 이루어져 있음을 지적함으로써 자기의 입장을 옹호한다. 헤겔 철학에는 자아도 없고 타자도 없고 오로지 전체만 있다고 하여 레비나스는 헤겔을 비판했다고 한다. 그래서 레비나스는 타자의 존재를 강조하고 주체와 '신성한 타자' 사이의 특수한 관계를 논했다. 하지만 레비나스는 타인의 중요성을 철학적으로 정립하지 않았고 관계적 본체를 세우지도 않았다는 점에서 한계를 갖는다는 것이 천라이의 판단이다. 이에 비해 마틴 부버는 "서로 만남[相遇]"을 제시하고서 관계를 실체보다 앞선 곳에 두며 실체가 관계로부터 나온다고

---

11) 같은 책, 39쪽.

하였다. 이런 부버의 본체론은 관계적 본체론이라고 할 수 있다.[12] 천라이는 이러한 관계적 본체론이 인의 본체론에 부합한다고 보았다.

3) 신실용주의적 유가 해석

최근 미국의 신실용주의 또는 컨텍스트 이론을 채택한 홀과 에임스(Hall & Ames) 그리고 핑가렛(H. Fingarette) 등은 베버와 같이 유교를 바라보면서도, 도리어 유교를 긍정적인 것으로 바라보았다.[13] 특히 핑가렛은 우주의 구현물인 예가 마술적 속성을 갖고서 사람들이 자발적으로 그것에게 순종토록 한다고 보면서, 예는 마치 "보이지 않는 손"이나 "자동생산 시스템"처럼 사회를 조율한다고 상찬했다.[14] 핑가렛이 어째서 이런 결론에 도달하게 되었는지 조금 더 살펴보자.

핑가렛은 주관주의와 행태주의 사이에서 중도를 취하기 위해 개인이나 사회를 실체화하지 않고, 개인적 경험과 아울러 그 관계성 또는 사회성을 중시했다.[15] 개인적 경험만 강조할 때 주관주의로 경도될 수 있고, 사회나 관계만을 강조할 때 행태주의로 기울 수 있음을 그는 의식했기 때문이다. 핑가렛에게 유가의 예(禮)는 주관주의와 행태주의를 극복할 수 있는 대안으로 여겨졌다. 왜냐하면 예가 지배적 규범으로 작동하는 사회 속에서, 예는 그 행위자에게 특정 상황에서 주관적

---

12) 같은 책, 78쪽.
13) Heiner Roetz, op. cit., p. 1.
14) Ibid., pp. 10-11.
15) 이하 유교 윤리에 대한 핑가렛의 이해는 토머스 메츠거가 짓고 나성이 번역한 『곤경의 탈피』의 제5장 각주 18번에 실린 내용을 바탕으로 한다. 토머스 메츠거 저/나성 역, 앞의 책, 35-60쪽 참조.

목적의식을 갖지 않고도 그 예가 규정하는 적절한 자세나 태도를 자동으로 취하게끔 할 수 있는 한편, 예 그 자체는 단순한 사회공학적 운영 메커니즘이 아니라 조화로운 사회와 국가의 건설이라는 목적을 갖는 전체적 체계이기 때문이다.

핑가렛은 이처럼 유교 윤리를 이해했기 때문에, 인간의 내부적 정신에 관한 탐구가 공자의 주요 관심사는 아니었다고 판단했다. 더 나아가서 공자에게서 인간이란 존재는 자신의 내부에 절대적·보편적 영혼을 갖지 않는다고 여겨졌으며, 그러므로 인간은 자율적 존재가 아닌 것이 되었다고 한다. 유교적 인간은 자율적 존재가 아니므로 도덕적 판단을 내리지 않는다. 그리하여 유교적 인간에게는 도덕적 책임 의식이 있을 수 없고 그에 수반하는 죄책감도 있을 수 없다는 것이 핑가렛의 견해이다. 이런 견해는 앞서 보았던 베버의 그것과 상통한다. 왜냐하면 베버가 파악한 유교적 인간 역시 자율성을 지니지 않으며 예를 타율적으로 수용하는 데서 그치기 때문이다. 다만 핑가렛은 베버와 달리 예행(禮行)을 긍정했다는 점에서 차이가 난다.

4) 메츠거와 슈월츠의 대응

메츠거는 근대 중국의 인문주의적 접근과 베버적 접근을 종합하려고 시도했다. 그는 신유학에 대한 분석을 통해서, 유교적 인간은 자신의 내부에 초월성이 내재하고 있다는 것을 자각함으로써 충족감을 느낀다는 점을 입증했다. 이로써 메츠거는 베버와 핑가렛의 유교적 인간관을 부정하고 있다. 하지만 다른 한편으로 유교의 인간은 자신이 의존하는 외적 권위, 즉 도덕규범을 제대로 지킬 수 없을지도 모른다는 불안감을 동시에 느낀다고 메츠거는 보았다.[16) 그런데 유교 윤리에서 외적 도덕규범은 궁극적으로 인간 내부의 초월성에 근거를 두는 것으로 여겨진다. 그러므로 유교의 인간은 자기 내부의 초월성만 잘 현실화하도록 하면 도덕규범을 저절로 수행할 수 있을 터이다. 만일 유교 윤리가 여기에서 머물렀다면, 그것은 베버가 말한 대로 자연주의적 낙관론에 머물고 말았을 것이다. 하지만 인간은 초월성과 더불어 악한 기질(氣質)을 갖기 때문에 도덕규범을 저절로 행할 수 없다.[17) 자신의 도덕규범을 지키지 못해 사회 구성원으로부터 인정을 못받을지도 모른다는 불안감은 자신에게 초월적 본성이 내재한다는 자기 충족감과 상충하게 된다. 그러므로 인간은 자신의 악한 기질을 제어하고 극복하기 위해 분투해야 하는 자율적 존재이다. 이러한 유교 윤리를 타율적 수용의 윤리로 간주하는 것은 잘못이라는 것이 메츠거의 대체적 주장이다.

메츠거에 이어 벤자민 슈월츠도 핑가렛을 비판했다. 핑가렛에게서 예는 마치 하나의 유기체적 원리처럼, 거기에 참여하는 개인들에게 자신의 역할을 자동으로 수행하게끔 하는 마술적 속성을 지닌 신적(神的) 존재였다. 슈월츠는 핑가렛이 예에 덧씌운 이러한 신적 속성 혹은 마술적 속성을 제거하는 것부터 시작한다. 예는 일차적으로 계급 조직, 권위, 권력을 포함하는 사회·정치적 질서이지, 그것을 신적 존재로만 보는 것은 부당하다고 슈월츠는 주장한다.[18) 더 나아가 슈월츠는, 공자는 인간의 내부적 정신 특질, 능력 혹은 정신 성향에 대해

---

16) 같은 책, 31쪽.
17) 같은 책, 175쪽.
18) 벤자민 슈월츠 저/ 나성 역, 『중국 고대 사상의 세계』, 서울: 살림출판사, 2004, 107쪽.

깊은 관심을 가졌으며, 바로 그런 공자의 관심이야말로 그를 이전 사상가들과 구분 짓게 하는 혁신적 면모라고 주장했다.[19]

　독일의 중국학 연구자 하이너 뢰츠(Heiner Roetz)도 대체로 슈월츠와 같은 맥락에서 베버주의와 신실용주의 모두 중국 전통 윤리의 특성을 파악하는 데 실패했다고 본다. 특히, 뢰츠는 핑가렛을 겨냥한다. 핑가렛에 따르면, 과거로부터 전승된 관습과 전통을 배우고 행해야 하는 이유는 그것들이 옳기 때문이 아니라, 옳은 것으로서 중시해야 할 것을 우리에게 알려주기 때문이라고 한다. 헤겔과 베버는 "고대 중국이 맥락(관계, 상황)을 초월한 성찰을 했는가?"라고 자문하고서 "몰랐다."라고 대답했는데, 신실용주의자들은 이와 똑같은 대답을 하는 대신 '몰랐다고 해서 무엇이 문제냐?'고 되묻는다는 것이다.[20] 하지만 이는 잘못이라는 것이 뢰츠의 주장이다. 그는 기존 맥락의 위기(the crisis of the established context)에 대한 반성적 반응(a reflected reaction)이 중국 전통 철학의 특성이라고 보기 때문이다.

　뢰츠는 헤겔, 베버와 핑가렛 등이 공유하는 전제, 즉 중국인의 타율성, 비주체성 논제를 비판하기 위해, 야스퍼스(Karl Jaspers)의 기축시대(Axial Age)론과 콜버그(Lawrence Kohlberg)의 도덕인지발달론을 결합하여, 춘추전국시대의 공자가 도덕인지발달 제5단계에 해당하는 사유를 보여준다고 주장했다. 제5단계란 기존 관습, 전통, 규율을 비판적으로 반성하는 단계를 가리키는데, 공자가 그 전형적 면모를 나타냈다는 것이다. 이를 잘 보여주는 것이 예(禮)의 무비판적 수행에 대한 반

---

19)　같은 책, 113쪽.
20)　Heiner Roetz, op. cit., pp. 1-2.

성을 촉구했던 공자의 태도라고 그는 보았다. 이외의 여러 증거를 통해 유교 윤리는 결코 타율성을 갖지 않는다고 뢰츠는 주장했다.

5) 한국 윤리학자들이 이해한 유교 윤리

한국의 연구자들은 유교 윤리의 성립 가능성 유무를 묻기보다 일단 유교 윤리의 존재를 전제한 후 그 특성을 묻는 쪽으로 연구를 진행해왔다. 따라서 우리는 서구 근대 윤리설의 관점에서 유교 윤리의 특성을 파악한 시도를 먼저 검토하기로 한다. 이들 가운데 도성달과 백종현의 연구에 중점을 놓고자 한다.

우선 도성달은 유교 윤리를 내재론 윤리, 존재론적 의무론 윤리, 직관주의 윤리, 친친(親親)의 윤리로 규정한다. 내재론 윤리란, "양심" 또는 "사단"이라는 도덕 요소가 인간에게 보편적으로 내재한다고 보는 것이다. 도덕 요소가 인간에게 보편적으로 내재하므로 인간은 도덕을 순전히 자기 요구에 따라 행하며, 그러므로 유교 윤리는 "주체적"인 것이고 또한 스스로 도덕률을 구성할 가능성을 내포하므로 "자율적"일 수 있다. 내재론적 윤리 체계라는 규정으로부터 존재론적 의무론이 자연스럽게 도출된다. 왜냐하면 유교 윤리의 핵심은 인간의 마음에 부여된 양심 또는 사단이라는 근원적 존재를 온전히 회복하여 실천해야 하는 것이기 때문이다. 더 나아가 존재론적 의무론은 직관주의적 도덕 인식론과 결부된다. 왜냐하면 양심과 동등한 위상을 갖는 "양지(良知)"는 바로 도덕적 직관 능력을 가리키기 때문이다.[21]

---

21) 도성달, 『서양 윤리학에서 본 유학』, 성남: 한국학중앙연구원 출판부, 2012.

하지만 양심이나 사단은 법칙이 아니라 인간에게 내재한 자연스러운 경향성으로 여겨질 수도 있다. 백종현은 이 사실에 주목하여 유교 윤리를 자연주의 윤리로 파악했다. "유교의 교설들은 기본적으로 사람의 자연 본성, 자연스러운 마음씨를 사실로 확인 내지 전제하고, 이 토대 위에서 사람들의 이상 실현을 위한 방도를 제시"[22]했기 때문이다. 이에 따르면 유교의 특성은 이런 자연적 경향성을 도덕적 당위의 근거로 본다. 곧, "유교는, 사람에게 고유한 자연스러운 마음씨(事實, Sein)가 바로 사람을 사람이게끔 해주는 것이니까, 사람이 사람답기 위해서는 누구나 이런 마음씨에 따라 행위해야만 한다(當爲, Sollen)고 보는 것이다."[23]

도성달은 "양심"이나 "사단"을 인간의 본원적 존재, 존재론적 근거로 보는 데 반해 백종현은 그것을 인간의 자연스러운 경향성으로 파악했다.[24] 그 결과 도성달은 유교 윤리를 내재론적 윤리로 보지만 백종현은 자연주의 윤리로 이해했다. 그렇지만 두 사람 모두 유교 윤리가 한편으로는 의무론적 요소를 갖는다고 보았던 데에서는 일치한다. 다만 도성달은 그것을 존재론적 의무론으로 본 데 비해 백종현은 자연주의적 의무론으로 보았다는 데에서 차이를 보인다.

백종현처럼 유교 윤리를 일종의 자연주의적 의무론으로 규정한다는 것은, 유교 윤리가 적어도 현대 윤리학의 견지에서는 설득력을 얻

---

331 - 334쪽.

22) 백종현, 『윤리 개념의 형성』, 서울: 철학과 현실사, 2003, 41쪽.

23) 같은 책, 52쪽.

24) 대체로 도성달 교수는 성리학에 대한 이해를 바탕 삼아 그 윤리설을 규명한 반면, 백종현 교수는 선진 유가, 특히 맹자에 대한 이해에 기반을 두고 그 윤리설을 밝히려 했기 때문에 이와 같은 견해 차이가 두 사람 사이에 생긴 것으로 보인다.

기 힘들다는 것을 내포할 것이다. 왜냐하면 유교 윤리를 자연주의적 의무론으로 간주한다는 것은 유교 윤리에 사실과 당위 사이의 혼동이 내포되어 있다는 것을 가리키기 때문이다. 이런 판단은 도성달이 사용한 "존재론적 의무론"이라는 용어에도 적용될 수 있다. 존재론적 의무론 역시 존재 즉 사실과, 의무 곧 당위 사이의 연속성을 상정하는 것이다. 이렇게 보았을 때 도성달, 백종현 두 사람 모두 유교를 전근대적 의무론, 이를테면 미성숙한 의무론의 관점에서 조망했다고 해도 무방할 것이다.

근대적 기준에서 보았을 때 유교 윤리가 약간 미성숙한 모습을 보여주는 까닭은, 그들이 보기에 유교가 사실에서 당위를 도출했기 때문이다. 도성달에 따르면 유교 윤리는 양심과 사단이라는 존재로부터 윤리적 의무를 도출했고, 백종현에 따르면 그것은 자연적 경향성으로부터 윤리적 의무를 도출했다. 이들의 이런 규정은, 근대의 윤리학으로 환원되기 힘든 유교 윤리의 특성을 지적하는 공통점을 양자가 보이는 데서 확인할 수 있다. 즉, 도성달은 서양 윤리학의 이론 틀로써 유교 윤리를 규정한 후 마지막으로 "친친(親親)"을 그 핵심 요소로 꼽았다.[25] 한편, 백종현은 유교 윤리의 한 특징으로 "보은"을 들었다.[26]

이들은 이러한 요소가 존재론적 의무론 혹은 자연적 의무론과 어떤 내적 관계를 갖는지 밝히지 않았다. 그런데 이 두 가지 요소는 유교 윤리의 핵심 지위를 차지하는 것으로서, 유교 윤리는 그로 인해 전근대적 성격을 지닌다고 여겨져 왔다. 도성달과 백종현은 먼저 이 두

---

25) 도성달, 앞의 책, 341쪽.
26) 백종현, 앞의 책, 55‒56쪽.

가지 요소에 대한 분석을 시작으로 유교 윤리의 성격 규정에 착수해야 하지 않았을까? 이들은 이 두 가지 요소를 정당화하기 위한 유교의 부수적 논거를 오히려 주된 요소로 간주함으로써 유교 윤리를 규정하려 했다는 아쉬움을 남긴다.

"친친"과 "보은"으로부터 유교 윤리의 핵심 성격을 도출하되 베버의 비판을 극복해낼 수 있는 설명은 없을까? 유교 윤리를 덕(德) 윤리로 규정하는 것을 고려해볼 수 있을 것이다. 송영배에 따르면 덕 윤리의 부활을 제기한 매킨타이어(A. MacIntyre)의 입론을 우선 살펴보아야 한다. 매킨타이어는, 근대 계몽주의가 등장하기 이전 인간의 도덕적 핵심으로 여겨졌던 덕 개념은 전통을 따르는 공동체의 관습 안에서 지속적 실천을 통해 형성되는 것이었다고 본다. 그러므로 전근대의 덕 개념은 공동체의 지평을 떠날 수 없었다. 동시에 전근대 세계는 형이상학적 목적론을 당연한 것으로 전제하고 있었다고 한다. 이 두 가지 사항을 고려한다면, 전근대의 인간들은 관습적·전통적 덕을 형이상학적으로 정당화한 후 그것의 성취를 위해 노력했던 것이다.

하지만 18세기에 계몽주의가 등장한 이래로 자연과학적·기계론적 인간학이 성립되자 공동체적 인간 본성 개념과 그것을 뒷받침하는 목적론은 역사의 뒤안길로 밀려나게 되었다. 특히 목적론이 부정되고 실증주의가 대두됨에 따라 도덕의 보편성을 주장할 수 없게 되었고, 그에 따라 도덕 명령은 다만 각인각색의 취향에 따라 파편화되었다고 매킨타이어는 진단한다. 이렇듯 실증적 인간 과학이 득세한 상황에서, 역사주의적 관점에 근거하여 공동체 내에서 개인의 역할과 이상적 덕성을 규정하고 이것을 목표로 삼아 개인을 도야해야 한다는 입론을 세울 때만 비로소 윤리학이 성립할 수 있다고 매킨타이어는 보았다.[27] 이런 매킨타이어의 입론은 근대 계몽주의시대 윤리 체계 전체를 비판 대상으로 놓기 때문에, 근대 계몽주의 전통 내에 있던 베버의 관점도 비판 대상이 될 것이다.

매킨타이어의 주장을 받아들이면 유교 윤리도 현대에서 자신의 자리를 되찾을 가능성을 갖게 된다. 왜냐하면 유교 윤리야말로 가족 공동체를 상정하는 동시에 덕(德)을 윤리의 핵심 요소로 삼아왔기 때문이다. 하지만 매킨타이어가 생각하는 아리스토텔레스적 덕 개념과 유교의 덕 개념이 과연 같은 성격을 갖는지 검토되어야 한다.

장동익은 유교의 덕 윤리가 서구의 그것에 부합할 수 있음을 보여주는 데 주력했다. 그는 우선 의무론적 판단은 행위 평가나 행위의 종류에 관심을 두는 반면 유교 윤리는 행위자 자체의 덕성 함양에 더욱 관심을 둔다고 보았다. 바로 그런 이유로 유교 윤리는 덕 윤리로 분류될 가능성을 갖는다고 한다. 장동익에 따르면, 덕 윤리에서 말하는 덕이란, "적절한 감정을 통해 타인의 삶의 구체적 상황에 대해 좋게 대응하는 성품"이며, 사랑이나 감정이입이 그 대표적 실례라고 한다. 그리고 덕 윤리란, 유덕한 행위자를 모범으로 삼으면서 그가 할 법한 행위를 따라야 하는 것으로 여겨진다.[28] 이런 규정을 통해 유교의 덕 윤리가 오늘날 운위되는 덕 윤리에 포함될 수 있다고 한다. 또한, 장동익은 "유교 윤리가 행위나 선택에 대한 윤리적 평가보다 행위자에 대한 평가를 우선한다는 것, 즉 행위자의 윤리적 평가에 따라 행위의

---

27) 송영배, 「현대사회의 불안요인과 유교적 윤리관의 의미」, 한국실학학회 편, 『한국실학연구』 3, 2001. 7-8쪽.

28) 장동익, 「덕 윤리적 관점과 유교 윤리」, 『도덕윤리과교육』 제36호, 2012. 173-177쪽.

윤리적 평가가 결정된다."라는 것을, 인(仁), 의(義), 예(禮)에 대한 분석을 통해서 입증했다.[29)

하지만 과연 그리스적 전통의 "virtue"와 유교의 "덕"이 상호 통용될지는 면밀한 검토가 필요하다. 그리스 · 로마적 전통의 "윤리" 개념은 그 어원이 ethos, 곧 풍속 또는 관습이다. 아리스토텔레스는 이 ethos의 결과물인 ēthos를 '인간의 성격'으로 규정하는데, 이 인간의 성격은 그가 속한 집단의 풍속 또는 관습에 의해서 형성되는 것이었다. 그래서 아리스토텔레스 윤리학의 주요 용어인 "윤리적 덕(ēthikē aretē)"은 풍속 또는 관습적 실천의 반복 숙달을 통해 습관적으로 형성된 인간의 품성을 가리킨다.[30)] 그리스적 "덕"이 '뛰어남'을 원초적 의미로 갖는다는 것은 이런 사정에서 연유한다. 이에 비해 유가의 덕은 하늘[天]에서 비롯한 것으로 여겨진다는 점에서 차이를 갖는다. 물론 유가 역시 사회적 규범의 체득을 통해 천덕(天德)의 회복을 말했다는 점에서 그리스적 덕 윤리와 더불어 상통하는 내용을 갖고 있기는 하다.

서구 및 한국에서 여성주의적 논의가 활발해지면서 배려(care) 윤리의 관점에서 유교 윤리를 해석하는 논의도 제기되었다. 한평수는 리천양(李晨陽)의 주장을 원용하여 논의를 전개하였는데, 리천양은 유교의 인(仁)이 여성주의적 배려 윤리의 배려 개념과 유사하다고 주장했다고 한다.[31)] 더구나 유교 윤리는 덕 윤리의 일종이며, 다시 덕 윤리는 배려 윤리와 상통하기 때문에, 논리상 유교 윤리는 배려 윤리와 상

---

29) 같은 글, 185쪽.
30) 石塚正英 · 柴田隆行 監修, 『哲學 · 思想飜譯語事典』, 東京: 論創社, 2003, 213쪽.
31) 한평수, 「배려(Care)의 윤리와 인(仁)의 윤리」, 『철학사상』 제23권, 서울대학교 철학사상연구소, 2006, 244쪽.

통할 수 있다는 것이다.

이에 대해 배려 윤리의 주창자 중 한 사람인 노딩스(Noddings)는 덕 윤리와 배려 윤리가 다르다고 강조하였다. 노딩스에 따르면, 배려 윤리의 존재론은 '관계론', 즉 관계가 실체보다 근원적 존재임을 전제로 놓지만, 덕 윤리는 그런 존재론을 갖지 않는다고 한다.[32] 그의 말대로 양자가 다르다면, 유교 윤리는 덕 윤리와 관련이 있을지언정 배려 윤리와는 관계가 없게 된다. 하지만 한평수는 유교도 관계를 중시한다는 점을 보여주었고, 또한 의미론적 견지에서 '인(仁)'과 '배려'가 상통한다는 것을 탕리첸(唐力權), 쿠아(Cua), 미조구치 유조(溝口雄三)의 인에 대한 정의를 들어서 입증했다.[33]

그런데도 유교 윤리를 곧바로 배려 윤리로 규정할 수 있을지는 신중히 처리할 필요가 있다. 과연 『논어』의 "극기복례(克己復禮)"라는 인에 관한 규정에도 '배려'라는 의미가 들어 있을까? 자신의 사욕을 극복한다는 것과 배려는 그다지 관련 없는 것으로 보인다. 그러므로 유교 윤리의 '인'에는 '배려'라는 의미도 들어 있지만, 그 이상의 다른 의미도 갖는 것으로 보아야 한다.

한편 이봉규는 유교 윤리를 덕 윤리로 파악하는 것에 대해 비판적 태도를 보인다. 그는 기존의 유교 윤리 연구를 비판적으로 성찰하기 위해 매우 중요한 작업을 하였다. 그에 따르면, 춘추 말 전국시대 초기에는 정치·사회의 계층 간 상호 쟁탈적 상황을 자연발생적인 것이자 필연적인 것으로 당연시하면서, 지배층이 피지배층을 효과 있

---

32) 같은 글, 258쪽.
33) 같은 글, 263쪽.

게 제어하는 방법을 제시하는 것이 대다수 사상가의 관심이었던 반면, 공자와 맹자는 상호 쟁탈의 원인이 지배층의 잘못된 정치 방식에 있다고 여기고서, 친애와 공경, 곧 인(仁)·의(義)에 바탕을 둔 정치 방식을 활용함으로써 쟁탈을 해소할 수 있다는 전망을 제시했다고 한다. 그리고 친애와 공경에 바탕을 둔 행위 양식의 총체가 인륜(人倫)이었다고 그는 말한다. 하지만 맹자의 성선설이 제기되고 그것이 송대 성리학의 기본 전제로 자리매김한 이래, 현대의 연구자들은 정치·사회적 맥락은 사상하고 오로지 인성론 및 존재론의 측면에서 성선설을 검토함으로써 맹자의 성선설, 더 나아가 유교의 윤리설을 칸트적 의무론으로 규정하는 데 머물렀다고 한다. 한편, 유교의 윤리설을 덕 윤리의 일종으로 보는 연구자들 역시 개인의 행복을 목표로 삼는 서양의 덕 윤리로써 쟁탈성 해소를 목표로 삼는 유교 윤리를 규정해버리는 협소한 시야를 갖는다고 이봉규는 주장한다.[34]

현대의 유교 윤리에 대한 비판에서 알 수 있다시피, 이봉규는 맹자만을 정통으로 볼 것이 아니라 순자 계열의 예론(禮論)과 성악설 역시 유교 윤리의 중요한 축으로 보아야 한다고 주장하는 것이며, 지배층의 약탈성에 대한 도덕적 억제책으로서 인륜을 자리매김하는 것이 순자 계열의 근원적 문제의식이라고 보는 것이다. 그에게서 유교 윤리는 소규모 가족 공동체를 규율하거나 개인의 덕을 함양하기 위해서만 형성된 것이 아니라 국가 권력의 폭력성을 제어하기 위한 체계로 자리매김한다. 그렇다면 유교 윤리는 단지 '윤리'가 아니라 정치 철학 혹은 정치 사상의 관점에서 다시 조망되어야 할 것이다.

---

34) 이봉규, 「인륜: 쟁탈성 해소를 위한 유교적 구성」, 『태동고전연구』 제31집, 2013.

이제 이상의 논의를 정리해보자. 베버는 유교 윤리를 타율적 수용의 윤리로 규정했다. 아니, 유교는 자율적 주체를 상정하지 않기 때문에 그 윤리는 윤리가 아니라 차라리 처세술에 불과했다고 한다. 이에 대해 펑유란, 탕쥔이, 천라이 등 현대 신유가 학자들은 초월성이 유교 철학의 핵심 요소임을 입증하려 노력하면서 개인의 자율성을 그로부터 도출함으로써 유교 윤리가 정당화될 수 있다는 점을 보여주고자 했다.

한편, 주로 영미권의 신실용주의자들은 실체적 존재를 부인하는 그들의 철학적 입장에 바탕을 두고, 유교에는 실체적 사유가 없었고 자율적 인간관도 상정되지 않았다고 본다. 이런 규정은 베버의 그것과 일치하는 것이었다. 다만 그들은 베버와 달리 유교를 긍정적인 것으로 평가했다. 왜냐하면 유교는 실체적 존재를 가정하지 않으면서도 윤리적 사회를 건설할 방안을 예(禮)로써 제시했기 때문이다. 한편, 이에 대해 다시 인문주의적 관점에서 비판을 제기했던 메츠거, 슈월츠, 뢰츠 등이 있었다.

한국의 연구자들은 대체로 유교 윤리가 성립할 수 있는지를 따지기보다, 유교 윤리의 성립 여부를 일차로 전제한 이후 그 특성을 규명하는 방향으로 나아갔다. 앞에서 살펴본 바로는 유교 윤리를 의무론의 견지에서 파악하는 흐름과 덕 윤리의 견지에서 파악하는 흐름이 있었다. 이와 또 다른 관점은, 이런 종래의 규정이 맹자 정통론에 입각한 형이상학적 논의에 함몰되었다고 보고, 유교 윤리가 제기된 정치·사회적 배경에 주목해야 함을 촉구하는 것이었다. 이 연구에 따르면 유교는 지배층의 약탈성과 국가의 폭력성을 억제하기 위해 성립된 것이었다. 다만 이런 지적은 유교의 정치·사회 철학적 면모를 보여줄 수 있어도 그 윤리학적 성격을 보여주지는 못한다.

이제 우리는 어디에서부터 논의를 시작할 것인가? 유교 윤리의 성립 가능성부터 묻기 시작할 것인가? 그러려면 유교의 주요 개념이 어떻게 성립되었는지 살펴보는 일이 필요할 것이며, 그런 작업을 하려면 유교가 성립하게 된 정치·사회적 배경을 먼저 살펴보아야 하지 않을까? 우리는 "성리(性理)" 개념 성립의 역사적 궤적을 추적하는 과정에서 이와 같은 질문에 대답할 수 있으리라 조심스레 기대한다.

2. 초기 유교 윤리의 특성

1) 봉건제와 덕

유교 윤리를 규정하려면 단지 유교의 몇몇 윤리적 명제에 천착할 것이 아니라, 먼저 유교 윤리를 배태했던 역사적 지평을 살펴보아야 할 것이다. 이때 반드시 검토되어야 할 것이 바로 주(周)나라의 봉건제(封建制)이다. 물론 봉건제가 역사상 실존했는지에 대한 논의가 있으나, 적어도 초기 유학자들의 이념형으로는 그것이 분명히 존재하였기 때문에 유교 윤리의 원초적 성격을 규명하려는 현재에서 그것에 대한 검토 작업은 무엇보다도 필요하다.

"봉(封)"은 수목이나 토성으로 땅의 경계를 가른다는 의미를 지녔고[35] "건(建)"에는 주지하다시피 무엇을 세운다는 의미가 들어 있다.

---

35) 增淵龍夫, 『中國古代の社會と國家』, 東京: 岩波書店, 1996(新版), 15쪽.

그래서 "봉건"은 땅의 경계를 나눈 후 그곳에서 나라[國]를 세운다는 뜻을 갖는다. 주(周)나라의 통치자들은 자신들이 정복했던 은(殷)나라 영토를 통치하기 위해, 왕가의 일족(一族) 및 자제를 은나라 영토 내 여러 읍(邑)에 파견하여 그곳의 제후로 삼았다. 그리고 이성(異姓)이라도 주나라에게 복속하면 제후가 될 수 있었다. 이들 제후는 국도(國都) 주변의 속읍(屬邑)에 역시 자신의 일족을 파견하여 대부(大夫)로 삼고 다시 그 속읍을 다스리게 했다.[36] 대부는 자신이 관리하는 채읍(采邑)의 생산물 중 일부는 제후에게 공(貢)으로서 헌납했고, 또한 군대를 제공해야 했다.[37] 마찬가지로 제후 역시 천자, 즉 왕(王)에게 공물과 군대를 제공한다.[38] 주나라는 권력의 최고 정점에서 말단에 이르기까지, 증여와 보답이 오고 가는 끈끈한 신뢰 관계에 지탱되는 체제를 초기에는 형성했을 것이다.

주나라 왕이 분봉(分封)을 실시한 까닭으로, 이미 은나라 때부터 봉건적 통치 방식이 정립되어 있었고 주나라는 그것을 그대로 계승했을 뿐이라는 설명과, 교통 및 통신의 미비로 넓은 강역을 통치하기는 불가능했기 때문에 불가피하게 봉건제를 실시할 수밖에 없었다는 설명이 있다. 그러나 필자는 그것이 주나라의 제사공동체적 성격에서 비롯했으리라 생각한다.

일찍이 양계초(梁啓超)는 고대 중국에서 행해진 제사의 전 부분을

---

36) 같은 책, 469쪽.
37) 같은 책, 458쪽.
38) Derk Bodde, "Feudalism in China", in Derk Bodde, *Essays on Chinese Civilization*, New Jersey: Princeton University Press, 1981. p. 92.

'보답'의 관념이 관통하고 있다고 말했다.[39] 고대 중국인들은 기복(祈福)을 위해서가 아니라 보답을 위해서 제사를 지냈다는 것이다. 주나라 창업자들은 천(天)이 자신에게 영토를 맡겼다는 생각으로 하늘에 보답하는 제사를 거행했다. 하늘로부터 중원의 전 영토를 증여받은 자가 그것을 자기만의 것으로 사유(私有)하는 것은 하늘의 뜻을 거스르는 것이므로 영토를 다시 빼앗기는 재앙을 맞이할 것이다. 그러므로 그는 영토를 홀로 보유하면 안 되고 나누어주어야 한다.

이러한 봉건제를 지탱하는 핵심 원리는 덕(德)이다. 우리는 이를『상서(尙書)』,「주서(周書)」, '재재(梓材)'편에서 확인할 수 있다. 주공(周公)은 이렇게 말한다. "선왕께서 이미 힘써 밝은 덕을 펴심으로써 제후들을 달래어 왕실을 보좌하도록 하셨으니, 여러 나라가 공물을 바쳐오고 형제가 되어 찾아오게 되었다."[40] 선왕에게 덕이 있었기 때문에 제후들이 회유되어 공물을 바치면서 왕실을 보좌하는 봉건제가 성립한다. 그리고 각국(國)의 제후들은 또 그 나름대로 '덕'을 펼침으로써 대부로부터 공물을 받아 그들의 보좌를 얻을 수 있을 것이다. 덕의 뜻을 파악하기 위해 우리가 주목하는 것은 천자와 제후 그리고 제후와 대부 사이에서 증여와 보답의 호혜적 행위가 이루어졌다는 점이다. 즉, 천자는 제후에게 영토를 증여하고 제후는 그에 대한 보답으로 공물과 군대를 제공하며, 제후가 대부에게 영토를 증여하고 대부는 그에 대한 보답으로 공물과 군대를 제공하는 것이다. 유학자들은 이런 봉건제가 "공(公)"의 가치를 잘 구현한다고 보았다. 따라서 유교의 "공" 개

---

39) 楊聯陞,『中國文化中報, 保, 包之意義』, 香港: 中文大學出版社, 1987. 6쪽. 양계초의 이런 주장은 그의「中國歷史硏究法補編」에 수록되어 있다고 한다.
40) "先王旣勤用明德, 懷爲夾, 庶邦享, 作兄弟方來."

념은 증여적 본성 혹은 덕(德) 개념과 긴밀한 관련을 맺는다.

덕은 증여를 가능케 하는 인격적 원리로 여겨질 수 있다. 앞으로 증여 개념은 우리의 논의에서 중요한 자리를 차지할 것이므로 먼저 그것을 간략히 소개하고자 한다. '증여' 개념은 프랑스의 사회학자 마르셀 모스(Marcel Moss, 1872 - 1950)의 『증여론(Essai sur le don)』에서 제기된 것이었다.[41] 마르셀 모스는 이른바 미개사회에 대한 분석을 통해 개인과 개인 사이 혹은 부족과 부족 사이의 선물 교환, 즉 증여가 제도 · 법률 · 의례 · 결혼 · 신화와 같은 제 요소를 하나로 관통하여 "총체적인 사회적 사실"을 만들어낸다고 보았다.[42] 일본의 철학자이자 종교학자인 나카자와 신이치(中澤新一)는 증여의 원리를 알기 쉽게 정리해주어 우리에게 도움을 준다. 필자는 이해의 편의를 위해 그가 제시한 증여의 원리와 교환의 원리를 하나의 표로 정리해보았다.[43]

교환의 원리	증여의 원리
(1) 상품은 '물(物)'이다. 따라서 상품에는 그것을 만든 사람이나 전에 소유했던 사람의 인격이나 감정은 포함되지 않는 것이 원칙이다.	(1) 선물은 '물'이 아니다. '물'을 매개로 해서 사람과 사람 사이를 인격적 요소가 이동한다.
(2) 거의 동일한 가치를 가진 것으로 여겨지는 '물'들 사이에 교환이 이루어진다. 상품의 판매자는 자신이 상대방에게 건네준 '물'의 가치를 잘 알고 있으며, 그것을 산 사람으로부터 상당한 가치가 자신에게 돌아오는 것을 당연하게 여긴다.	(2) 마치 상호 신뢰의 마음을 표현하듯이 답례는 적당한 시간적 간격을 두고 이루어져야 한다.
(3) '물'의 가치는 확정적이 되려는 경향이 있다. 그 가치는 계산 가능한 것으로 설정되어 있어야 한다.	(3) '물'을 매개로 해서 불확정적이고 결정 불가능한 가치가 움직인다. 교환가치적 사고가 개입하는 것을 철저하게 배제함으로써 비로소 증여가 가능해진다.

그간 중국학자들은 증여 개념을 받아들여 중국 고대문화에 대한 분석을 시도해왔다. 유진 쿠퍼(Eugene Cooper)는 고대 중국의 향음주(鄕飮酒)와 사(蜡) 제사가 북미 인디언의 포틀래치(Potlatch) 축제와 유사한 성격을 지녔음에 주목하였는데 포틀래치는 증여적 의례를 보여주는 대표적 사례로 마르셀 모스가 언급한 것이었다.[44] 또한, 뢰츠도 포틀래치 의례와 『의례』 또는 『예기』 내 일부 의례 사이의 유사성을 강조하는 쿠퍼의 연구를 소개하면서, 그런 의례를 관통하는 호혜성(reciprocity)은 공자 이전 고대 중국 문화의 중요한 유산이었으며, 공자는 이후 바로 그 호혜성을 잘 나타내는 서(恕) 개념을 통해 계급 질서가 굳어지던 당시 상황을 돌파하려 했다고 보았다.[45] 증여론적 아이디어를 통하여 중국 문화의 성격을 전면적으로 규정하려 했던 이는 중국계 미국인 학자 양연승(楊聯陞)과 홍콩의 김요기(金耀基)였다. 양연승은 「보(報)—중국 사회관계의 기초」에서, 모스의 상호보상 원칙은 어떤 사회에서나 그 존재가 확인되는 보편성을 띠며 특히 중국이 여타 사회와 다른 점은 그런 원칙의 유래가 오래되었을 뿐 아니라 현대

---

41) 마르셀 모스 저/ 이상률 역, 『증여론』, 파주: 한길사, 2005.

42) 류정아, 「선물 주고받기와 인간의 실체—마르셀 모스의 '증여론' 들여다보기」, 마르셀 모스 저/ 이상률 역, 『증여론』(파주: 한길사, 2002)에 「해제」로 수록됨, 25쪽.

43) 나카자와 신이치 저/ 김옥희 역, 『사랑과 경제의 로고스』, 서울: 동아시아, 2004. 40-43쪽.

44) Eugene Cooper, "The Potlatch in Ancient China: Parallels in the Sociopolitical Structure of the Ancient Chinese and the American Indians of the Northwest Coast", *History of Religion*, Vol. 22, No. 2(Nov., 1982), The University of Chicago Press, pp. 103-128.

45) Heiner Roetz, op. cit., pp. 36, 133.

에도 존재한다는 데에 있다고 보았다.[46] 김요기는 「인간관계 내 인정(人情)의 분석」에서, 모스와 양연승을 인용하여 사회학적 측면에서 보았을 때 인정이란 보(報, reciprocity)의 관념을 포함하고 있는바, 그것은 인간관계를 가능케 하는 하나의 원리라고 보았다.[47] 필자는 앞으로 이들의 연구 성과를 주로 참조하려고 한다.

이제 다시 덕 개념으로 돌아가자. 니비슨(David Nivison)은 갑골문과 『상서』에 대한 분석을 통해, 고대 중국에서는 어떤 한 개인이 타인을 위해 자기 자신을 희생으로 바치고자 할 때 그의 덕이 신(神)으로부터 인정을 받아 증진된다고 여겨졌음에 주목했다.[48] 타인을 위해 자신을 희생으로 바친다는 것은, 무엇보다도 중요한 자기 생명을 타인에게 증여한다는 것이다. 그러므로 '덕'은 자신에게 소중한 것, 심지어 생명까지도 타인에게 증여하려 할 때 환히[明] 드러나는 것이다. 마찬가지로 주(周)의 왕(王)들은 영토를 제후들에게 증여함으로써 덕을 펼친 것이다. 그런데 그런 주의 왕에게 군대와 공물로써 보답하는 제후들에게도 덕이 있다고 할 수 있다. 왜냐하면 그들 역시 자신에게 소중한 공물과 군대를 주의 왕에게 증여한 셈이기 때문이다.

주나라 설립 초기에는 증여와 보답을 기반으로 한 봉건제가 잘 유지되었을 것이다. 중앙과 제후국들 사이에서 그리고 제후와 대부 사이에서 증여와 보답이 자발적으로 이루어질 경우, 천자가 강제력을

---

46) 楊聯陞, 앞의 책, 49쪽.
47) 金耀基, 「人情關係中'人情'之分析」, 楊聯陞의 같은 책에 부록으로 수록됨. 84쪽.
48) 데이비드 니비슨 저/ 김민철 역, 『유학의 갈림길』, 서울: 철학과 현실사, 2006. 57-59쪽. 이런 면에서 덕은 '마나'를 닮아 있다.

사용하지 않아도 제후들이 조공과 군사로 보답하며 그에 대해 천자는 다시 제후들에게 무언가를 증여할 것이다. 이러한 천하는 강제력을 수반하는 법(法)이 존재하지 않더라도 자율적으로 운영되는 세계로서 오로지 선물을 주고받는 예(禮)에 의해서 천하의 대사(大事)가 조화롭게 처리된다.

하지만 어느 시점을 넘어가면 그 관계는 이완되기 시작한다. 먼저, 주나라 왕은 주나라 설립 초기에 이미 큰 영토를 제후들에게 증여했기 때문에 이제 제후에게 나눠줄 영토 및 재화를 갖고 있지 않을 것이며, 천자가 제후에게 증여하는 것이 적을수록 제후들은 점차 공물이나 군대를 바치려는 마음이 약해질 것이다. 천자와 제후들의 관계를 약화시키는 또 하나의 원인은, 각국(國)의 초창기 제후들은 주나라의 공신(功臣), 친척, 자녀들로서 그 관계가 혈연적 관계였거나 적어도 유사 혈연적 관계였으나, 시간이 흐르면서 그 관계가 소원해지기 시작했기 때문이다. 이처럼 주나라 왕이 획득한 한정된 영토와, 시간의 흐름에 따른 인척 관계의 유대감 약화로 인해 봉건제는 해체의 길로 접어들었다.

제후국 단위에서도 봉건제는 해체의 운명을 걷고 있었다. 국(國)의 수장은 제후이며 그 아래에는 대부(大夫) 계급이 자리를 차지하고 있다. 제후들은 각각의 국 안에서 나름대로 봉건적 제도를 시행하였으니, 제후가 자기 영토 일부를 할양하여 대부들에게 증여하고 대부는 그렇게 받은 영토를 갖고 대를 이어가면서 제후의 시혜에 보답하기 위해 역시 매년 제후에게 공물을 바치고 또 군대를 제공한다. 하지만 시간이 흐르면 제후 역시 대부들에게 증여할 영토를 다시는 풍족히 지니지 못할 것이므로 제후에 대해 대부가 보답하려는 마음도 약화하지 않을 수 없다. 이에 따라 제후들은 국외 변두리의 황무지를 개간한다거나 주변의 약소국가를 침입하는 정복 전쟁을 벌임으로써 기존에 주나라 왕으로부터 받았던 영토 이외에 새로운 영토를 얻기 위해 노력해야 한다. 이리하여 시간이 지날수록 제후들은 주나라 왕실의 상황보다 자국 내 문제에 골몰할 수밖에 없었을 것이다. 대부들의 처지도 제후와 마찬가지였다. 왜냐하면 이들 역시 봉건제의 원리에 따라 자신의 영토 일부를 나누어 그 아래 계급인 사(士)들에게 나누어주어야 했기 때문이다.[49] 따라서 사들이 자기 땅을 기반으로 실력을 기를 때 대부들이 그것을 통제하지 못하는 상태가 도래할 수 있다.[50]

이처럼 봉건제가 시대적 소임을 다했을 때 나타날 만한 현상은, 최고 권력자, 곧 주나라 왕이 이민족을 침략하여 영토를 끊임없이 획득하여 제후에게 증여함으로써 충성을 기대하고 그것을 통해 봉건제를 유지하는 것이다. 그렇게 하려면 먼저 주나라의 최고 권력자, 곧 천자가 강력한 경제력과 군사력을 가져야 하는데, 이를 위해서는 제후들로부터 풍부한 조공과 군사를 제공받아야 한다. 하지만 봉건제의 원리에 따르면 최고 권력자는 자신의 것을 타인에게 베풀어주는 것에서 정당성을 얻으므로, 영토를 확장하기 위해 최고 권력자가 강력한 경제력과 군사력을 갖는다는 것은 봉건제의 원리에 어긋난다. 봉건제를 유지하기 위해 봉건제를 위배해야 한다는 역설적 상황에 부딪히는 것이다.

반면 춘추시대 대부분의 제후국은 주나라 왕실과 달리 제후의 권

---

49) 嚴文明 편, 『中華文明史』 제1권, 北京: 北京大學出版社, 2006, 143쪽.
50) 실제로 당시 대부 중 사(士)에 의해 피살된 사람들이 꽤 있었으며 그런 사 중에서는 『논어』의 "공산불요(公山弗擾)"가 대표적일 것이다.

력을 강화하는 방향으로 나아가려고 했는데 이러한 방향에 가장 반발할 이들은 각국의 대부(大夫)들이다. 왜냐하면 제후의 권력을 강화한다는 것은 대부 계층의 권력이 약화한다는 것을 의미했기 때문이다. 그러므로 제후가 이들의 반발을 잘 방어하느냐, 아니면 그들의 반발을 무마하지 못하여 그들에 의해 타도되느냐에 따라 국(國)의 운명이 갈라지게 되었다. 이와 같은 제후와 대부들 사이의 권력 투쟁은 춘추·전국시대의 기본적 특징 가운데 하나이다.

2) 인과 예의 시원적 의미

예(禮)자를 좌우로 쪼개 보면 시(示)와 풍(豊)으로 되어 있는데, 시(示)는 신(神)을 뜻하고 풍(豊)은 제단에 바쳐진 제물을 가리킨다. 갑골문을 조사해보면, 시(示)의 본래 형태는 "丅" 또는 "示"였고 그것은 우뚝 선 큰 돌 위에 돌로 된 탁자가 얹혀 있는 것, 곧 고인돌을 가리킨다고 한다. 示의 하단 좌우에 있는 八의 형태는 고인돌 위 희생물의 피를 물로 씻어서 아래로 떨어지는 물의 모습을 나타낸다.[51] 희생물은 보통 신(神)을 위해 바쳐지므로 시(示)는 신(神)과 관련이 깊은 글자가 되었다. 그리고 시(示)자 옆의 풍(豊)자는 다름 아닌 희생물을 가리킨다. 따라서 시(示)와 풍(豊)의 합인 예(禮)자는, 희생물을 제단에 바쳐 신에게 제사를 지내는 것을 형상화한 문자일 것이다.

고대인이 신에게 제사를 지내면서 희생양을 바치는 까닭은, 신이 자신에게 베풀어준 은혜에 보답하기 위해서였으며, 그래서 보(報)

---

51) 이상은 楊聯陞의 설명에 의거하여 정리한 것이다. 楊聯陞, 앞의 책, 23쪽.

의 원래 뜻은 '제사'와 긴밀한 관련을 맺는다는 것이 양연승의 견해이다.[52] 우리는 앞에서 '예'가 제사 지내는 것을 형상화한 글자라고 보았다. 그런데 제사를 지내는 까닭은 신에게 보답하기 위해서이다. 그렇다면 '보'는 예의 핵심 원리가 될 것이다. 이는 "태상은 덕을 귀히 여기고, 그다음은 보답을 베푸는 것에 힘을 쓰니, 예는 왕래를 높인다."[53]는 『예기·곡례』편의 한 구절과 잘 부합한다. 여기서 말하는 왕래는 증여와 보답을 가리키는 것인데[54] 증여는 보답의 또 다른 형태이므로, 결국 예와 보답이 긴밀히 관련된다는 것을 이 구절은 암시하는 것이다.

『춘추좌씨전』에는 이 관련을 보여주는 몇 가지 사례가 있다. 민공(閔公) 2년, "제(齊)의 환공(桓公)이 형국(邢國)을 이의(夷儀)로 옮긴 것"[55]에 대해서, 『좌전』은 "여름에 형인(邢人)이 이의로 옮겨가자 제후가 이의에 성을 쌓아주었으니, 이는 형나라의 환난을 구제하기 위해서였다. 후백(侯伯)이 환난을 구제하고 재해를 분담하며 죄 있는 자를 토벌하는 것이 예(禮)이다."[56](僖公 元年)라고 평가했다. 이미 패망한 형나

---

52) 같은 책, 6쪽.
53) "太上貴德, 其次務施報, 禮尚往來."
54) 증여와 보답은 모두 경제적 교환 원리와는 다른 원리를 따른다. 경제적 교환 원리는 어떤 물건에 대해 비교적 고정된 가치를 부여하여 동등한 등가물로 그것과 교환하는 것을 가리킬 것이다. 이에 비해 보답 또는 증여는 어떤 물건에 대해 고정된 가치를 부여하지 않으며, 이에 따라 동등한 등가물로써 교환하지도 않는다. 선물과 답례를 주고받는 상황을 떠올리면 그 차이는 쉽게 구분될 것이다. 김요기는 이를 사회적 교환행위와 경제적 교환행위로 대별하였는데 표현은 다르지만 문제의식은 필자와 동일하다. 金耀基, 앞의 글(楊聯陞, 앞의 책, 부록, 98쪽).
55) 『春秋左氏傳』, 「閔公 2년」, "僖之元年, 齊桓公遷邢于夷儀."
56) 같은 책, 「僖公 元年」, "夏, 邢遷于夷儀, 諸侯城之, 救患也. 凡侯伯救患分災討罪,

라를 차지하지 않고 오히려 그 백성을 '이의'라는 곳으로 이주시켜 종래의 공동체 생활을 유지하게끔 한 것은 제환공이 형나라 백성에게 '이의'를 증여했기 때문에 가능했던 일이자 제환공이 그들에게 새로운 생명을 부여한 것이나 다름없다. 이런 증여의 행위는 원리상 보답과 동일하다. 증여든 보답이든 모두 경제적 등가교환의 원리에 따르지 않고, 상대방에 대한 배려를 기반으로 그에게 진심이 깃든 선물을 증여하는 것이기 때문이다. 그런데『좌전』은 이런 제 환공의 증여 – 보답적 행위가 예(禮)에 해당한다고 보았다.

　『좌전』은 초나라 평왕(平王)이 한때 현(縣)으로 삼았던 진(陳)과 채(蔡)를 다시 봉(封)했던 조치에 대해서도 "예(禮)이다."라고 평한다.[57] 춘추시대에, 봉읍(封邑), 봉국(封國)과 현의 차이는, 봉읍이나 봉국의 경우 그 읍의 원주(原住) 씨족의 조직질서를 그대로 유지한 채로 상급단위에 복속하는 반면, 현은 원주 씨족 조직질서의 중핵이 파괴된 상태에서 상급단위에 종속되는 데에 있었으리라고 마쓰부치 다츠오는 말한다.[58] 이런 차이점을 염두에 둔다면, 초나라 평왕은 파괴되었던 진(陳)과 채(蔡)의 씨족조직을 다시 되살려주는 은혜를 베푼 것이다. 『좌전』은 이런 조치를 예(禮)라고 평가했다. 은혜를 베푸는 것은 증여하는 것이고 증여의 원리는 보답과 같다. 따라서『좌전』의 이 평가 역시 증여 – 보답의 원리와 예를 긴밀히 연결하고 있다.

　한편,『좌전』「은공 11년」조에는 다음과 같은 평가가 수록되어 있다: "이에 대해 군자는 다음과 같이 논평하였다. '정장공이 이번에 일

禮也."
57)　같은 책,「昭公 13년」.
58)　增淵龍夫, 앞의 책, 460쪽.

을 처리한 것이 예에 부합하였다. 예는 국·가를 경영하고 사직을 안정시키고 인민의 질서를 정하고 후손을 이롭게 하는 것이다. 허(許)나라가 법도를 지키지 않자 토벌하였고 죄를 인정하자 용서해주었으며, 덕을 헤아려 처리하고 힘을 헤아려 행동하고 시기를 보아 움직여서 후손에게 누를 끼치지 않았으니, 예를 알았다고 할 수 있다."[59] 용서한다는 것은 형벌 또는 견책의 경감이며 역으로 말하면 그만큼 상대방에게 이익을 증여하는 것이다. 이는 덕에 따르는 것이자 증여-보답의 원리에 입각한다. 그리고 평자는 이를 "예를 알았다."고 평가하고 있다.[60]

하지만 예는 보통 일정한 절차 및 체계의 종합물로 간주된다. 『논어』의 "약아이례(約我以禮)"나 "극기복례"라는 표현은 이를 잘 보여준다. 이런 절차 및 체계는 '보답'이라는 핵심 원리와 어떤 관련이 있을까? 고대 중국의 사(蜡) 제사를 '포틀래치'적 특성을 갖는 것으로 파악한 쿠퍼[61]와 그라네의 연구 성과는 우리의 논의에 큰 도움을 준다. 그라네에 따르면 '사' 제사는 추수가 마무리된 후에 개최되는 감사제였다. 한 해 농사가 잘 이루어지게끔 도와준 우주 만물에게 '보답'하기 위해 치러지는 제사였다. 제사에 참여하는 사람, 특히 군주는 수확물

---

59) 『春秋左氏傳』, 「隱公 11년」, "君子謂鄭莊公於是乎有禮. 禮, 經國家, 定社稷, 序民人, 利後嗣者也. 許無刑而伐之, 服而舍之, 度德而處之, 量力而行之, 相時而動, 無累後人, 可謂知禮矣."

60) 이외에도, 초나라는 隨를 격파했지만 그 나라와 다시 맹약을 맺었고(桓8), 許를 항복시켰지만 許君을 다시 복귀시켰으며(僖6), 陳을 縣으로 삼았지만 역시 다시 陳을 封했고(宣11, 昭13), 더 나아가서 鄭을 격파했을 때에는 30리 물러나서 맹약을 맺었다(宣12)고 한다. 이들 조치에 대해 『좌전』은 "德"이나 "禮"라는 원칙으로써 설명하고 있다.

61) Eugene Cooper, op. cit., pp. 103-128.

을 독점[專利]하려는 의식을 가지면 안 되고, 이익을 나누며[導利] 그것을 위·아래 계층 사람들에게 나누어줄 줄 아는 관대한 마음을 가질 것이 요구되었다. 그래서 '사' 제사가 비록 대향연(orgy)의 특색을 지녀서 그 기간에 "온 나라 사람들이 마치 미친 것 같은"[62] 광경을 연출하였지만, 동시에 효, 조상숭배, 연장자에 대한 존중, 겸양의 정신, 청렴, 공경의 마음 등 사회 질서의 기초가 되는 원리들이 '사' 제사에서 표명되었다고 한다.[63] 종합하자면, 보답의 정신은 자기 절제를 가능케 하고, 자기 절제는 상대방에 대한 존중의 마음을 낳으며, 상대방에 대한 존중이 행동으로 나타날 때 격식 있는 행동이 될 것이다.

하지만 그라네의 설명이 예(禮)의 세부 절목과 '보답' 사이의 구체적 관계까지 다 설명해주는 것은 아니다. 어째서 예의 규정이 그토록 세부에까지 미치고 있으며, 그것은 '보답', 즉 '증여 – 보답'의 원리와 어떤 관련이 있을까? 우선 상대방에게 선물을 증여하려 할 때, 나와 상대방의 지위를 서로 비교해야 하고 그에게 무엇이 필요할지 알기 위해 그에 대해 깊이 이해해야 한다. 한편 선물을 받은 사람은 어느 정도의 가치를 갖는 선물로 보답할지 고려해야 하고 언제 갚아야 할지도 판단해야 한다. 그런데 이 모든 것을 결정해줄 보편적 기준은 있을 수 없다. 그렇다고 해서 선물을 주는 사람이나 받는 사람의 자의에 따라 판단한다면 양자의 관계는 심할 경우 파탄에 이르게 될 것이다. 그러므로 비록 증여 – 보답에서 발생할 모든 상황을 판단해줄 단일한 기준은 없다고 하더라도, 증여자나 수증자는 깊이 고민하여 최적의

---

62) 『禮記』, 「雜記」, "國之人皆若狂."
63) 마르셀 그라네(Marcel Grane) 저/ 신하령·김태완 역, 『중국의 고대 축제와 가요』, 서울: 살림출판사, 2005. 222 – 229쪽.

선물과 답례물 그리고 보답의 시기를 찾아야 한다. 하지만 모든 인간 관계 속에서 최적의 판단을 내린다는 것은 보통 힘든 일이 아니므로, 어느 정도 통용될 만한 기준을 사전에 마련하는 것이 좋을 터이다. 그런 행위 준칙과 그에 대한 설명을 모아놓은 것이 『의례』, 『예기』, 『주례』 등의 예서이다. 그리고 유학자들은 이들 준칙이 고대의 성인(聖人)에 의해 제정되었다고 하는데, 이는 준칙이 결국 성인의 인격성에 의존한다는 것을 함축한다.

위에서 우리가 설명한 사(蜡) 제사는 공영달(孔穎達)에 따르면 향음주례(鄕飮酒禮)의 일종이다.[64] 향음주례의 실행 절차에는 좌석의 위치, 응접 절차, 음주 순서, 연령대별로 사용할 그릇의 크기, 악공의 숫자 등이 구체적으로 규정되어 있다.[65] 이런 절차는 준수되어야 할 것이기 때문에 일단 사회 구성원을 구속하는 것이긴 하지만, 상황적 적절성에 바탕을 둔 것이기 때문에 시대를 초월한 보편성을 주장할 수는 없다.

정리하자면 예라는 행위의 규범 체계는 '증여 – 보답'을 핵심 원리로 갖고 있는데, 바로 그 원리로 인해 예는 온전히 보편성을 띠지 못하고 상황적 적절성을 갖게 되었다. 이 논점은, 유교 윤리가 보편성을 갖지 못하고 특수주의적 성격을 갖고 있어 공동사회(Gemeinschaft)의 규범을 넘어 이익사회(Gesellschaft)의 규범으로 발전할 수 없다는 베버주의자들의 주장과 그에 대한 반박과 연결되는 지점이다.

하지만 김요기에 따르면, 동아시아인들은 오로지 인정만을 사회 운영 원리로 간주하지 않고 동시에 그것을 견제하는 보편적 이성에 따

---

64) 이수덕, 「鄕飮酒禮의 起源과 形成」, 대구사학회, 『대구사학』 83권, 2006. 169쪽.
65) 박종배, 「조선시대 학교의례 연구」, 서울대학교 대학원 박사학위논문, 2003. 229쪽.

르는 공적 원리를 채택했다. 예를 들어 과거 지방관을 임명할 때 그 지역 출신 인물을 임명하지 않는 등 관련 사례는 무수히 많다.[66] 또한, 예는 성인이 인정(人情)에 바탕을 두고 제정한 것이라는 견해에 대해, 북송대 도학자들이 예를 보편적 본성, 즉 리(理)에 바탕을 둔 것이라고 주장했던 것도 인정의 원리를 억제할 목적을 갖는 것이었다. 그러므로 유교 윤리가 특수주의에 매몰되었다고 비판받는 것은 온당치 않다.

그렇다고 해서 유교 윤리가 특수주의적 원칙과 보편주의적 원칙을 엄정하게 대립시킨 데서 멈춘 것은 아니다. 만일 순(舜)임금의 아버지인 고수(瞽瞍)가 살인을 했다면 순임금은 어떻게 처신했을지 묻는 제자에게 맹자는 "몰래 업고 도망가 해안가에서 살면서 평생토록 흔쾌히 여기며 기꺼이 천하를 잊었을 것"이라고 대답했는데,[67] 순임금은 부친이 죄를 저질렀음에도 불구하고 그를 법적 처벌 대상에서 벗어나게 하는 '인정'적 행위를 하였지만, 동시에 그는 자신이 법을 어겼으므로 기꺼이 천하를 내려놓음으로써 공적 질서를 존중했으리라고 맹자는 말한 것이다. 우리는 여기서 특수주의와 보편주의를 종합하려는 유교의 고민을 보게 된다.

이제 인(仁)의 시원적 의미를 살펴보자. '인'에 대한 가장 일반적 정의는 "애(愛)"이다. 이는, 제자 번지(樊遲)가 공자에게 '인'에 관해 묻자 공자가 "애인(愛人)"이라고 대답한 것에 근거를 둔 정의이다.[68] 따라

---

66) 金耀基, 앞의 글, 99쪽.
67) 『孟子』, "竊負而逃, 遵海濱而處, 終身欣然, 樂而忘天下."
68) 『論語』, 「顏淵」, "樊遲問仁. 子曰, 愛人."

서 '인'은 타인에 대한 사랑으로 해석되는 것이 일반적이다.[69] 이런 해석은 '인'자의 자형(字形) 분석으로 뒷받침되곤 한다. 곧, '인'은 "人"과 "二"로 이루어져 있으므로 두 사람이 함께 있는 것, 두 사람이 서로 사랑하는 것을 뜻한다고 한다. 이렇게 '인'을 '이웃 사랑' 혹은 '타인 사랑'으로 해석하는 것으로부터, '인'을 휴머니티(humanity) 혹은 사람다움(humaneness)으로 해석하는 흐름이 파생되었다. 혹은 "인"이 서양의 박애(博愛)와 같은 것이라고 주장하는 사례도 있다.[70]

하지만 '인'을 '이웃 사랑'으로 해석하는 것은 '인'의 시원적 의미를 잘 밝혀주지 못한다. 가토 조켄(加藤常賢)에 따르면 애(愛)의 본래 형태는 "㤅(애)"이고 그 의미는 '가는 모습', '은혜를 베푸는 것'이라고 한다. 그렇다면 공자가 "애인(愛人)"이라고 답했을 때, 그 뜻은 '타인을 사랑하다.'라기보다 '타인에게 은혜를 베풀다.'가 되어야 한다.[71] 이렇게 보면 '인'은 일단 '은혜 베풂'으로 규정될 수 있겠다. 그러나 이런 규정만으로는 충분치 않다. 다시 가토 조켄의 설을 보면, 인(仁)은 人과 二의 결합체인데 여기서 二는 숫자가 아니라 본래 인(忍)을 뜻하는 글자였다고 한다. 왜냐하면 고대에는 二의 발음과 忍의 발음이 같아서 서로 통용되었기 때문이다. 그러므로 인(仁)은 '인(忍)의 특성이 있는 사람'을 뜻할 것이다. 그런데 인(忍)은 '참다'는 뜻을 지니므로 인(仁)은 '잘 참는 사람'을 가리키게 된다.[72]

---

69) 예를 들어 중국의 대표적 유교철학 연구자 중 한 사람인 천라이(陳來)는 인(仁)의 핵심적 의미가 '타인 사랑'이라고 여긴다. 陳來, 앞의 책, 16, 91, 104, 108, 119, 123쪽 등 참조.

70) 같은 책, 421쪽.

71) 加藤常賢,『中國古代文化の研究』, 東京: 二松學舍大學出版部, 1980, 876쪽.

72) 『시경』「소아(小雅)」'사월(四月)' 편은 가토 조켄의 논지에 대한 또 하나의 증거이

그렇다면 '잘 참는 사람'이라는 규정과 '은혜 베풂'이라는 규정이 서로 어떻게 연결될까? 가토 조켄에 따르면, 이 의문을 풀어줄 구절이 『국어(國語)』「진서(晉書)」의 "불인인, 필자인야(不忍人, 必自忍也)"이다. 이 문장은 "타인을 참게 하지 않으려면 반드시 자신을 참아야 한다."로 해석된다. "타인을 참게 하지 않는다."는 것은 타인에게 그의 욕구를 참게 하지 않는다는 것이다. 다시 말해서 타인의 욕구를 충족시켜준다는 뜻이다. 그다음, "자신을 참는 것"은 자신의 욕구를 억제한다는 뜻이다. 그러므로 위 문장은, 타인의 욕구를 충족시키려면 반드시 자기의 욕구를 억제해야 한다는 것을 가리킨다. 자기 욕구의 억제를 통해 타인의 욕구를 충족시켜준다는 것은, 내 것을 덜어서 남에게 보태준다는 것이므로, 곧 '증여'이자 '베풂'이다. 이렇게 하여 '참는 사람'이 어떻게 '은혜 베풂'과 연결되는지가 해명된다.

　이렇게 분석할 때, '인'은 두 가지 요소로 구성된다는 것을 알 수 있으니 하나는 자기 욕구를 참는 것이고, 다른 하나는 타인 욕구를 충족시켜주는 것, 곧 타인에게 베풀어주는 것이다. "불인인, 필자인야(不忍人, 必自忍也)"에서 자기 욕구의 억제는 "자인(自忍)"이다. 이렇게 인(仁)을 바라보면 "극기복례(克己復禮)가 인(仁)이다."라는 구절도 새로운 해석의 빛을 받게 된다. "극기복례"는 "자신을 극복하고 예를 회복시킨다."로 해석되는데 여기서 "자신을 극복한다."는 것은 자기 욕구를 참는 것, 곧 "자인"이다. "예를 회복시킨다."에서 "예"의 핵심 정신은 '보답' 곧 증여라는 것을 우리는 앞에서 이미 설명했다. 이는 "불인인,

---

　다. "선조는 인(人)하지 않구나, 어찌 내게 인(忍)하게 대하시는가?(先祖匪人, 胡寧忍子)" 이 문장에서 인(人)은 인(仁)과 통용된다. 인(仁)과 인(忍) 사이에 모종의 관계가 있었다는 것을 이 구절로부터도 추측할 수 있다.

필자인야(不忍人, 必自忍也)"에서 "불인인(不忍人)"에 해당할 것이다.[73]

3) 인(仁)과 성(聖)

베푸는 행동을 할 때 반드시 지켜야 할 것은 대가를 바라서는 안 된다는 것이다. 그러므로 증여는 본래 순수증여 혹은 절대증여이어야 한다. 나카자와 신이치는 증여와 순수증여를 다음과 같이 구분했다. 첫째, 증여에서는 물질성을 가진 '물'을 받지만, 순수증여는 '물'을 받기를 부정한다. 둘째, 증여에서는 선물을 받았다는 사실이 언제까지고 잊히지 않기 때문에 의무적으로 답례가 이루어져야 하지만, 순수증여에서는 선물을 보냈다는 사실도 받았다는 사실도 전혀 기억되기를 원하지 않으므로, 자신이 행한 증여에 대해 아무런 보답도 바라지 않는다. 이러한 순수증여는 신적 속성을 갖는다고 한다.[74]

대가를 바라고서 베푼다면 그것은 베풂이 아니라 뇌물 증여가 되어버린다. 하지만 인간으로서 대가를 바라지 않기란 거의 불가능하다.[75] 한나 아렌트(Hannah Arendt)는, 베풂의 선행이 공적으로 알려져

---

73) 이러한 인(仁)의 의미를 파악할 때 후대 유교의 분화도 이해될 수 있으리라 생각한다. 순자(荀子)는 자인(自忍)을 더 강조한 사람이다. 그는 각 개인의 욕구를 예(禮)로써 억제할 것을 주장했기 때문이다. 한편 맹자는 두 번째 규정인 "불인인(不忍人)"을 강조했다. 그는 "인(仁)은 불인(不忍)이다."라고 규정한 바 있기 때문이다.

74) 나카자와 신이치 저/ 김옥희 역, 앞의 책, 68쪽.

75) 기독교의『신약성경』은 '남에게 보일 염려가 있으니 사람들 앞에서 자선을 베풀지 않도록 조심하라.'고 말한다. 베풂의 선행은 남이 알지 못하거나 심지어 당사자도 알지 못할 때 가능하다. 자신이 선한 일을 하고 있다는 것을 의식하는 자는 선하지 않다. 그러므로 '오른손이 하는 일을 왼손이 모르게 해야 한다.'고『신약성경』은 말한다. 심지어 나사렛 예수마저 "누가 나더러 선하다고 부릅니까, 하나님 외

칭송을 받는 순간 베풂은 그 자체의 고유한 성격인 선(善), 곧 오로지 '선 자체를 위해서만 행함'의 성격을 상실한다고 말한다. 선이 공개적으로 드러나게 되면 그것은 위선이 되고 만다는 것이다. 선한 행위는 행해지는 순간 잊혀야 한다. 선한 일은 즉시 망각되어야 하기 때문에 결코 현실 세계의 일부분이 될 수 없다. 한나 아렌트는, 선한 일에 내재하는 이러한 비세계성(非世界性) 때문에 선을 사랑하는 자는 본질적으로 차안이 아니라 피안을 추구하고, 선 그 자체는 본질적으로 인간에 속하지 않은 것, 곧 초인간적 성질을 가진다고 말한다.[76] 한나 아렌트에게서도 순수증여는 신적 속성을 갖는 것이다.

그렇다면 '자신에게는 모질고 남에게는 어질다.'는 규정을 갖는 인(仁)은 대가를 바라지 않는 베풂이었을까? 공자 역시 이 문제를 자각하고 있었다고 필자는 생각한다. 그는 인(仁)과 성(聖)을 구별한다.

자공이 공자께 물었다. "만약 널리 베풀어서 뭇 사람을 구제할 수 있다면 어떻습니까? 어질다고 할 수 있습니까?" "어찌 어질다뿐인가? 반드시 성인일 것이다! 널리 베풀어서 뭇 사람을 구제하는 것은 요·순 임금도 오히려 근심으로 여겼다. 어진 사람은 자기가 서고 싶으니 남을 세워주고, 자기가 이루고 싶으니 남을 이루게 해준다. 자기 처지에서 남의 처지를 유추해내는 것이 어짊의 방법이다."[77]

에는 아무도 선하지 않습니다."라고 말했다.

76) 한나 아렌트 저/ 이진우, 태정호 역, 『인간의 조건』, 서울: 한길사, 1996, 128 – 131쪽.

77) 『論語』, 「雍也」, "子貢曰, 如有博施於民而能濟衆, 何如. 可謂仁乎. 子曰, 何事於仁, 必也聖乎. 堯舜其猶病諸. 夫仁者, 己欲立而立人, 己欲達而達人. 能近取譬, 可謂仁之方也已."

자공은 백성들에게 베풀어주어서 그들을 구제하는 것이 어짊이 아닌가 묻는다. '인'은 은혜 베풂과 깊은 관련성이 있으므로 자공은 이렇게 질문했던 것이다. 그런데 공자는 그것은 어짊이 아니라 성(聖)이라고 대답한다. 그러면서 바로 뒤이어 어짊에 대한 자신의 규정을 제시한다. 그것은 "자기가 서고 싶으니 남을 세워주고, 자기가 이루고 싶으니 남을 이루게 해주는" 것이다. 이는 일단 자신의 욕구를 먼저 상정한다. 다만 보통 사람이라면 자신에게서 그런 욕구가 생겨났을 때 즉각 그것을 충족시키기 위해서 노력할 테지만, 어진 사람은 그러는 대신 먼저 남도 자신과 비슷한 욕구를 갖고 있으리라 유추하여, 남의 욕구를 충족시켜주려 노력한다. 여기서 우리는 앞서 언급했던 '인'의 두 가지 요소인 자인(自忍)과 불인(不忍)을 떠올릴 수 있으니, 자신의 욕구를 즉각 충족시키지 않는다는 것은 "자인"이고, 나보다 먼저 남을 세워주고 이루게 해주는 것은 "불인"이다.

이때 주의해야 할 점은, 어짊은 나의 욕구를 인정한 상태에서 그것을 의식적으로 억제하고, 자기의 욕구를 기준으로 남의 욕구를 판단하는 행위라는 사실이다. 이렇게 '자기'를 계속해서 의식할 경우 어진 행위를 하고서도 그 행위에 대한 자의식이 계속해서 남을 가능성은 크다. 공자는, 그런 어진 행위를 자랑스러워하는 마음을 갖는 것을 경계했다. 그는 노나라 대부 맹지반(孟之反)을 칭찬하면서, "맹지반은 자랑하지 않는다. 패하여 달아날 때 군대의 후미를 지켰다. 성문에 들어갈 때 말을 채찍질하며, '일부러 뒤쪽을 감당한 것은 아니고, 말이 나아가지 않았기 때문이다.'라고 말했다."[78]고 한다. 그렇지만 어짊의

---

78) 같은 글. "子曰, 孟之反不伐, 奔而殿. 將入門, 策其馬, 曰: 非敢後也, 馬不進也."

행위라는 것은 계속해서 자신의 욕구를 의식하고 자기의 행위를 의식하는 것이며 이는 타인의 시선을 전제하는 것이기 때문에, 한나 아렌트의 관점에서 보자면 선(善)의 속성을 상실할 가능성이 매우 크다.

공자는 이런 어짊과 성(聖)을 비교하면서, 성(聖)은 "널리 베풀고 뭇 사람을 구제하는 것"이라고 보았다. 여기서 눈여겨보아야 할 곳은 "널리[博]"와 "뭇 사람[衆]"이라는 표현이다. 많은 백성에게 베풀어주는 일은 자신이 가진 천하를 모두 포기할 정도의 각오가 있어야 한다. 보통 사람의 능력으로는 전혀 불가능하고, 심지어 어진 사람도 그런 일을 하기는 거의 불가능하다. 그래서 공자는 순임금과 우임금에 대해 "거룩하도다! 순임금과 우임금은 천하를 차지하고도 간여하지 않으셨으니!"[79]라고 칭양했다.

인(仁)은 순수한 증여가 아니고 성(聖)이야말로 순수한 증여이다. 순수증여란 대가를 바라지 않는 베풂인데 인간이 해내기가 거의 불가능한 행위로 여겨진다. 공자는 순수증여, 즉 '성'의 경지에 오른 사람이 있었다는 역사적 사실을 부정하지 않는다. 하지만 그런 '성'의 경지에 오른 사람이 과거에 비록 존재했다고 하더라도 공자 당시의 현실 속에서 그런 사람을 찾는 것은 불가능하였다. 공자는 '성'을 추구하라고 말하는 대신 '인'을 내세웠다. '인' 역시 봉건제의 핵심 원리를 담지만, 순수증여는 아니다. 따라서 현실의 인간은 '인'의 경지에 도달하기 위해 충분히 노력해볼 수 있고 거기에 도달했을 때 비로소 한 걸음 더 나아가 '성'의 경지를 바라볼 수 있을 것이다.

---

79) 같은 책, 「泰伯」, "子曰, 巍巍乎. 舜禹之有天下也, 而不與焉."

3. 초기 유교 윤리의 문제점과 해결의 시도

1) 묵자의 도전과 맹자의 응전

공자는 순수증여적 경지가 존재함을 분명히 인지했지만, 현실적 인간이 지향해야 할 것은 '인'이라고 생각했다. 반면 묵자는 그런 '인'이 불철저하다고 보고 순수증여적 실천을 '의'로 개념화하고 이를 지향한 것으로 보인다.

지금 어떤 사람이 남의 과수원에 들어가 그곳의 복숭아와 오얏을 훔쳤다고 하자. 여러 사람이 그 사실을 듣게 되면 즉시 그를 비방할 것이며, 위에서 정치하는 이는 그를 체포하는 즉시 처벌하려 할 것이다. 이는 무엇 때문인가? 그가 남에게 손해를 끼쳐[虧人] 자기를 이롭게 했기 때문이다[自利]. 남의 개와 돼지와 닭을 훔친 자에 이르러선 그 의롭지 않음[不義]이 또한 남의 과수원에 들어가 복숭아와 오얏을 훔친 것보다 더욱 심하다. 이는 무엇 때문인가? 이는 그로써 남에게 더 많이 손해를 끼쳤으니[虧人] 그 '어질지 못함[不仁]'이 더욱 심하여 죄가 더욱 무겁기 때문이다. … 이와 같은 것들에 대해서는 천하의 군자들이 모두 알고서 비난하며 '의롭지 않다[不義].'라고 일컫는다.[80]

---

80) 『墨子』, 「非攻 上」, "今有一人, 入人園圃, 竊其桃李, 衆聞則非之, 上爲政者, 得則罰之, 此何也. 以虧人自利也. 至攘人犬 豕雞豚, 其不義又甚入人園圃竊桃李, 是何故也. 以虧人愈多, 其不仁玆甚, 罪益厚. … 至殺不辜人也, 扡其衣裘, 取戈劍者, 其不義又甚入人欄廐取人馬牛, 此何故也. 以其虧人愈多. 苟虧人愈多, 其不仁玆甚矣, 罪益厚. 當此, 天下之君子皆知而非之, 謂之不義."

일단 묵자는 "남에게 손해를 끼치면서[虧人] 자기를 이롭게 한다[自利]."라는 것은 "어질지 못함[不仁]"이라고 한다. 그렇다면 내가 손해를 보더라도 남에게 이익이 가게끔 하는 것이 '어짊'이 될 것인데, 이는 유교에서 말하는 '자기에게 모질게 대하고[自忍] 남에게 어질게 대하는 것[不忍人]'과 내용상 일치한다. 다만 유의할 점은, 위 인용문에서 묵자는 유가와 달리 어짊[仁]과 의로움[義]을 동일시하고 더 나아가서 어짊보다 의로움을 중요 개념으로 여기고 있다는 사실이다. 공자는 어짊과 의로움을 동일시한 적이 없고 『논어』에는 어짊과 의로움이 나란히 나오지 않는다. 『논어』에서 "의로움[義]"은 주로 "이익[利]"과 대비되어 사용된다. "이득을 보면 의로움을 생각한다.[見得思義.]"는 구절만 두 차례에 걸쳐 나오고 있고,[81] "군자는 의로움에 밝고 소인은 이익에 밝다."[82]는 구절도 있다. 그러므로 『논어』에 따를 경우, 의롭다는 것은 이익을 바라지 않는다는 것과 같다. 의롭다는 것은 자기희생과 관련이 있다. 시라카와 시즈카에 따르면, '의(義)'는 '양(羊)'과 '아(我)'의 합성어이다. 여기서 '아(我)'는 '나'가 아니라 '톱'을 가리킨다고 한다. 그래서 '의(義)'는 제사를 치르기 위해서 희생양을 도살한다는 뜻을 본래 갖고 있었다. 이로부터 '의(義)'는 '희생'이라는 의미를 함축하게 되었으며, 특히 상대방을 위한 자기희생의 뜻을 갖게 되었을 것이다.

묵자는 『논어』의 이러한 의(義) 개념을 적극적으로 발전시키고자 했다. 연구자들에 따르면 묵자 집단과 유협(遊俠) 사이에는 친연 관계가 있다고 한다. 유협, 즉 협객은 목숨보다 의리를 중시하는 자들로서,

---

81) 『論語』, 「季氏」편과 「子張」편.
82) 같은 책, 「里仁」.

타인에게 은혜를 베풀 때 어떤 보답도 얻으리라 기대하지 않았고, 심지어 수많은 유협은 보답받기를 '적극적'으로 거부했다고 전해진다. 이런 유협들의 덕행은 의(義)로 칭해졌다.[83] 묵자 윤리를 대변하는 겸상애(兼相愛), 즉 남의 생명을 내 생명과 똑같이 중시한다는 명제는 바로 이런 의 개념이 발전하여 정립된 것이다.

하지만 여기에는 문제가 따른다. 당시와 같이 이기적 욕구가 충만한 사람들을 향해서 순수증여를 하자고 말해보아야 아무도 선뜻 나서지 않을 것이기 때문이다. 일반인에게 순수증여를 하라고 하려면 '자신이 순수증여를 했을 때 상대방도 내게 순수증여를 하리라는 원칙'이 확고히 서 있어야 한다. '겸상애'를 설파할 때 부딪힐 세상 사람들의 반대를 묵자는 잘 알고 있었다. 그래서 그는 "만약 내가 남에게 베풀어주면 남이 또한 반드시 내게 베풀어줄 것이요, 내가 남을 이롭게 해주면 남이 반드시 좇아서 나를 이롭게 할 것이며, 내가 남을 미워한다면 남이 반드시 좇아 나를 미워할 것이요, 내가 남을 해친다면 남이 반드시 좇아 나를 해칠 것이다."라고 말하여[84] '겸상애'가 이익을 가져올 것이라고 말했다. 이처럼 묵자는 순수증여의 실현 가능성을 개인의 이기적 욕구에서 찾는 모습을 보여준다. 그러나 순수증여라는 것은 대가를 바라지 않는 베풂, 곧 이기적 욕구가 철저히 배제된 개념인데, 이기적 욕구를 배제하기 위해서 도리어 이기적 욕구에 따라야 한다는 말은 모순적이라 하지 않을 수 없다.

맹자가 의(義)와 리(利)를 엄격히 구분할 것을 요청했던 것은 위와

83) 楊聯陞, 앞의 책, 55쪽.
84) 『墨子』,「兼愛 中」, "夫愛人者, 人必從而愛之, 利人者, 人必從而利之, 惡人者, 人
    必從而惡之, 害人者, 人必從而害之."

같은 묵가 사상의 모순을 파악했기 때문으로 추정된다.

맹자가 양나라 혜왕을 만나자, 왕이 말했다. "노인장께서는 천 리를 멀다고 여기지 아니하시고 오셨으니, 장차 어떤 방법으로 우리나라를 이롭게 할 수 있겠습니까?" 맹자가 대답했다. "왕께서는 어찌 꼭 이익만을 말씀하십니까? 단지 인의(仁義)가 있을 뿐입니다. 왕께서 '어떻게 하면 우리 국(國)을 이롭게 할 수 있을까?'라고 말하니, 대부들은 '어떻게 하면 우리 가(家)를 이롭게 할까?'라고 말하고, 사(士)와 서인(庶人)들은 '어떻게 하면 우리 몸을 이롭게 할까?'라고 말합니다. 위아래가 서로 이익을 취하려고 하니 국(國)이 위태로워집니다.[85]

'인(仁)=의(義)'를 행하면 서로에게 이익이 된다는 것이 묵자의 아이디어였다. 물론 묵자는 인의(仁義) 자체를 중시한 것이고, 인의를 추구하다 보면 이익은 당연히 뒤따라 올 수 있다고 말했을 것이다. 하지만 묵자 사상의 "겸상애, 교상리"를 받아들이는 사람들은 이익을 위해 "겸상애"를 행할 수도 있었다. 그 경우 "교상리"가 주(主)가 되고 "겸상애"는 종(從)이 되어 주객전도가 일어나게 된다. 맹자는 이런 상황에 주목하여 인의(仁義)와 이익을 엄격하게 분리했던 것 같다. 맹자는 인의에 따라 행할 때 조금이라도 '이익'을 생각하면 안 된다고 주장한다. 다시 말해 이익을 위해서 인의를 추구하는 것이 아니라, 인의 자체를 위해서 인의를 추구하는 것이다.

---

85) 『孟子』,「梁惠王 上」, "孟子見梁惠王. 王曰, 叟不遠千里而來, 亦將有以利吾國乎. 孟子對曰, 王何必曰利, 亦有仁義而已矣. 王曰, 何以利吾國. 大夫曰, 何以利吾家, 士庶人曰, 何以利吾身. 上下交征利而國危矣."

그렇다면 우리는 여기서 이렇게 다시 물을 수 있다. '맹자 당신의 말대로라면 사람들에게 인의(仁義)를 의무적으로 행하게 해야 한다는 것이다. 하지만 봉건제가 해체된 이 시대에 각 계층의 사람들은 자기 이익을 무엇보다 우선시한다. 그런 사람들에게 당신의 말이 받아들여지겠는가?' 맹자의 성선설은 이 물음을 대답하는 과정에서 성립했다고 필자는 생각한다. 맹자가 "봉건제를 회복하자!"라고 외친다고 하더라도 아마 맹자 주변 사람들은 '사람들이 제 앞가림만 하기도 바쁜데 언제 남에게 베풀어줄 겨를이 있겠는가?' 또는 '사람들은 제 것만 챙기느라 보답을 할 줄을 모른다.'라고 반박했을 것이다. 이런 반대 주장을 접하여 맹자는 사람은 본래 남에게 잘 베풀고, 그 베풂에 대해 잘 보답하는 성향이 있다는 것을 입증한다면 효과적으로 대응할 수 있다고 보았다. 만일 그것을 입증한다면 봉건제는 인간의 본성에 부합하는 매우 자연스러운 제도로 여겨지게 될 것이다.

상고시대에 어버이를 장사 지내지 아니한 사람이 있었다. 그 어버이가 죽으니 들어다가 산골짜기에 버렸다. 뒷날 여기를 지나다가 여우와 너구리가 이를 뜯어먹고, 파리와 모기가 이를 빨아먹으니, 그의 이마에 식은땀이 나고 눈을 비키고 곧바로 못 보았다. 식은땀이란 다른 사람 때문에 난 식은땀이 아니라 속마음이 겉으로 드러난 것이다. 그래서 집으로 돌아와 삼태기와 삽을 가지고 와서 이를 매장하였으니, 이를 매장함은 진실로 옳은 일이다. 그렇다면 효자와 어진 이가 그 부모를 매장하는 데에 반드시 도리가 있는 것이다.[86]

---

86) 같은 책,「滕文公 上」, "蓋上世嘗有不葬其親者. 其親死, 則擧而委之於壑. 他日過

아무리 어버이라 할지라도 일단 죽은 사람이고 보면 무생물에 지나지 않으므로, 예(禮)가 아직 정착하지 않았던 시대에 아들은 죽은 부모를 골짜기에 갖다 버렸다. 하지만 어버이의 시신이 훼손당하는 것을 보자 식은땀을 흘렸다. 아마도 그의 마음속에서 죽은 이를 '차마[忍]' 그대로 두지 못하는 마음, 즉 죽은 이에게 모질게 대하지 못하는 [不忍] 마음이 생겨났기 때문일 것이다. 이런 마음은 사람이라면 누구나 갖고 있고, 그것이 바로 상례의 원리라고 맹자는 보았다.

제나라 선왕은 희생을 위해 끌려가는 소가 벌벌 떠는 모습을 보고 안타깝게 여겨 소를 양으로 대체하라고 명령한 일이 있었다. 맹자는 이 사례를 들면서 제나라 선왕에게 "불인(不忍)"의 마음이 있었으며, 그런 마음에 따라 행동하는 것을 "인술(仁述)"이라고 명명했다.[87] 앞에서 우리는 가토 조켄의 설에 따라 인(仁)에는 자인(自忍)과 불인인(不忍人)의 두 가지 요소가 있다는 점을 살펴본 바 있는데, 맹자는 그중 '불인인'을 중시했다. 맹자는 이런 마음이 모든 사람에게 있다고 하여 그 보편성을 강조한다.[88] 또한, 맹자는 이른바 "유자입정(孺子入井)"의 비유를 들었다. 아기가 우물가로 기어가는 모습을 보면 누구라도 깜짝 놀라고 측은히 여기는 마음을 갖게 되리라고 맹자는 말한다. 아기를 보고 측은히 여기는 까닭은 결코 그 아기의 부모와 그 일을 기회로 삼아 사귀려 해서도 아니고 마을 내에서 명망을 얻으려고 해서도 아

之, 狐狸食之, 蠅蚋姑嘬之. 其顙有泚, 睨而不視. 夫泚也, 非爲人泚, 中心達於面目. 蓋歸反虆梩而掩之. 掩之誠是也, 則孝子仁人之掩其親, 亦必有道矣."

87) 같은 책, 「梁惠王 上」.
88) 같은 책, 「公孫丑 上」.

니라는 것이다.[89) 그런 외재적 동기 때문에 측은히 여기는 마음을 갖는 것이 아니라 그것이 본래 인간에게 내재해 있기 때문이라는 점을 맹자는 지적한다. 바로 여기서, 측은지심(惻隱之心)이 '인'의 단서라고 하는 그의 사단설(四端說)이 성립한다. 아울러 맹자는 "자신의 마음을 끝까지 다 발휘한 사람은 자신의 본성을 알게 된다."고 말하는데, 여기서 "마음"은 측은지심을 가리키므로, 결국 측은지심을 온전히 발휘해보면 그것이 자신에게 내재한 자연스러운 성향이라는 것을 깨닫게 된다고 보았다. 바로 이 지점에서 성선설이 성립하게 된다.[90)

2) 노자의 유가 비판

"덕으로써 원한에 보답하는 것은 어떻습니까?"라는 질문에 대하여 공자는 "[원한에 덕으로써 보답한다면] 덕에는 무엇을 갖고 보답할 수 있겠는가? 공정한 척도[直]로써 원한에 보답하고, 덕으로써 덕에 보답하라."라고 대답했다.[91) 흥미로운 점은 『노자』는 "덕으로써 원한에 보답해야 한다."[92)라고 말했다는 사실이다. 레그(James Legge)는, 노자의 입장을 지지하는 이가 노자의 이 말을 듣고서 공자의 의견은 어떤지 물어본 것이라고 보면서, 유교의 도덕은 기독교의 기준보다 낮은 것은 물론이요 심지어 노자보다도 못하다고 평가했다.[93)

---

89) 같은 곳.
90) 같은 책, 「盡心 上」, "孟子曰, 盡其心者, 知其性也. 知其性, 則知天矣."
91) 『論語』, 「憲問」, "或曰, 以德報怨, 何如. 子曰, 何以報德 以直報怨, 以德報德."
92) 『老子』 제63장, "爲無爲, 事無事, 味無味. 大小多少, 報怨以德. 圖難於其易, 爲大於其細."
93) 楊聯陞, 앞의 책, 52쪽.

우리는 앞에서 공자가 성(聖)과 인(仁)을 구분했다는 것과, 성은 순수증여에 해당하는 반면, 인은 어느 정도 보답을 예상하는 일반적 증여에 해당한다는 것을 얘기했다. 그리고 공자가 순수증여의 경지를 몰랐던 것은 아니었지만 일반인이 이 경지에 도달하는 것은 불가능에 가까워서 그보다 현실적인 인의 도덕을 주장했다고 우리는 보았다. 이에 비해 노자는 원한에 대해 덕으로써 보답하라는 순수증여의 이상에 충실했고 그것의 실현을 위해 노력해야 함을 말한 것이다. 노자의 이런 비판은 유가에 대한 묵자의 비판과도 유사하다. 묵자는 인을 대체하는 순수증여적 의(義)의 윤리를 설파했기 때문이다.

맹자는 노자에 대해서 어떻게 대응했을까? 이미 맹자는 불인(不忍), 곧 측은의 성향이 보편적이며 만인에게 내재한다고 말했다. 맹자에 따르면 사람은 태어날 때부터 증여적 성향이 있으므로, 사람이 증여하는 것은 대가를 바라서가 아니라 그의 자연스러운 성향 때문이다. 따라서 그의 증여는 순수한 것이 된다. 이런 논리로 그는 노자의 유가 비판에 대응할 수 있을 것이다.

하지만 노자는 그것 말고도 다른 논점을 통해 유가를 비판한다. 그 것은 유가의 작위성에 대한 것이었다. 맹자가 아무리 증여의 성향을 자연적·선천적 본성으로 간주했다고 하더라도 그도 유학자인 이상 도덕적 인간으로 거듭나기 위한 적극적 노력을 강조하지 않을 수 없었다. 맹자는 사단(四端)의 적용 범위를 확장해나가는 '확충'의 방법을 제안하였다. 그런데 사단은 자연적·선천적 본성이지만 확충은 인간의 후천적·적극적 행위이다. 후천적·적극적 행위로 자연적·선천적 본성을 확장해나가려 한다면, 그 자연적·선천적 본성은 후천적·적극적 행위로 인해 온전하게 보존되지 못할 것이다. 『맹자』의 "잊지도 말고, 조장하지도 말라.(勿忘, 勿助長.)"는 말은 그 긴장 관계를 잘 드러내고 있다. 자연적·선천적 본성은 어린 싹과 같고, 후천적·적극적 노력은 농부의 농사 행위와 같다. 싹이 빨리 자라나게 하려고 싹을 약간 위로 뽑아도 안 되고 아예 버려둬도 안 된다.[94] 맹자는 이런 식으로 자연과 인위의 조화를 꾀하려 했다. 하지만 그렇게 하기 위한 구체적 방법을 그는 제시하지 않았다.

　노자는 바로 이 지점을 비판하고 싶었던 것으로 보인다.

　최상의 덕을 지닌 사람은 일부러 덕스러운 행동을 하려 하지 않기 때문에 덕이 있다. 하급의 덕을 지닌 사람은 덕을 잃어버리려 하지 않기 때문에 덕이 없다.[95]

　노자는 "하급의 덕을 지닌 사람"들을 비판하고 있다. 여기서 "하급의 덕을 지닌 사람"들은 유가(儒家)를 가리킬 것이다. 노자에 따르면 하급의 덕을 지닌 사람들은 실제로는 덕을 지니고 있지 않다. 왜냐하면 그들은 덕을 잃어버리려고 하지 않는데, 덕을 잃어버리려고 하지 않는다는 것은 그 사람으로부터 덕이 처음부터 분리되기 쉽다는 것을 전제로 삼기 때문이다. 다시 말해 그 사람은 자신의 본질이 덕이라는 것을 온전히 자각하지 못하고, 단지 덕을 관념으로만 사유하고 그것을 외물처럼 지니려고 하는 자이다. 이처럼 덕을 외물처럼 지니려고 하는 자에게는 당연히 덕이 있을 수 없다.

---

94) 『孟子』, 「公孫丑 上」.
95) 『老子』 제38장. "上德不德, 是以有德. 下德不失德, 上德無爲而無以爲. 是以無德. 下德爲之而有以爲."

동일한 취지에서 노자는 유가의 인(仁), 의(義), 예(禮)를 비판한다.

최상의 예(禮)는 일부러 어떤 행동을 하면서, 상대방이 응하지 않으면 몸소 팔뚝을 걷어붙이고 상대방을 끌어 잡아들인다.[96]

아무리 최상의 예행(禮行)이라 할지라도 그것이 "일부러" 취해진 이상 진정한 예행일 수 없다는 것이 노자의 주장이다. 마음에서 우러나와 상대방에게 보답하면 그만이지만 유학자들은 자신의 예행에 대해 상대방이 보답하지 않으면 상대방에게 화를 내면서 그에게 억지로 보답을 하도록 한다고 노자는 파악한다. 이러한 예행이 참된 예행일 수는 없다. 그것은 순수성을 상실한 예행이 아닐 수 없다.

노자는 맹자식의 인위적 노력을 거부하고, 곧바로 자연에 도달할 수 있어야 한다고 주장했다. 그에 따르면 일체의 인위적 노력을 중단하고 세계의 본질과 나의 본질이 모두 허(虛, 규정될 수 없는 것)임을 확인하려는 내성적 방법을 선택해야 한다. 사람은 본래 비어 있는 존재이므로 다른 무엇을 취하여 자기 안에 채워두려고 하지 않는다. 반대로 그는 자기 안에 채워져 있는 것을 덜어내려고만[謙] 할 뿐이다. 그리고 그렇게 덜어내어진 것은 자연스럽게 타인에게 흘러 들어가게 되는데, 그때 그는 그렇게 덜어내어진 것이 타인에게 흘러 들어가는지 아닌지는 신경을 쓰지 않을 것이다. 바꿔 말해서 그는 자기가 남에게 베푸는 것에 대해 의식하지 않는다. 이처럼 자신의 베푸는 행위를 의식조차 못 한다면 당연히 대가를 바라는 의식도 없을 것이다. 이 과정

---

96) 같은 곳.

을 거쳐 진정한 덕행이 성립할 수 있다.

맹자와 노자의 차이점은, 맹자가 순수증여를 가능케 하기 위한 인간의 적극적 노력을 강조하지만, 노자는 맹자의 방법이 모순적이라고 보고 무위(無爲)와 무욕(無欲)을 통해 순수증여가 가능해지게끔 하였다는 데에 있다. 하지만 맹자와 노자 모두 순수증여를 가능케 하기 위한 인성론적·존재론적 근거를 찾기 위해 노력했다는 점에서는 공통적이었다.

그다음 순자(荀子)를 살펴보자. 순자는 먼저 노자에 대해 비판을 가한다. 순자에 따르면, 욕구는 사람이라면 누구나 가진 선천적인 것, 곧 천(天)으로부터 부여받은 것이다. 노자처럼 무욕 혹은 "과욕(寡欲)"을 추구하는 것은, 자연적·선천적 욕구를 인위로써 제거하려는 것이나 마찬가지이다. 다행히도 제거할 수 있다면 모르겠지만, 자연적·선천적 존재를 인간의 의지로는 없애려야 없앨 수 없는 것이다.[97] 이렇게 보았을 때, 노자는 맹자와 같은 오류를 범하고 있다.

예상되다시피 순자는 자연과 인위를 엄격하게 구분한 후, 자연에 대해서는 더 이상 그것을 규정하려 하거나 인위적으로 조작을 가하면 안 되고, 오로지 인위만을 통해서 예의 질서를 구현함으로써 사회 혼란을 제거해야 한다고 주장했다.[98] 순자의 이런 구도는, 인간의 현실적 한계를 인정하고 그 한도 안에서 최대의 노력을 기울이려 했던 공자의 생각을 계승했다고 볼 수 있다. 하지만 과연 인간의 욕구는 예에 의해 완전히 통제될 수 있을 것인지 아닌지가 의문으로 남는다. 인

---

97) 『荀子』, 「正名」.
98) 같은 책, 「性惡」.

간은 아무리 해도 욕구를 지닐 수밖에 없고 그 욕구는 이기적 속성을 지니는 이상, 사람이 예를 전면적으로 받아들여 욕구를 통제한다고 하더라도 그 사람이 온전하게 도덕적 인간으로 거듭나기는 힘들 것이다. 더 나아가 어떤 사람이 자신의 이기적 본성을 통제하고자 자발적으로 예를 받아들인다고 할 때, 예를 받아들이기로 한 선택 자체가 이미 그의 선한 본성이 존재한다는 것을 말해주는 것 아닌가 하는 의문을 제기할 수 있다. 그렇다면 이는 오히려 성악설이 아니라 성선설의 증거로 활용될 수 있다.

이상의 논의를 정리해보자. 공자는 인간 차원에서 순수증여의 실현 가능성을 크게 보지 않았다. 아니, 오히려 그는 그에 대해 회의적 태도를 보였다. 묵자는 순수증여의 가능성을 확신하지 못할 때 사익 추구 경향이 강해지므로 반드시 그것을 실현해야 하며, 이익 실현을 유인으로 하여 사람들을 설득하면 그것이 행해질 수 있다고 보았다. 그러나 이익을 얻기 위해서 순수증여를 한다는 말은 모순이다.

맹자는 바로 그 점을 지적하고 인의와 이익을 철저히 분리한 후, 인의가 인간의 본성이라고 간주했다. 인간 본성의 내용이 순수증여적이라는 것이다. 이렇게 주장함으로써 맹자는 '유가는 대가를 바라고 베푼다.'라는 묵가의 비판으로부터 유가를 옹호할 수 있었을 것이다. 더구나 이익을 위해서 순수증여를 추구하는 것이 아니라 본능적으로 그것을 하기 마련이라고 함으로써 이론적 일관성을 갖출 수 있었다.

하지만 이론상으로는 그렇다 하더라도 모든 사람이 언제나 순수증여적 실천을 하는 것은 당연히 아니다. 맹자는 당연히 그 점을 잘 알았기 때문에, 노력을 통해 순수증여적 본성이 잘 실현되도록 해야 한다고 말했다. 그러나 노력과 순수증여는 서로 어울리지 않는다. 왜냐하면 순수증여는 일체의 의도도 허용하지 않을 것이기 때문이다.

노자는 인위를 통해 순수증여에 도달한다는 구도의 모순을 지적하고 무위를 통해 그것을 실현해야 함을 말했다. 순수증여는 일체의 인위를 배제한다는 점에서 '자연'이다. 이렇게 하여 "무위자연" 개념이 성립하는 것이다. 하지만 노자 역시 인간 차원에서 순수증여를 지향한다는 점에서는 맹자와 다르지 않다. 순자는 그런 불가능을 지향할 것을 그만두고 인위에만 논의를 한정할 것을 요구했다.

이렇게 보면 유교적 윤리 사상의 과제는 첫째, '인간 차원에서 순수증여가 과연 가능한가?'에 대답하는 것, 둘째, '순수증여가 가능하다면 그것은 대체 어떻게 정당화되며 또 어떻게 실현될 수 있는가?'에 대답하는 것이다. 이 과제는 당말(唐末)에서 송대(宋代)에 걸쳐 활동했던 여러 유학자가 고민했던 문제였다고 필자는 생각한다.

4. 근세에서 성선설의 성립과 보편성의 추구[99]

1) 이고와 한유의 인성론

이 장에서는 "성리" 개념의 성립 과정을 살펴보기로 한다. "성리" 개념은 북송대(北宋代) 도학파 학자인 정호(程顥)·정이(程頤) 형제, 특

---

99) 이 절은 필자의 박사학위논문인 「북송대 인성론 연구」(서울대 대학원 박사학위논문, 2011)에 상당 부분 의존하고 있다.

히 정이의 "성즉리(性卽理)" 명제로부터 비롯한 것인데, 그것은 앞 절 마지막 부분에서 언급한 두 가지 문제, 즉 '인간 차원에서 순수증여가 가능한가?'와 '순수증여가 가능하다면 그것은 대체 어떻게 정당화되며 또 어떻게 실현될 수 있는가?'에 대답하는 과정에서 성립했다는 것이 필자의 생각이다. 이것은 한마디로 말해 성선설의 성립 가능성에 대한 논의라고 요약될 수 있다. 북송대에는 여러 학파와 학자가 인성론과 관련하여 활발하게 논쟁을 하고 있었다.[100] 그리고 그들이 직면했던 문제의 직접적 기원은 당나라 말에 활약했던 이고와 한유의 인성론이었다.[101]

당나라 말에 활약했던 이고(李翱)와 한유(韓愈)는 그 이전 유학자들인 독고급(獨孤及), 권덕여(權德輿) 등의 인성론을 수용하거나 비판하면서 인성론을 개진했다. 독고급과 권덕여는 대체로 '인간 본성은 온전한데 외물이 그것을 해칠 수 있다.'라고 인식했다.[102] 이고는 이

---

100) 구양수는 이후(李詡)에게 보낸 편지에서 "저는 세상의 배우는 이들이 본성에 대해서 많이 말하는 것을 걱정했다."고 하였고(歐陽脩, 『文忠集』 卷47, 「答李詡第二書」, "修患世之學者多言性."), 소식(蘇軾)도 "세상에 성명(性命)에 대해 논하는 사람들이 많다."고 한 것으로 보아, 북송대에 인성론 논의가 활발하게 펼쳐졌다는 것을 짐작할 수 있다.(蘇軾, 『東坡易傳』 卷1, 「乾」, "保合太和, 乃利貞"에 대한 注, "世之論性命者多矣.")

101) 호원(胡瑗), 유창(劉敞)은 기본적으로 한유(韓愈)의 성삼품설(性三品說)을 수용했고, 소식은 「한유론(韓愈論)」(蘇軾, 『東坡全集』 卷43)을 써서 한유의 성삼품설을 비판했으며, 왕안석은 이고의 인성론의 핵심 종지인 '본성은 선하고 감정은 악하다.'에 대해 비판을 가하는 등(王安石, 『王臨川集』 卷67, 「性情」), 한유와 이고의 인성론은 북송대 학자들의 논의 중심이었다.

102) 피터 볼에 따르면 이고(李翱) 당시에 이러한 관념이 주류를 이루고 있었으며, 특히 권덕여가 그런 관념을 잘 보여준다고 한다. Peter K. Bol, *This Culture of Ours*, Stanford: Stanford University Press, 1992, 131쪽 참조.

런 공통 인식을 계승하되 본성과 감정에 대한 집중적 논의를 통하여 왕안석이 일렀던바 성선정악설(性善情惡說)을 정립했다. 이고는 본성이 선하다고 말하는 한편, 감정은 본성의 움직임이라고 한다.[103] 그런데 감정은 본성을 미혹하여 그것을 가려버린다는 점에서 악한 존재이다.[104] 본성이 선하다면 그 움직임인 감정 역시 선해야 하지만 그는 감정이 악하다고 여기기 때문에 형식 논리상 모순을 보여주고 있다.

이고는 이에 대해 "마음이 고요하여 움직이지 않아 사악한 사려가 저절로 소멸하면 오직 본성만이 밝게 비추고 있을 테니, [감정의] 사악함이 어디서 생기겠는가?"[105]라고 반문하였다. 곧, 감정의 악함의 직접 원인은 본성이 아니라 마음으로부터 생기는 사악한 사려[思]라는 것이다. 하지만 이것은 '마음의 움직임이 감정이다.'라고 말하는 셈이므로, "본성의 움직임이 감정이다."라는 규정과 어긋난다. 또한, 위 인용문으로부터, 마음으로부터 사악한 사려가 생기지 않게끔 하면 감정도 악하게 변하지 않으리라 추론할 수 있다. 하지만 이고는 '사려를 사악하게 만들지 말라.'고 말하지 않고, 아예 마음을 고요하게 만들 것을 요구한다. 마음이 고요해지면 사악한 사려는 물론 아무런 사려가 생기지 않을 것이다. 이로부터 보건대 이고는 사려 자체에 대해 부정적으로 인식하고 있었음을 알 수 있다.

이고의 '성선정악설'은 이론적 난점과 실천적 난점을 동시에 갖는

---

103) 李翶, 『李文公集』 卷2, 「復性書上」, "情者性之動也."
104) 같은 글, "人之所以爲聖人者, 性也. 人之所以惑其性者, 情也. 喜怒哀懼愛惡欲七者, 皆情之所爲也. 情旣昏, 性斯匿矣, 非性之過也, 七者循環而交來, 故性不能充也. 水之渾也, 其流不淸, 火之煙也, 其光不明, 非水火淸明之過. 沙不渾, 流斯淸矣, 煙不鬱, 光斯明矣. 情不作, 性斯充矣."
105) 같은 책, 「復性書中」, "心寂不動, 邪思自息. 惟性明照, 邪何所生."

다. 이론적 난점은 바로 위에 서술한 대로이다. 실천적 난점은 '성선정악설'이 실천적 소극성을 갖는다는 것이다. 앞서 본 것처럼 이고는 마음을 고요하게 만들어 사려가 일어나지 않게끔 함으로써 감정마저 제거해야 한다는 실천론을 제기했다. 그런데 마음을 고요하게 만들기 위해서는 마음이 외물과 접촉하는 것을 피하게 해야 한다. 이는 사람에게 생생한 현실로부터 한 걸음 물러설 것을 요구한다.

젊은 시절부터 이고와 교류하고 그를 조카사위로까지 삼았던 한유는 초기에는 이고의 인성론에 동의하는 태도를 취했지만, 이후 태도를 바꾸어 성삼품설을 제시했다. 성삼품설이란, 사람은 태어날 때부터 상품(上品)의 본성, 중품의 본성, 하품의 본성 중 하나를 갖고 태어난다는 것이다. 상품의 본성은 선한 것이고 변하지 않으며, 하품의 본성은 악한 것이고 역시 변하지 않는다. 반면 중품의 본성은 상품의 본성으로도 하품의 본성으로도 변할 수 있는 것이다.[106] 그리고 감정은 각 품급에 대응하여 상품, 중품 그리고 하품이 정해진다고 그는 말한다.[107] 그에 따르면 하품의 악한 감정은 하품의 악한 본성에서 생겨나는 것이다. 그렇다면 '악한 감정이 어째서 선한 본성에서 생겨나는가?' 하는 문제를 그는 피해갈 수 있다. 아울러 그는 노력으로 중품의 본성이 상품의 본성으로 변화될 수 있다고 말함으로써, 중품의 본성을 지닌 대다수 사람을 향하여 적극적 실천을 호소할 수 있었을 것이다.

---

106) 韓愈,『韓昌黎集』卷11,「原性」, "曰, 性也者, 與生俱生也. 情也者, 接于物而生也. 性之品有三, 而其所以爲性者五, 情之品有三, 而其所以爲情者七. 何也? 曰, 性之品有上中下三. 上焉者善焉而已矣. 中焉者可導而上下也. 下焉者惡焉而已矣."

107) 같은 글, "情之品有上中下三, 其所以爲情者七. 曰喜曰怒曰哀曰懼曰愛曰惡曰欲. 上焉者之于七也, 動而處其中. 中焉者之于七也, 有所甚有所亡, 然而求合其中也. 下焉者之于七也, 亡與甚, 直情而行者也. 情之于性, 視其品."

하지만 한유는 다른 한편으로 본성의 내용을 인, 의, 예, 지, 신의 오상(五常)으로 규정하고서,[108] 이 오상의 본성을 기준으로 하여 상품, 중품 그리고 하품의 본성을 나누는 모습을 보여줌으로써, 성선설의 입장을 여전히 포기하지 못하고 있었음을 보여주었다.[109] 그러므로 한유는 암묵적으로 성선설을 지지하되, 성선정악설의 이론적 모순을 회피하고 동시에 인간의 적극적 실천을 강조할 수 있는 이론 체계를 찾았던 것이라고 할 수 있다.

2) 도학(道學) 성립 이전 북송대의 인성론

호원과 구양수 인성론의 양립

정호와 정이의 스승이자 수많은 학자를 길러낸 북송대 중기의 대표적 유학자인 호원(胡瑗)은 성선설과 한유의 성삼품설을 종합하기 위해 노력했는데, 이는 한편으로 성삼품설을 제시하면서도 암묵적으로 성선설을 유지하고자 했던 한유의 시도를 명시적으로 완성하려는 것이었다. 호원은 기(氣) 일원론에 따라 본성의 선함을 입증하려 했다.[110] 그리고 그는 본성[性]과 학습[習]이라는 『논어』 내의 한 구도를 이용하여, 사람은 누구나 선한 본성을 타고나지만, 태어난 이후 어떤 학습을 하는지 아닌지에 따라 성인, 현인, 백성이라는 세 가지 등급으로

---

108) 같은 글, "其所以爲性者五. 曰仁, 曰義, 曰禮, 曰信, 曰智."
109) 같은 글, "上焉者之于五也, 主于一而行于四. 中焉者之于五也, 一也不少有焉, 則少反焉, 其于四也混. 下焉者之于五也, 反于一而悖于四."
110) 胡瑗, 『周易口義』, 「繫辭上」, "然而元善之氣, 受之於人, 皆有善性. 至明而不昏, 至正而不邪, 至公而不私."

분류되어 나뉘고 그에 따르는 본성을 얻게 된다고 말한다.[111]

한유는 중품의 본성을 지닌 사람들이 대다수를 차지한다고 보았으나, 호원은 성인, 현인, 백성 중 백성이 가장 많다고 생각했다.[112] 이들 백성의 본성은 악한 것이다. 그런데 그는 이렇게 말하는 데서 그치지 않고, 인간 일반의 감정을 "정욕"으로 표현하면서 그것을 악한 것으로 간주하였다.[113] 그렇다면 호원의 인성론은 본성은 선하되 감정은 악하다는 성선정악설로 돌아가게 될 것이다. 다시 말해서 성선설과 성삼품설을 종합하려고 한 그의 시도는 결국 이고(李翶)식의 성선정악설로 귀결해버렸다. 그러므로 호원은 이고의 인성론이 지녔던 난점을 그대로 떠안게 된다.

구양수의 인성론은 호원의 그것과 정확히 대척되는 지점 위에 있었다. 그는 『예기』「중용」의 "하늘이 명령한 것을 본성이라고 한다."를 해석하면서 "본성은 무상하므로 반드시 그것을 이끌어야 함을 밝힌 것"이라고 말했다.[114] 본성이 무상하다는 것은 본성에 특정한 지향이 없다는 것을 가리킨다. 본성은 특정한 지향이 없는 무규정적인 것이므로 그것을 예(禮)로써 특정한 방향으로 이끌어야 한다고 구양수

---

111) 같은 글, "義曰, 夫聖人得天性之全, 故五常之道, 无所不備. 賢人得天性之偏, 故五常之道, 多所不備. 或厚於仁而薄於義, 或厚於禮而薄於信, 是五常之性, 故不能如聖人之兼也.…至於天下百姓, 常常之人, 得天性之少者, 故不可以明聖人所行之事."

112) 같은 책 卷1,「乾卦」, "是則普天之下, 庸庸者多, 而賢智者寡矣. 以賢者尚或如此其少, 況聖人乎. 是蓋千載而一遇也."

113) 같은 책 卷5,「復」, "賢人而下, 則其性偏于五常之道, 有厚有薄, 情欲之發, 有邪有正.…"

114) 歐陽脩, 앞의 책 卷47,「答李詡第二書」, "中庸曰, 天命之謂性, 奉性之謂道者, 明性無常, 必有以率之也."

는 말한다. 이 과정에서 본성과 감정의 실질적 차이는 사라져버린다. 그래서 구양수의 초점은 감정으로 이동하고, 그는 사람의 감정을 예로써 절제하여 인의(仁義)의 덕성을 형성해야 한다고 주장했다.[115] 그렇지만 예에 의한 구속을 싫어하는 것이 인지상정(人之常情)이다. 구양수는 이에 대해 예는 감정과 대립하지 않고 오히려 감정이 덕성으로 자라나게끔 도와주는 것으로 여겼다.[116] 구양수는 본성의 선함을 주장할 경우 선한 본성에 의지해 실천적 노력을 등한시할 수 있다고 염려하여, 예를 통한 후천적 도덕 인격 형성이라는 순자(荀子)의 노선[117]을 제시했다.

호원 계열의 인성론

호원, 구양수와 거의 동시대에 여러 학자가 인성론을 제시했는데, 대체로 호원 계열과 구양수 계열로 나뉜다. 유창(劉敞), 서적(徐積) 그리고 진양(陳襄)은 호원의 성선설에 부합하는 인성론을 제시했다. 호원에 따르면, 사람은 누구나 선한 본성을 타고나지만 '학습'에 따라 각각의 후천적 본성이 달라진다. 성인, 현인, 백성의 세 등급 중 '백성'에 해당하는 사람들은 비록 악한 후천적 본성을 갖게 되었지만, 그 후천적 본성은 본래 선한 본성으로부터 변형된 것에 불과하다. 그렇다면 백성의 본성도 본래 선한 것이 아닐까?

---

115) 같은 책 卷17, 「本論中」, "然又懼其勞且怠而入於邪僻也. 於是爲制牲牢酒醴, 以養其體, 弦匏俎豆, 以悅其耳目. 於其不耕休力之時, 而教之以禮."

116) 같은 책 卷123, 「爲後或問下」, "嗚呼. 聖人之以人情而制禮也. 順適其性而爲之節文爾."

117) 같은 책 卷17, 「本論下」, "昔荀卿子之說, 以爲人性本惡, 著書一篇, 以持其論. 予始愛之. …"

유창은 백성의 본성은 성인의 본성과 마찬가지로 선하지만 다만 선한 '정도'에서 차이가 난다는 해결책을 제시했다. 그는 보통 사람의 본성도 요임금이나 순임금의 본성과 같다고 하면서도, "사람의 본성은 같더라도 선함은 다르고, 설사 선함이 같더라도 본성은 다르다." 라고 대답했다.[118] '백성'의 본성은 그 본질에서 요·순임금의 본성과 같지만, 선의 '정도'에서 상·중·하 품급의 차이가 난다는 말이다. 더 나아가서 동일한 품급의 선한 본성이라 할지라도 또다시 세 등급으로 본성적 차이가 있다고 한다. 그래서 유창은 성구품설(性九品說)을 제시했다.[119] 유창의 논리대로라면 '백성'의 본성은 표면상 악한 것이지만 본질상 선한 것이라고 추론할 수 있게 된다. 하지만 이런 대답이 근원적 해결책이 될 수 없다는 것은 자명하다. 왜냐하면 백성의 본성이 본래 선한 것이었다가 악한 것으로 변할 수 있다면, 그 본래의 선한 본성은 악을 낳을 수 있는 것으로 여겨질 것이기 때문이다. 그래서 문제는 다시 '본래의 선한 본성은 과연 진정 선한 것인가?'가 된다.

사람은 모두 선한 본성을 타고나되 선한 정도는 다르다는 점을 강조한 유창에 비해, 서적은 사람이 선한 본성을 타고나며 각각의 본성은 서로 가깝다는 점을 강조한다.[120] 사람은 선한 실마리를 갖고 태어나지만, 노력을 많이 기울이는 사람은 그 실마리를 잘 키워서 매우 선

---

118) 劉敞,『公是集』卷46,「論性」, "人之性必善乎. 曰, 然. 人之性可爲堯舜乎. 曰, 否. 性同也而善不同, 善同也而性不同, 故善有上有中有下."

119) 같은 글, "上之中, 又有上焉, 中之中又有中焉, 下之中, 又有下焉. 上之上者, 聖也. 其次, 仁也. 中之上者, 君子也. 其次善人也. 下之上者, 有常也, 其次齊民也."

120) 徐積,『節孝集』卷28,「嗣孟」, "言性者, 宜何法. 法聖. 孟子聖之徒與. 孟子之言性與孔子之言性, 一也. 不信於孟子, 是亦不信於孔子也. 孔子之言性曰, 性相近也. 性固善也, 善固相近也."

한 본성을 갖게 되고 그렇지 않은 사람은 그보다 덜 선한 본성을 갖게 된다고 그는 말한다. 일견 유창의 인성론과 유사해 보이지만, 모든 사람의 본성은 선한 실마리로부터 형성되었다는 것을 더욱 강조한 점에서 서적은 유창과 구별된다. 서적은 시초의 미약한 본성을 온전한 도덕적 본성으로 형성하기 위한 인위(人爲)를 중시했다.[121] 서적은 타고난 '자연'적 본성을 완성하기 위해 '인위'가 필요하다고 말함으로써 '자연'과 '인위'의 구도를 명시적으로 보여주고 있다.

한편, 성리학의 원형을 보여준 것으로 평가받는 인물이기도 한 진양은 성선설을 받아들이면서도 성악설의 요소를 절충시키려 했다. 본성은 본래 밝은 것으로서 그로부터 측은(惻隱)히 여기는 감정이 생겨난다. 그렇지만 본성은 정욕(情欲)에 의해 소멸해버리기도 하며[122] 본성이 사라진 자리를 악한 감정이 차지해버린다. 그러므로 진양은 성선정악설의 난제, 곧 '본성은 선한데 어찌해서 감정은 악한가?'라는 난제를 피해갈 수 있었다. 왜냐하면 그에게서 선한 본성은 측은의 감정이라는 선한 감정만 낳을 뿐이고, 악한 감정의 기원은 선한 본성 내에서 찾을 수 없기 때문이다. 그렇지만 이 경우 '악한 감정은 대체 어디서 생겨나는가?'라는 의문에 제대로 대답할 수 없게 된다.

---

121) 같은 책 卷29, 『荀子辯』 제2조목, "余以爲天能命人之性, 而不能就人之性, 惟人能就其性如此, 則與孔子之意合. 孔子曰, 成性存存, 道義之門."
122) 陳襄, 『古靈集』 卷12, 『禮記講義』, 「中庸」, "然則人之性, 無以異於聖人之性. 聖人之性, 誠而不動, 明而不惑, 故情僞莫能遷焉. 衆人之性, 不勝其情欲, 動乎內, 物交乎外, 不能以自反其道, 遂亡, 此所以異也."

구양수 계열의 인성론

구양수와 유사한 인성론을 개진했던 이들은 이구(李覯), 왕안석 그리고 사마광이었다. 이구는 호원과 더불어 예(禮)에 대해 논쟁하면서 호원의 예론을 비판했다. 앞에서 본 바와 같이 호원은 '백성'의 본성을 악하다고 보았다. 이에 대해 이구는 '백성'의 본성은 그런 것이 아니라 선이나 악으로 나아갈 가능성을 지닌 무규정적인 것으로 보았다.[123] 그러면서도 이구는 성삼품설적 구도를 일부 채택한다. 그에 따르면 성인만은 인(仁)·의(義)·지(智)·신(信)의 본성을 갖고 태어난다.[124] 하지만 그는 성인의 본성도 그 자체로 선한 것은 아니라고 한다. 왜냐하면 성인의 본성 역시 예행(禮行)으로 구체화하지 않으면 선하게 될 수 없기 때문이다. 이처럼 이구는 예라는 외적 규범에 따르는 실천을 극도로 강조했다.

왕안석은 호원 계열의 인성론을 체계적으로 비판했다. 우리는 앞에서 호원의 인성론이 성선정악설로 귀결되는 것을 보았다. 그는 호원 및 그 선구인 이고의 인성론을 "성선정악"설로 규정하고 한대(漢代) 양웅(楊雄)의 성선악혼재설(性善惡混在說)에 근거해 자신의 대안을 제시했다. 왕안석은, 본성은 선이나 악으로 변화될 가능성을 내재한 것이고,[125] 그것이 감정으로 자라나면 비로소 선한 감정과 악한 감정이

---

123) 李覯, 『旴江集』 卷2, 「禮論第一」, "曰, 夫禮之初, 順人之性欲而爲之節文者也."

124) 같은 책, 「禮論第四」, "或曰, 仁義智信, 疑若根諸性者也. 以吾子之言, 必學禮而後能乎. 曰, 聖人者根諸性者也. 賢人者, 學禮而後能者也. 聖人率其仁義智信之性, 會而爲禮."

125) 王安石, 앞의 책, 「性情」, "曰, 然則性有惡乎. 曰, 孟子曰, 養其大體爲大人, 養其小體爲小人. 揚子曰, 人之性善惡混. 是知性可以爲惡也."

된다고 한다.[126)]

　한유의 성삼품설도 비판 대상이 된다. 왜냐하면 그것은 성선정악설을 벗어나지 못한다고 왕안석은 보았기 때문이다. 한유는 오상(五常)의 선한 본성을 이상적인 것으로 전제하면서도, 중품의 본성이 인간 행위에 따라 하품의 악한 본성이 될 수 있다고 했다. 그렇다면 한유는 본성은 선한 것으로 상정하면서, 인간 행위, 즉 인위는 악의 가능성을 지닌 것으로 인식하는 셈이다.[127)] 이는 성선정악설의 문제의식과 기본적으로 일치한다. 그런데 성선정악설은 앞서 보았던 것처럼 이론적 난점과 실천적 소극성을 갖고 있다. 그래서 왕안석은 성선정악설적 입장을 배척하고, 선악의 가능성을 품은 본성을 어떻게 하면 선한 방향으로 나아가게 할 수 있는지를 중시했다.

　한편 사마광은 구법당(舊法黨)의 영수로서 정치적으로는 왕안석에 반대되는 인물이었지만 그 역시 양웅의 성선악혼재설을 받아들였기 때문에 인성론 면에서는 왕안석과 유사했다. 그에 따르면, 어떤 사람의 본성 안에는 선과 악이 섞여 있는데 선과 악의 혼합 비율이 어떻게 조정되느냐에 따라 그 사람은 성인이나 우인(愚人)이 된다고 하였다.[128)] 그는 성인이 되려면 마음으로써 감정을 적절히 제어하여 선한

---

126)　같은 글, "彼曰, 情惡, 無它, 是有見於天下之以此七者而入於惡, 而不知七者之出
　　　於性耳. 故此七者人生而有之, 接於物而後動焉, 動而當於理, 則聖也賢也. 不當於
　　　理, 則小人也. 彼徒有見於情之發於外者, 爲外物之所累, 而逐入於惡也. 因曰, 情
　　　惡也, 害性者情也. 是曾不察於情之發於外, 而爲外物之所感, 而逐入於善者乎."

127)　같은 책 卷68, 「性說」, "且韓子之言弗顧矣. 曰, 性之品三, 而其所以爲性五. 夫仁
　　　義禮智信, 孰而可謂不善也. 又曰, 上焉者之於五, 主於一而行於四, 下焉者之於
　　　五, 反於一而悖於四, 是其於性也. 不一失焉, 而後謂之上焉者, 不一得焉, 而後謂
　　　之下焉者, 是果性善而不善者, 習也."

128)　司馬光, 『傳家集』 卷66, 「性辯」, "夫性者, 人之所受於天以生者也. 善與惡, 必兼有

감정을 증진하고 악한 감정을 감소시켜야 한다고 주장한다.[129] 사마
광은 "중(中)을 잡는" 실천을 통하여 감정을 제어할 수 있다고 말한다.
그리고 그 실제 내용은, 본래 고요하지만 언제든 외적 자극에 대해 적
절히 반응할 수 있는 마음의 지각 능력을 확보하는 것이었다.[130] 이
러한 사마광의 수양론은 마음 개념을 통해 성선악혼재설을 보완하려
했다는 점에서 독특했다.

촉학의 인성론

소식(蘇軾)·소철(蘇轍) 형제는 호원 계열과 구양수 계열의 인성론적
대립을 해소하려고 노력했다. 소식은 본성의 초월성을 강조하는 동시
에 그것을 욕구의 근원으로 보았다. 본성을 초월적 존재로 여긴다면
그것에 대해 인간적 규정을 가하는 것은 불가능하게 되므로, 본성이
선하다거나 악하다는 말을 하는 것은 무의미해진다. 그러므로 본성에
관한 논쟁은 아무 의미가 없다는 것이 소식의 주장이었다. 하지만 인
간의 현실적 감정이 어디서 생겨나는지 설명해야 할 필요가 있었다.
소식은 그것이 초월적 본성에서 생겨난다고 본 것이다.

之, 猶陰之與陽也. 是故雖聖人不能無惡, 雖愚人不能無善, 其所受多少之間, 則
殊矣. 善至多而惡至少, 則爲聖人, 惡至多而善至少, 則爲愚人. 善惡相半, 則爲中
人."
129) 같은 책, 「情辯」, "夫情者, 水也. 道者, 防也. 情者, 馬也. 道者, 御也. 水不防, 則
汎溢蕩濫, 無所不敗也. 馬不御, 則騰突奔放, 無所不之也. 防之御之, 然後洋洋焉
注夫海, 駸駸焉就夫道."
130) 같은 책 卷64, 「中和論」, "中庸曰, 喜怒哀樂之未發謂之中, 發而皆中節謂之和, 君
子之心於喜怒哀樂之未發, 未始不存乎中, 故謂之中庸. 庸, 常也. 以中爲常也. 及
其既發, 必制之以中, 則無不中節. 中節則和矣. 是中和一物也. 養之爲中, 發之爲
和, 故曰, 中者, 天下之大本也, 和者, 天下之達道也."

소식은 먼저 본성 그 자체와 그로부터 말미암는 효과[功效]를 정확히 구분해야 한다고 주장했다. 그렇게 하지 않을 때 본성의 효과만을 보고서, 맹자처럼 본성이 선하다거나 순자처럼 본성이 악하다고 단정하는 우를 범한다는 것이다.[131] 이처럼 소식은 맹자와 순자에 대한 비판을 통해 '선'이나 '악'으로 규정될 수 없는 초월적 본성에 관해 얘기했다. 다른 한편, 소식은 한유를 비판하면서 본성이 욕구의 근원이라는 점을 지적했다. 곧, 한유는 인간의 본성과 감정을 분리하고서 감정이 탈각된 본성의 존재 가능성을 말했는데, 감정이 제거된 본성을 상정할 경우 노자(老子)적인 무욕의 인간상으로 나아갈 수밖에 없다고 소식은 말했다.[132] 이에 따르면 본성과 욕구는 이분법적으로 분리되지 않고 욕구는 본성으로부터 나온다는 것이다. 종합하자면 소식에게서 인간의 본성은 선악으로 규정될 수 없는 초월적인 것이되 욕구의 근원으로 여겨졌다.

본성이 초월적이면서 동시에 욕구적 존재라는 입장은 욕구를 초월적 지위에 놓으려는 입장, 다시 말해서 성악설을 존재론에 근거해 뒷받침하려는 입장으로 이어질 수 있다. 소식의 동생인 소철은 이를 위해 본성의 초월성을 더욱 강조하는 모습을 보여주었다.[133] 동시에 소

---

131) 蘇軾, 앞의 책 卷7, 「繫辭上」, "一陰一陽之謂道繼之者善也成之者性也"에 대한 注, "夫善, 性之效也. 孟子不及見性, 而見夫性之效, 因以所見者爲性. 性之於善, 猶火之能熟物也. 吾未嘗見火而指天下之熟物以爲火, 可乎. 夫熟物, 則火之效也."

132) 蘇軾, 『東坡全集』 卷43, 「韓愈論」, "夫有喜有怒, 而後有仁義, 有哀有樂而後有禮樂. 以爲仁義禮樂, 皆出於情而非性, 則是相率而叛聖人之敎也. 老子曰, 能嬰兒乎. 喜怒哀樂, 苟不出乎性而出乎情, 則是相率而爲老子之嬰兒也."

133) 蘇轍, 『老子解』 卷上, 「寵辱章第十三」, "性之于人, 生不能加, 死不能損. 其大可以充塞天地, 其精可以蹈水火入金玉."; 같은 책 卷下, 「不出户章第四十七」, "性之爲體, 充徧宇宙, 無遠近古今之異."; 같은 책, 「民不畏威章第七十二」, "性之大, 可以

철은 본성으로부터 정욕이 생겨난 이유를 본성 그 자체에 묻지 않고, 본성에 자극을 가한 외물에 묻고 있다.[134] 본성은 외물에 의해 어쩔 수 없이 욕구를 발한 것이므로 본성 자체를 악하다고 단정할 수는 없다는 것이다. 따라서 소철이 제시하는 수양법은 외물에 의해 얽매이지 않음으로써 본성을 온전히 보전하는 것에 집중된다.[135]

3) 도학의 인성론과 성리 개념의 성립

같은 도학 계열에 속하지만 장재와 이정(二程; 程顥, 程頤)은 당시 제기된 인성론적 문제에 대해 각기 다른 존재론에 따라 그 해답을 찾고자 했다. 장재(張載)는 기(氣) 일원론에 따랐다. 그는 인간 본성이 기(氣)이므로 그것은 기의 근본 속성을 그대로 물려받는다고 보았다. 장재는 본성은 고요하고 맑은 것이되 자극을 받으면 욕구를 발한다고 본다.[136] 욕구를 발하는 본성은 그 자체로 선한 것일 수 없다. 따라서 장재가 상정하는 인간의 본성은 욕구적인 것이며[137] 그의 인성관은 선

包絡天地, 彼不知者, 以四肢九竅爲已也."

134) 蘇轍, 『孟子解』, 제13장, "與物相遇而物奪之, 則置其所可, 而從其所不可, 則謂之惡. 皆非性也, 性之所有事也."

135) 같은 곳, "夫性之於人也, 可得而知之, 不可得而言也. 遇物而後形, 應物而後動. 方其無物也, 性也. 及其有物, 則物之報也. 惟其與物相遇, 而物不能奪, 則行其所安, 而廢其所不安, 則謂之善. 與物相遇而物奪之, 則置其所可, 而從其所不可, 則謂之惡. 皆非性也, 性之所有事也."

136) 張載, 『正蒙』, 「太和」, "太虛, 無形, 氣之本體. 其聚其散, 變化之客形爾. 至靜無感, 性之淵源. 有識有知, 物交之客感爾. 客感客形與無感無形, 惟盡性者一之."

137) 같은 책, 「誠明」, "湛一, 氣之本, 攻取, 氣之欲. 口腹於飮食, 鼻舌於臭味, 皆攻取之性也."; 張載, 『橫渠易說』 卷3, "百姓日用而不知. 盖所用莫非在道, 飮食男女皆

한 것으로도 악한 것으로도 변할 수 있다는 성선악혼재설의 입장과 상통한다. 더 나아가서 장재는, 현실적 본성 내의 악을 다 제거하면 이어서 선도 사라지므로, 본연의 본성에 대해 '선'으로만 규정할 수는 없다고 단언했다.[138] 성선악혼재설적 입장은 예(禮)의 강조와 상통한다. 왜냐하면 장재는 예행으로써 선천적 본성을 순치하여 선한 것으로 만들 수 있다고 보았기 때문이다.

장재가 성선악혼재설의 입장에 선 반면, 정호(程顥)와 정이(程頤)는 성선설을 기본 입장으로 삼은 후 성악설을 포섭하려고 하였다. 그들은 진원(眞元)의 기(氣)에 대한 비판적 고찰을 통해 기론(氣論)을 넘어서고자 했다. 그들에 따르면 진원의 기, 곧 원기(元氣)는 일반적 기(氣)와 다른 차원에 있지 않은 것이다. 그런데 일반적 기는 현실 내 구체적 사물을 구성하는 질료적 존재로서 시간과 공간에 의해 제약을 받으며 끊임없이 변화한다. 원기가 그러한 일반적 기와 동일 층위에 있는 것이라면, 원기 역시 시간과 공간을 넘어설 수 없으므로 그것은 만물에 편재하는 보편적 존재가 될 수 없게 된다. 그러므로 원기가 만물에 편재하여 본성이 된다는 호원 및 장재의 인성론은 성립하기 힘들 것이다.

이정은 원기가 새로운 사물을 끊임없이 창출해낸다는 점은 인정하지만, 그것은 음양의 원리[理]에 의해 그렇게 하는 것이기 때문에 만물 생성의 궁극적 근원은 '리'라고 여긴다.[139] '리'는 만물을 낳아주기

性也. 但己不自察, 由旦至暮, 凡百擧動, 莫非感而不之知."

138) 같은 글, "性未成, 則善惡混, 故亹亹而繼善者, 斯爲善矣. 惡盡去, 則善因以亡, 故舍日善而日成之者性."

139) 程顥·程頤, 『二程遺書』卷15, "近取諸身, 百理皆具, 屈伸往來之義, 只於鼻息之

때문에 어진 것으로 간주할 수 있으며,[140] 시공간을 뛰어넘는 초월적인 것이므로 만인에게 편재하여 선한 본성이 될 것이다. 이로써 본성이 곧 리[性卽理]라는 명제가 마침내 성립한다. 하지만 본성이 선한 것이라면 그로부터 생성되는 감정 중 어째서 악한 것이 있게 되는지를 설명해야 한다.

이정에 따르면, 인간은 기로 이루어져 있으므로 현실에서 관찰할 수 있는 인간의 현실적 본성은 기질과 결합한 본성이다. 이정은 이러한 기질의 본성으로부터 악한 감정이 생겨날 수 있다고 본다. 그러므로 감정이 악하게 되는 궁극적 원인은 본성 그 자체가 아니라 기질이며, 기질은 리와 달리 변화 가능한 것이기 때문에 악한 감정을 변화시켜 선한 본성을 회복할 수 있다는 기질변화(氣質變化)의 실천이 성립된다. 이로써 이정은 기질변화의 적극적 실천을 강조하면서도 선한 본성의 존재를 주장할 수 있는 성즉리(性卽理)의 성리(性理) 이론 체계를 정립한 것이다. 이것은 '어떻게 하면 본성의 선함을 입증하면서도 적극적 실천을 강조할 수 있는가?'라는 당말 한유 · 이고 이래의 인성론적 문제에 대한 이정의 해결법이었다.

間見之. 屈伸往來, 只是理. 不必將旣屈之氣, 復爲方伸之氣. 生生之理, 自然不息. 如復言七日來復, 其間元不斷續, 陽已復生. 物極必反, 其理須如此. 有生便有死, 有始便有終."

140) 같은 책 卷2上, "生生之謂易, 是天地所以爲道也. 天只是以生爲道, 繼此生理者, 卽是善也. 善便有一箇元底意思. 元者善之長. 萬物皆有春意, 便是繼之者善也. 成之者性也, 成, 却待佗萬物自成, 其性須得."

5. 베버 명제의 재검토와 유교 윤리의 전근대성

이상에서 한 장을 할애하여 중국의 북송대(北宋代)에서 성선설이 어떻게 정립되어나갔는지 살펴보았다. 본문에서 다루지는 않았지만, 도학파(道學派) 학자들이 성선설을 주장했던 까닭은 정치적 기획과 긴밀한 관련을 맺는다. 실제로 맹자가 성선설을 제기했던 것 자체가 고대의 봉건제를 회복하기 위해서였다. 봉건제란 상위 계층과 하위 계층이 증여와 보답을 통해 정치적 조화 관계를 맺는 시스템이다. 유학자들은 이런 체계가 "공(公)"의 가치를 잘 구현한다고 보았다. 따라서 유교의 "공" 개념은 증여적 본성 혹은 덕(德) 개념과 긴밀한 관련을 맺는다.

맹자는 봉건제를 옹호하기 위해 인간의 본성 자체가 증여적이라는 점을 입증하려고 했다. 만일 그가 그 입증에 성공한다면 그는 봉건제가 인간론적 근거를 갖는다는 강력한 논거를 확보할 수 있을 터였다. 하지만 인성론상에서 맹자와 대척적 위치에 있었던 순자라고 해서 봉건제를 배척했던 것은 아니었으리라 우리는 판단한다. 순자 역시 봉건제를 회복시키려 하되 그는 맹자와 달리 사람들로 하여금 예(禮)를 철저히 체화하도록 함으로써 그렇게 하려고 했다. 앞에서 살펴보았다시피 예의 핵심 정신은 '보답', 즉 증여이다. 순자는 예의 형식을 사람들이 익히게 해서 궁극적으로 증여적 태도를 보이게끔 하려 했을 것이다.

북송대의 도학자들은 대체로 맹자의 노선을 취했다. 하지만 역시 앞에서 지적했던 것처럼 맹자의 방법은 한 가지 해결할 과제를 갖는다. 그것은 순수증여적 본성을 과연 어떻게 회복시킬 것인가에 대해 제시한 맹자의 대답이 그다지 분명하지 않다는 것이다. 즉, 맹자는 인간의 노력인 '인위'를 통해서 순수증여적 본성인 '자연'을 회복해야 한다고 말했다. 그러나 노자가 지적하다시피 인위를 통해서 회복된 자연은 이미 자연이 아니다. 그렇다면 논리적으로 나아갈 방향은 두 가지 중 하나이다. 하나는 노자처럼 무위(無爲)를 통해 순수증여를 추구하는 것이고, 다른 하나는 순자처럼 순수증여적 지향을 괄호에 넣고 철저히 인위로 나아가는 것이다.

북송대 도학자들은 스스로 유교적 지향을 가졌던 만큼 노자의 방향을 취할 수는 없었다. 그렇다고 하여 순자의 길을 대안으로 보지도 않았다. 그렇다면 맹자의 성선설을 취하면서도 인위의 입지를 확고히 할 방법은 무엇일까? 만일 성선설을 지나치게 확신한다면 인위가 필요 없게 되어 방임으로 나아갈 수 있다. 구양수 등은 바로 이런 방향에서 성선설을 비판해 마지않았다. 한편 인위를 지나치게 강조하면 성선설이 의미를 잃어버릴 것이다. 이 양극단을 넘어서는 중도를 찾는 것이 당말의 한유 이래 북송대 도학자들에 이르기까지 가지고 있었던 문제의식이라고 필자는 생각한다.

북송대 도학자들, 특히 이정 형제는 이것을 해결하려면 기존의 기일원론(氣一元論)으로는 부족하다고 생각했다. 이정의 스승격인 호원은 기일원론으로써 그 과제를 해결하려고 했던 사람이다. 그는 일기(一氣)는 만물을 낳는 어진 존재이자 무소부재한 초월적 존재로서 만물에 편재하여 본성이 된다고 여겼다. 그러므로 일기는 만물의 피와 살을 이루는 질료적 존재이자 그 만물에 편재하는 초월적·동일적 존재이다. 그렇다면 일기는 질료이자 초월적 존재가 되는데 이는 모순이라 하지 않을 수 없다.

더구나 호원의 설명대로 사람은 누구나 어진 본성을 타고난다고 하더라도, 현실의 인간 누구나 선하다고 할 수 없다는 것은 자명한 사실이다. 그렇다면 사람을 악하게 만드는 것은 무엇인가? 그는 사람의 후천적 습관을 그 이유로 들었다. 후천적 습관은 결국 인간의 행위 때문에 형성된다. 그렇다면 사람이 나쁜 습관을 갖게끔 하는 행위는 대체 어디에서 기인하는가? 그것은 타고난 기질에서 연유하지 않을까? 그런데 기질은 결국 '기'이다. 그렇다면 기는 선의 근원도 되고 악의 근원도 된다는 말이 성립할 수 있다. 이는 모순이다. 더 나아가 그런 기에 의해 형성되었다고 하는 본성 역시 선할 수도 있고 악할 수도 있다고 봐야 하지 않을까? 본성이 그런 존재라고 한다면 그것이 선한지 악한지 따지기보다 인위에 의해 그런 본성을 선한 방향으로 인도하는 것이 합리적이지 않을까? 이렇게 의문을 던지고 그 방향으로 나아갔던 사람이 왕안석(王安石)이었다.

이정은 기일원론적 성선설의 취약점을 파악하고서 기일원론만으로는 부족하고 새로이 리(理) 개념이 제기되어야 한다고 생각했다. 그들은 '진원(眞元)의 기', 즉 원기(元氣) 개념에 대한 분석을 통해, 기가 규칙적·법칙적으로 음양의 운동을 하게끔 하여 만물을 산출토록 하는 법칙적 존재가 논리적으로 선재해야 한다고 판단하고, 리 개념을 제시했다.

리가 있으므로 해서 비로소 기는 음양의 운동을 하고 만물을 낳는다. 그러므로 만물의 궁극적 생성 근원은 이제 기가 아니라 리가 된다. 이 리는 만물을 낳아주었다는 점, 즉 만물에게 생명을 베풀어주었다는 점에서 인(仁)이다. 이런 '인'으로서의 리는 법칙적·초월적 존재로서 만물에 편재하여 '인'의 본성이 된다. 그러므로 사람은 누구나

'인'의 본성을 타고난다.

다만 '인'의 본성을 타고났다고 해서 모든 사람이 선하지는 않다. 그들이 선하지 않은 까닭은 기질, 즉 '기' 때문이다. 이 '기'는 이제 초월적 존재가 아니라 단지 질료적 존재로 여겨지기 때문에 그것은 영원'불변'하지 않고 변화될 수 있다. 즉 '기질변화'가 가능하게 된다. 기질변화를 위해 필요한 것은 바로 예행(禮行)이다. 예행을 통해서 예를 반복 숙달함으로써 인간은 자신의 선한 본성을 회복해야 한다. 그런데 예행의 반복 숙달은 주지하다시피 순자(荀子)의 방법이다. 그러므로 북송대 도학자들은 맹자의 성선설을 채택한 바탕 위에서 순자의 방법을 실천론으로써 통합해낸 것이다. 이런 통합을 위해 필요했던 것은 초월적 리 개념이었다. 그러므로 유교 윤리 체계에 초월성이 없다는 베버의 주장은 지지받기 힘들 것이다.

이정의 문제 해결법은 사실 맹자가 제시했던 것을 조금 더 명확하게 한 것이다. 맹자는 인위를 통해서 자연, 즉 순수증여적 본성의 발현을 도와야 한다고 보았다. 이정은 이를, 예행을 통해 순수증여적 본성을 회복한다는 구도로 다시 정식화했다고 할 수 있다. 그러므로 큰 틀에서 이정은 맹자의 구도에서 벗어나지 않는다. 그런데 바로 이 지점에서 도학은 서구 근대의 윤리학과 다른 설정을 보여주게 된다. 서구 근대의 윤리학, 특히 공리주의 계열은 인간 욕구를 전제하고 그것을 합리적으로 규율하기 위한 이상적 방식을 이성적 개인들의 합의에 따라 마련하려고 했다. 여기서 인위는 자연을 규율하려는 노력이다. 이에 비해 맹자 계열의 도학에서 인위는 자연을 '돕는다.' 때문에 유가의 개인은 자연에 매몰된 존재인 것처럼 보일 수 있다.

유가의 이런 면모를 잘 파악한 이가 박종홍이었다. 그는 아래와 같이 말한다.

이러한 생성을 기본으로 하여 천지 사이에 있어서 인간의 위치와 의의를 생각한 것이 대체로 동양적인 사상이라고 할 수 있다. 사람이나 그 외의 모든 물건의 본성을 발휘할 수 있도록 이것을 도와주는 것이 인간의 최고의 목표요 그리하여 천지의 화육(化育)을 돕는 것을 궁극적인 이상으로 생각하였다. 생명을 가진 유기적 발전에 있어서 새로움을 찾으려는 사상이라고 하여도 무방하겠다. 그것이 한 걸음 나아가 자연적인 변화를 주어지는 그대로 참을성 있게 받아들이고 생성을 도울 뿐, 사람의 힘으로 이 생성을 막으려 함은 딱한 일이라기보다도 오히려 둘도 없는 죄악같이 여겼다. 어디까지나 주어진 자연 그대로가 모든 것의 본보기였고 이상이었다. 본래적인 인간의 본성도 이 자연적인 성질 이외의 것이 아니요 이것을 충분히 발휘하는 것이 곧 인간의 사명이라고 생각하였다.[141]

유가가 파악한 천지의 본질은 생성이며 이것은 인간의 본보기이자 이상이었다. 인간은 이런 본보기이자 이상으로서의 생성을 돕는 역할을 감당해야 한다는 것이다. 이처럼 유가는 인위를 전적으로 부정하지는 않으나 그것의 주도적 역할은 자연 안으로만 제한하고 있다. 필자는 이것이 바로 유교 '윤리학'이 근대에 출현하지 못한 이유, 다시 말해 성리에서 윤리로 이행하지 못한 이유라고 생각한다. 아울러 현대 한국인들이 윤리학적 사유를 잘하지 못하는 이유이기도 하리라고 추측한다. 왜냐하면 그들은 자신에게 자연스러운 선한 본성이 있

---

141) 박종홍, 『지성과 모색』, 서울: 박영사, 1967. 16쪽.

으며, 자신의 역할은 그 발양을 도와주는 것으로 생각하는 데서 머물 수 있기 때문이다. 이처럼 자신을 자연의 '도우미' 역할로 규정한다면 진정한 윤리적 주체로 설 수 없게 되지 않을까?

제2부

동아시아에서 윤리 개념의 정초[*]
― 한중일의 서양 윤리학 수용 과정

1. 윤리학을 찾아서

1917년 이광수는 매일신보에 『무정』을 발표했다. 주인공 이형식은 김장로의 딸 선형과 약혼하고 미국으로 유학을 떠날 단꿈을 꾸고 있었다. 형식의 친구인 신우선이 미국에 가서 무엇을 공부할 작정이냐고 묻자, 형식은 신문명화된 신조선을 만들기 위해 교육을 공부하겠다고 대답했다. 그리고 그 밖에 또 무엇을 공부하겠냐고 물었다.

"그런 줄은 나도 아네마는 교육 한 가지만 연구하겠는가 말일세."

---

* 제2부의 글은 양일모, 「유교적 윤리 개념의 근대적 의미 전환―20세기 전후 한국의 언론잡지 기사를 중심으로」(『철학사상』 64호, 2017)를 토대로 새롭게 장을 추가하고 대폭적으로 수정한 것이다.

"물론 거기 관련하여 다른 공부도 하지마는 교육을 중심으로 하고 공부한
단 말일세. 특별히 사회제도와 윤리학에 힘을 쓸라네." 하고, '너는 이 뜻을
잘 모르겠다.' 하는 듯이 우선을 본다. 우선은 실로 그 뜻을 잘 몰랐다. 그
러나 자기의 어림으로 '대체 이러이러한 것이어니.' 하였다. 그리고 웃으며

"그러면 자네의 아내 ⋯ 무엇이랄까, 스위트하트는?"

형식은 웃고 얼굴을 좀 붉히며

"내가 알겠나."

"누가 알고 ─ 남편이 모르면."

"제가 알지 ⋯ 지금 세상에야 지아비라도 아내의 자유를 꺾지 못하니까."[1]

20세기 초 한국의 지식인은 새로운 것을 갈구하고 있었다. 비록 대
한제국이 식민지로 전락하여 국가라는 실체가 없어졌지만, 그들은 신
조선을 건설하고자 하는 이상을 지니고 있었다. 새롭게 구상할 신조
선은 신문명화라는 조건을 필요로 했으며, 신문명화 건설은 교육을
통한 계몽이었다. 이러한 계몽은 곧 사회제도와 윤리학에 관한 지식
을 요청하였다. 그래서 이형식은 미국에 가서 윤리학을 배우고자 했
다. 새로운 사회를 만들기 위해 새로운 윤리가 요청되었고, 윤리학은
이러한 목적을 달성할 수 있는 학문으로 간주되었다. 당시 '사회'와
'윤리'는 이형식과 같이 시대를 앞서가고 있다고 자부하던 지식인의
언어였다. 그리고 이형식이 부인을 향해 "아내의 자유"를 인정했을 정
도로 '자유' 또한 새로운 윤리를 의미하고 있었다.

20세기를 전후한 시기에 서양의 근대적 학제가 한국에 수용되었으

---

1) 이광수, 『무정』, 민음사, 2011, 366쪽.

며, 윤리학 또한 근대적 분과 학문의 하나로서 등장했다. 동아시아 지역에서 윤리학이라는 분과 학문의 성립은 분명 20세기 전후의 일이었다. 그렇지만 가족과 사회를 구성하고 살아가는 인간의 세계에서 윤리 문제 그 자체는 윤리학이라는 학문 분과의 성립 여부와 상관없이 어느 사회에서나 발생하는 기본적인 삶의 양식이다. 더구나 한국을 비롯한 중국과 일본에서 유교가 개인의 삶과 사회 구조의 측면에서 강력한 영향을 미쳤다는 사실을 고려할 때, 인륜의 구현을 강조하는 유교적 윤리는 일찍부터 존재해왔다고 할 수 있을 것이다.

그럼에도 불구하고 동아시아의 지식인들은 19세기 중엽 이후 이전의 왕조체제에서 벗어나 새로운 국가를 구상하면서 외국으로 나가 윤리학을 공부하고자 했다. 당시는 서양 열강이 강력한 군함을 배경으로 동아시아로 들어와 통상과 개국을 강요하던 시대였다. 일본은 남달리 일찍부터 서양 학문의 수용에 앞장섰고, 메이지 일본이라는 근대 국가를 창출했다. 중국은 아시아에서 가장 먼저 공화국 형태의 중화민국을 건립했다. 한국은 독자적인 근대 국가를 창출하지 못하고, 서양을 먼저 학습하여 서양 행세를 하고 있는 일본의 식민지가 되었다. 이광수는 일찍이 1905년 일본에 유학하였으며, 1915년에는 와세다 대학에 들어가 철학을 공부했다. 그는 이형식이라는 가공의 인물을 통해 조국의 독립과 신조선의 건립을 위해서는 윤리학을 공부해야 한다고 주장했다.

동아시아의 지식인이 20세기를 전후하여 새로 습득해야 할 윤리학의 윤리는 유교적 사회에서 규범화된 윤리와 동일한 것은 아니었다. 새로 습득해야 한다는 것은 분명 이전의 윤리와는 다른 어떤 것을 학습한다는 것을 가정하고 있다. 그러나 시대의 고금을 막론하고 인간의 삶과 밀접히 관련된 윤리가 존재해왔다는 점을 고려할 때, 이들 둘 사이에는 연속이든 불연속이든 어떤 연관성을 상정할 수 있다. 과거의 윤리와 미래의 윤리, 이들 둘 사이의 간극은 동아시아 근대의 윤리 문제를 다룰 때 피할 수 없는 내재적인 문제라고 할 수 있다.

20세기에 진입하면서 '윤리'라는 동아시아의 근대적 언어가 탄생하였다. '윤리(倫理)'라는 용어는 현재 한국, 일본, 중국에서 비록 발음은 지역에 따라 동일하지 않고 세부적인 의미에 약간의 차이가 있다고 하더라도, 일반적으로 사람으로서 지켜야 할 도리라는 의미로 사용되고 있다. 인간 행위의 옳고 그름을 따지는 학문으로서의 윤리학이라는 명칭, 즉 ethics의 번역 또한 동아시아 3국이 동일하며, 철학의 분과 학문으로 간주되고 있다. 윤리와 윤리학이라는 명칭은 동아시아가 서양을 수용하고 학습하는 근대화의 과정 속에서 새롭게 형성된 신조어였으며, 동아시아의 전통적 언어체계와는 이질적인 특성을 지니고 있다.

이 장에서는 동아시아에서 윤리 개념이 정초되는 과정을 사상사의 관점에서 분석하고자 한다. '윤리'는 ethics의 번역으로 등장한 근대 언어이지만, 이미 동아시아의 고전 문헌에서 '윤리'라는 용어가 사용되었다. 따라서 이 글에서는 먼저 동아시아 고전어로서의 '윤리'에 대한 개념사적 분석에서 출발하고자 한다. 나아가 이를 바탕으로 메이지 시대 일본에서 ethics가 번역되는 과정을 번역론의 관점에서 다루고자 한다.

동아시아의 근대는 일본의 제국주의적 팽창과 동아시아 내부의 문화적 권력의 위상으로 인해 일본이 정치 경제의 영역에서뿐만 아니라 사상 문화의 영역에서도 상당한 영향력을 끼친 시기라고 할 수 있다. 이는 '윤리'의 문제에서도 마찬가지였다. 일본에서 번역을 통해 만들어진 '윤리'라는 용어가 중국에서도 통용되었으며, 또한 윤리학과 관련된 일본인의 저술 혹은 일본인이 번역한 서양의 학술 서적 등이 중국에 전해졌다. 근대 한국에서 윤리 개념 혹은 윤리학이 형성되는 과정은 일본뿐만 아니라 중국의 저술로부터 상당한 영향을 받았다고 할 수 있다. 따라서 근대 한국의 '윤리' 개념의 의미를 분석하기 위해서는 일본 혹은 중국에서 형성된 '윤리'와 윤리학이 전래되는 과정에 대한 고찰이 필요하다. 동아시아 지역에서 새롭게 형성된 근대적 개념은 지역을 넘어 동아시아적 차원에서 유통되고 소비되었다. 이러한 관점에서 이 글은 갑오경장 이후의 문헌에서 나타나는 윤리 개념을 분석하고, 나아가 대한제국 시기의 윤리와 수신 관련 교과서에 대한 분석을 시도하고자 한다.

2. 동아시아 고전에서의 윤리

고대 중국의 문헌에서 한자는 한 글자로 많은 의미를 포함하고 있었다. 두 글자 이상의 합성어는 어휘가 증가하면서 나타나는 현상으로 비교적 후대에 만들어진 것이다. 진나라 이전 시대의 텍스트를 살펴보면, 윤(倫)이라는 한 글자가 인간 사회의 규범을 가리켰으며, '윤리(倫理)'라는 합성어의 용례는 많지 않다. 윤(倫)이라는 한 글자가 주로 사용되다가, 점차 인륜(人倫), 천륜(天倫), 대륜(大倫)과 같은 합성어가 등장하였다.

경전 연구자들에 따르면, '윤'자는 일찍이 조화라는 의미를 담고 있었으며, 점차 규범, 질서 등의 의미로 확장되어갔다. 전한 시대의 공안국(孔安國, 158-74 B. C.)은 『상서』를 풀이하면서 '윤(倫)'자에 대해 이(理)로 풀이하였고 각종 악기의 소리가 지니고 있는 음의 조리로 보았다.[2] 여러 악기를 합주하는 상황을 예로 들고 있으며, 여덟 종류의 악기에서 나는 소리가 다른 악기에서 나는 소리를 방해하지 않고 아름답게 조화로운 소리를 낸다는 뜻이었다. 이(理)는 원래 옥의 결을 의미하였으며, '옥을 다듬다', '정리하다', '다스리다' 등의 동사로 사용되었고, 나아가 사물의 이치나 조리 등의 추상 명사로 의미가 확대되었다.

후한 시대의 정현(鄭玄, 127-200)은 『예기』의 주석에서 '윤(倫)'자를 유(類)로 풀이하여 사(士) 혹은 대부와 같은 동일한 부류의 집단이라고 해석하였다.[3] 또한 그는 같은 『예기』에서 '윤(倫)'자를 의(義)로 해석하여 군신 사이의 의리[君臣之義]와 부자 사이의 윤리[父子之倫]를 연어(連語, collocation) 관계로 사용하면서 군신 및 부자 사이에 정해진 규범으로 해석했다.[4] 남송시대의 주희(朱熹, 1130-1200)는 '윤(倫)'자에 대해 서(序)로 풀이하여 상하귀천의 차등적 질서라는 의미를 분명히 하였다.[5] 따라서 그는 부모와 자식, 군주와 신하, 남편과 부인, 어른과 어린이, 친구와 친구 등 다섯 가지의 사례를 들어 각 항목의 양자 사이에 성립하는 질서를 오륜으로 설명하였다. 이상과 같이 고대 중국의 경전에 나타난 주석을 살펴보면, '윤'은 동류의 집단, 집단 사이의

---

2) "八音克諧, 無相奪倫, 神人以和"에 대해 공안국은 "倫, 理也"로 설명한다. 『尙書注疏』「虞書·舜典」. 北京愛如生數字化技術硏究中心 編, 中國基本古籍庫. 이하 중국의 고전은 별도의 표기가 없는 한 중국기본고적고에 의거한다.

3) "儗人必於其倫"에 대해 정현은 "倫, 猶類也"(『禮記注疏』「曲禮下」)로 풀이한다.

4) "夫祭有十倫焉"에 대해 정현은 "倫, 義也"(『禮記注疏』「祭統」)로 풀이한다.

5) "學則三代共之, 皆所以明人倫也"를 설명하면서 주희는 "倫, 序也"라고 한다. 『孟子集注』「藤文公上」.

도리 혹은 순서 등의 의미로 해석되면서 유교적 사회관계 속에서 차등적 질서를 의미했다고 할 수 있다.

 '윤'자가 합성어로 사용된 대표적인 사례는 '인륜'이라고 할 수 있다. 고대 문헌에서 '인륜'은 인간이 사회의 질서를 유지하기 위해 사람들이 지켜야 할 의무를 제시하고 있다. 사회 속에서 귀한 자와 천한 자, 어른과 젊은이, 지식을 가진 자와 그렇지 않은 자, 능력이 있는 자와 그렇지 않은 자의 구분을 전제한다. 그리고 이러한 차이의 구조를 화합시켜갈 수 있는 원리로서 예의를 제시하고 이를 인륜으로 해석하고 있다. 『맹자』에 사용된 용례를 보면, "성인이 세상을 우려하여 설(契)을 사도로 삼아 인륜으로써 가르치게 하였다."[6]라고 하였다. 이때 인륜은 오륜(五倫)으로 해석되어 대체로 사회의 차별적 구조를 안정적으로 이끌어가기 위한 유교적 질서를 말하고 있다. 『순자』에서 사용된 인륜 또한 전체적으로 볼 때 『맹자』와 크게 다르지 않다. 당나라 시대 양경(楊倞)은 최초의 『순자』 주석서에서 인륜에 대해 '윤리'로 해석했다.[7] 그가 사용한 윤리는 유교적으로 해석된 조화로운 사회적 질서를 의미한다. 이러한 용례가 확대되어 유교적 가족 질서 관념에서 가장 기본적인 요소로 간주되는 남녀의 결혼은 대륜으로 서술되었고,[8] 부모형제와 같은 가족 관계는 천륜으로 간주되었다.[9] 한나라 시대에 이

---

6) 『孟子集注』「藤文公上」, "聖人有憂之, 使契爲司徒, 教以人倫."

7) "斬而齊, 枉而順, 不同而一, 夫是之爲人倫."에 대해 양경은 "枉而順, 雖枉曲不直, 然而歸於順也. 不同而一, 謂殊同歸也. 夫如此是人之倫理也"(「榮辱」)로 풀이한다. 또 "貴貴, 尊尊, 賢賢, 老老, 長長, 義之倫也"에 대해 양경은 "倫, 理也"(「大略」)로 풀이한다. 『荀子』, 淸抱經堂叢書本.

8) 『孟子集注』「萬章上」, "男女居室, 人之大倫也."

9) 『論語注疏』「子路」邢昺의 疏, "兄弟天倫, 相友恭, 故怡怡施于兄弟也."

르러 부자·군신·부부·장유·붕우 관계를 규정하는 오륜(五倫)은 삼강(三綱)과 결부되어 유교적 강상 윤리로 정립되었다.

　고대 중국의 문헌에서 '윤리'가 합성어로서 사용된 용례는 『예기』와 『신서』 등 비교적 후대의 문헌에 나타난다. 『예기』에서는 "소리는 사람의 마음에서 생겨나는 것이요, 음악은 윤리에 통하는 것이다."[10]라고 설명하고 있다. 전한 시대 가의(賈誼, 200–168 B. C.)가 편찬한 『신서』에서는 "상앙이 예의를 어기고 윤리를 버렸다. 2대에 걸쳐 그것을 실행하여 진나라 풍속이 나빠졌다."[11]라고 서술하고 있다. 또 후한 시대에 왕충(王充, 27–97)이 저술한 『논형』에서는 "금수의 본성은 어지러우니 윤리를 모른다."[12]라고 했다. 『예기』에 나오는 이 구절은 음악에 대한 유교적 설명을 시도한 부분이며, 사회의 질서와 음악이 서로 밀접하게 관련되어 있다는 것을 말하고 있다. 『예기』에 사용된 '윤리'는, 음악에서 각각 서로 다른 소리가 조화를 이루어내듯이, 사회 또한 유교적 예(禮)에 의해 안정되고 질서 있는 모습을 이루어야 한다는 것을 가리키는 의미로 사용되고 있다고 할 수 있다. 가의가 상앙을 비판하는 부분은 법가에 대한 유교의 비판이라고 할 수 있다. 상앙은 변법 이론을 통해 엄격한 형벌로 사회적 질서를 유지해야 한다고 주장한 법가적 인물이다. 이에 대해 가의는 상앙의 변법 이론에 대해 "윤리를 저버렸다."라고 비판했다. 이때 가의가 사용한 윤리의 의미는 상앙이 시도한 법가적 질서의 목표와는 다른 유교적 도덕 질서를 지칭한다.

---

10)　『禮記』「樂記」, "凡音者生於人心者也, 樂者通倫理者也."
11)　『新書』「時變」, "商君, 違禮義, 棄倫理, 行之二歲, 秦俗日敗".
12)　『論衡』「書虛篇」, "夫亂骨肉, 犯親戚, 無上下之序者, 禽獸之性, 則亂不知倫理, 禽獸之性則亂, 不知倫理."

왕충이 인간과 동물의 종차로서 제시한 '윤리' 또한 부모형제와 친척 관계 그리고 다양한 계층으로 이루어진 사회 내에서 상하의 질서를 유지할 수 있는 유교적 질서를 말하는 것이다.

한국의 고전에서 '윤리'가 사용된 비교적 빠른 용례는 『고려사』에서 볼 수 있다. 윤택(尹澤, 1289-1370)이 공민왕에게 올린 상소에서 "전하께서는 위로는 종묘를 받들고 아래로는 백성을 보호해야 하는데, 어찌 필부(匹夫)의 의견을 본받아 윤리를 폐하고 끊는 일을 하시려 합니까? 만일 신의 말씀을 들으신다면, 공자의 도리가 아니면 불가할 것이니, 성왕의 뜻을 기대합니다."[13]라고 하였다. 이 상소가 공민왕이 불교를 신봉하는 것을 비판하기 위한 것이었다는 점을 고려하면, 윤택이 말한 윤리는 세속을 벗어난 불교의 가르침을 비판하는 유교의 현실적 사회 질서라는 의미가 담겨 있다고 할 수 있다.

조선시대에 들어와서도 윤리의 의미는 유교적 관습과 밀접한 연관 속에서 사용되었으며, 유교에서 말하는 '강상'과 '윤리'가 합성어로 사용된 경우가 나타나기도 한다. 세종 시기에 대간에서 연명으로 상소한 글에서는 "군신과 부자는 하늘과 땅의 도리에 따라 만들어진 것이요, 강상과 윤리는 예로부터 지금까지 이어져 왔으므로 조금이라도 훼손한다면 인륜의 도리가 끊어지고 국가가 위태롭게 됩니다."[14]라고 했다. 군주와 신하, 부모와 자식 사이의 규범을 강조하는 유교에서 삼강오상의 예의는 윤리라는 용어와 함께 사용되어, 강상과 윤리가

---

13) "澤曰, 殿下上奉宗廟, 下保生靈, 奈何欲效匹夫廢絶倫理之事? 如聽臣言, 非孔子之道不可, 願加聖意." 『고려사』 권 106, 「열전」, 권제 19 「諸臣·尹諧」.
14) "君臣父子, 天建地設, 綱常倫理, 亘古迄今, 小有廢毁, 人道絶而國家隨以危矣". 『세종실록』 104권, 세종 26년 5월 29일 戊寅.

거의 동의어로 사용되었다고 할 수 있다. 유교적 질서에서 예의는 개인의 행위 규범일 뿐만 아니라 사회적 제도와 관습까지 포함하고 있었으므로 윤리의 의미는 유교의 예법을 의미하는 데까지 확장되었다. 조선시대의 정약용(丁若鏞, 1762-1836)은 가뭄을 해결하기 위해 지내는 기우제에 대해 다음과 같이 강하게 비판했다.

> 자고이래로 기우제의 방식이 이처럼 대체로 우스꽝스럽고 절도가 없다. 오늘날 수령이 가뭄을 당하면 짚으로 용을 만들고 붉은 흙을 발라 아이들에게 끌게 하여 매질하면서 욕을 보게 하거나, 또는 도랑을 뒤집어 냄새가 나게 하거나 뼈를 묻어놓고 주문을 외우는 등 기괴하여 윤리(倫理)에 맞지 않으니 참으로 개탄할 일이다.[15]

『고려사』에서 윤택이 사용한 '윤리'가 불교의 가르침에 반대하기 위한 용법에서 나온 것이라고 한다면, 정약용이 『목민심서』에서 기우제를 비판하면서 사용한 '윤리'는 비합리적이고 또한 유교적 제도와 맞지 않는 행위를 비판하기 위한 용법이라고 할 수 있다. 이처럼 고려시대 혹은 조선시대의 문헌에 보이는 '윤리'는 불교를 비판하거나 비이성적 행위를 거부하기 위해 동원된 언어였으며, 기본적으로 유교적 사회 질서를 지칭하는 언어였다고 할 수 있다.

---

15) "自古以來, 凡祈雨之法, 多戲慢如此. 今之守令, 遇旱令作芻龍, 塗以朱土, 群童曳之, 鞭笞示辱, 或翻渠以出臭, 或埋骨以誦呪, 奇奇怪怪, 無復倫理, 誠可歎也." 『牧民心書』 卷七 禮典 第一條 祭祀.

3. 근대 일본과 '윤리'의 탄생

1) '윤리'라는 일본어 번역

현재 한자문화권에서 사용하는 윤리라는 용어는 고대 한자어의 기표를 사용하고 있으나, 고전적 용례와는 질적으로 다른 의미를 지니고 있다. 물론 현재의 윤리 개념이 고전어의 영향을 완전히 벗어난 것이라고 보기는 어렵지만, 근대적 언어로서 '윤리'는 20세기를 전후하여 ethics 혹은 moral에 대한 한자어 번역으로 탄생한 것이다. 오늘날 윤리는 유교적 예의 질서에 한정되는 것이 아니며 현대 사회에서 관습적으로 설정된 혹은 이론화된 규범을 의미한다. 한국의 윤리 개념 또한 한국의 근대화 과정에서 서양 문물의 수용과 관련되면서, 한편으로는 일본과 중국의 근대화 과정과 연동되면서 형성된 것이라고 할 수 있다.

물론 ethics 혹은 moral이 처음부터 '윤리'로 번역된 것은 아니었다. 19세기 중엽에 동아시아에서 간행된 비교적 초기의 저작이라고 할 수 있는 이중어사전을 살펴보면, '윤리'라는 번역은 보이지 않는다. 영국인 선교사 롭셰이드(Lobscheid, W.)가 홍콩에서 간행한 『중영사전』(1866)은 일본에서도 번각되었을 만큼 동아시아 지역에 널리 유포된 사전이다.[16] 이 사전에서 ethics와 moral의 번역으로 제시된 어휘는 모두 유교 경전에서 사용된 언어이며, 특히 유교적 이념을 드러내

---

16) W. Lobscheid, *An English and Chinese dictionary, as revised and enlarged by Tetsujiro Inouye*(增訂英華字典), Tokyo, 1883.

는 오상(五常)이 두 단어에 공통으로 사용되고 있다.[17) 동아시아의 한 자문화권에서 ethics와 moral, morality는 오상(五常) 혹은 선(善) 등의 유교적 언어로 번역되었다. 그러나 초기의 이중어사전에 나타난 이러한 번역이 이 지역에 그대로 정착된 것은 아니었다.

일본에서 간행된 최초의 영어–일본어 사전은 『영화대역수진사서(英和對訳袖珍辭書)』(1862)라 할 수 있다. 이 사전은 외국어 학습의 필요성에 따라 에도 막부가 직접 통역관을 담당하고 있던 호리 다쓰노스케(堀達之助, 1823–1894)에게 사전 편찬을 명하여 만들어진 것이다. 이 사전에서는 ethics에 대해 "예식, 식(式), 작법지교(作法之敎)"로 번역하였다. 메이지유신 직전인 1867년에 미국인 선교사 헵범(Hepbum, J. C., 1815–1911)이 출판한 『화영어림집성(和英語林集成)』에서는 ethics에 대해 "도덕학, 수신학"으로 풀이했다.[18) 시바타 마사키치(柴田昌吉, 1841–1901) 등이 편찬한 『영화자휘(英和字彙)』(1873)를 살펴보면, ethic/ethical 항목에는 "오상의, 예의의"로 되어 있다. ethically 항목에서는 "예의와 관련된"으로, ethics 항목에서는 "예법, 오상의 도(道)"로 설명되어 있다. 또 moral 항목에서는 형용사적 용법으로서는 "올바른 관례의, 정통적인 예의에 부합하는, 덕이 있는, 순량한"으로, 명

---

17) Lobscheid의 번역을 살펴보면 다음과 같다.
　　ethic, ethical 五常嘅, 五常的.
　　ethics 五常, 五常之理, 修行之道, 修德之理, 修齊之理.
　　moral 正經, 端正, 賢, 善, 良, 純善, 純良, 愿, 懿.
　　morality 五常, 五倫之分, 行善之道, 正經之事.
　　W. Lobsceid, 『英華字典』 *English and Chinese Dictionary*, Hongkong: Daily
　　　Press, Part I, 1866, 754쪽; Part III, 1868, 1194쪽.
18) 陳瑋芬, 「倫理」, 「道德」概念在日本的轉化與再生—與近代中國的比較」, 李明輝·邱黃
　　海 편, 『理解, 詮釋與儒家傳統—比較觀點』, 中央研究院中國文哲研究所, 2010.

사적 용법으로서는 "의식, 교훈, 권선"으로 되어 있다.[19]

사전 이외에 개인 저작을 살펴보면, 일찍이 난학(蘭學, 네덜란드 학문)을 공부하고 '철학'이라는 번역어를 고안한 니시 아마네(西周, 1829 – 1897)는 『생성발온(生性發蘊)』(1873)에서 ethics를 "예의의 학(學)"으로 풀이하였다.[20] 나카무라 마사나오(中村正直, 1832 – 1891)는 J. S. 밀의 『자유론』을 『자유지리(自由之理)』라는 제목으로 번역하면서 morality를 "교훈(敎訓)" 혹은 "규법예의(規法禮儀)"로 옮겼다.[21] 「서학일반」에서는 ethics를 "윤상지도(倫常之道)" 또는 "수신지학(修身之學)"으로 번역했다.[22] 그는 에도시대에 막부가 직할한 교육기관이었던 창평횡(昌平黌)에서 공부했던 정통 유학자이면서도 한편으로는 영어를 학습하고 나아가 서양 사상의 소개에 진력했던 과도기의 인물이었다.

니시 아마네는 「인생삼보설(人生三寶說)」(1877)에서 ethics를 명교학(名敎學), 이륜학(彝倫學) 등으로 번역하고, moral에 대해서는 도덕학(道德學)이라고 번역했다. 미쓰쿠리 린쇼(箕作麟祥, 1846 – 1897)는 번역서 「자연신학과 도덕학」(1879)에서 ethics를 도덕학으로 번역하고 "사

---

19) 柴田昌吉·子安峻 編, 『英和字彙: 附音插圖』, 日就社, 1873, 339쪽.

20) 「生性發蘊」, 大久保利謙 編, 『西田全集』 第一卷, 宗高書房, 1962, 47쪽. 이 책은 G. H. Lewes의 *A Biographical History of Philosophy*(The Library Edition, 1857)의 일부 그리고 같은 저자의 "Comte's Philosphy of the Sciences: being an exposition of the Principles of the Cours de Philosophie positice of Auguste Comte"의 일부를 번역하고, 니시 아마네가 자신의 의견을 덧붙인 철학 저작이다. 小泉仰, 「西周の『生性發蘊』とコントの人間性論: 資料としての檢討」, 『철학』(慶應義塾大學紀要) 제56집, 1970 참조.

21) 中村正直, 『自由之理』, 東京: 木平讓, 1877, 19, 155쪽.

22) 中村正直, 「西學一班」, 『明六雜誌』 제11호, 1877.

람에게 의무와 그 의무의 이유를 가르치는 학과"로 설명했다.[23] 1870년대 말까지 일본에서는 ethics와 moral에 대해 각각 다양한 번역이 제시되었으며, 두 용어 사이의 구별 또한 분명하지 않았다. 1880년을 전후로 하여 점차 ethics는 윤리, moral은 도덕으로 정착되는 경향이 나타나기 시작했다.

1860년대 홍콩에서 간행된 사전이나 1870년대 일본에서 간행된 문헌을 살펴보면, ethics 혹은 moral의 번역으로 '윤리'라는 표현은 등장하지 않고, 주로 유교적 예의와 관련된 용어가 사용되었다는 것을 알 수 있다. '윤리학'이라는 신조어가 사전에 등장하는 것은 1880년 이후의 일이었다. 즉 앞에서 거론한 시바타 마사키치가 증보판으로 간행한 『증보정정 영화자휘(增補訂正英和字彙)』(1888)를 살펴보면, ethics 항목은 "윤리학, 예법, 오상지도(五常之道)"로 되어 있고, moral 항목은 "의식, 교훈, 권선"으로 되어 있다.[24] moral 항목은 이전 판본과 동일하지만, ethics 항목에는 '윤리학'이 추가되어 있다. 이 사전의 이러한 변화는 1880년대 일본의 아카데미즘과 깊은 연관이 있다고 할 수 있다. 즉 일본에서 근대적 학제가 형성되고 대학에서 철학과가 개설되어 철학의 여러 분야 가운데 하나로 윤리학 강의가 진행된 것이다.

동아시아 지역에서 ethics에 대해 '윤리'라는 번역을 처음으로 시도한 것은 이미 잘 알려져 있듯이 도쿄대학의 초대 철학과 교수였던 이노우에 데쓰지로(井上哲次郎, 1856-1944)였다. 그는 후쿠오카 지역에서 의사의 아들로 태어났으며, 메이지 국가가 성립하자 규슈의 북부

---

23) 石塚正雄·柴田隆行 監修, 『哲學思想飜譯語事典』, 論創社, 2쇄: 2004, 289쪽.
24) 柴田昌吉·子安峻, 『增補訂正英和字彙』, 懸車堂, 1888, 343, 515쪽.

인 항구 도시 하카다(博多)로 가서 영어를 배웠고, 1871년에는 다시 나가사키로 가서 영어를 가르치는 광운관(廣運館)에 입학했다. 1875년에는 메이지 정부가 서양 학문을 가르치기 위해 도쿄에 설립한 개성학교(開成學校)에 입학했으며, 1877년에 설립된 도쿄대학 문과대학에 제1회로 입학하여 철학과 정치학을 전공했다. 졸업과 동시에 1880년 문부성에 들어가 동양철학사를 편집하였고, 일찍이 영국에 유학하여 화학을 공부한 스기우라 주고(杉浦重剛, 1855－1924) 등과 함께 학술종합잡지인『동양학예잡지』를 창간했다. 1882년에는 도쿄대학 철학과 교수가 되었다. 이처럼 그는 이전의 지식인과는 다른 새로운 교육을 받은 인물이었다. 대학을 졸업한 그가 착수한 일은 일본어로 된 철학사전을 만드는 일이었다. 철학사전을 만드는 일은 영어로 된 철학 개념을 일본어로 어떻게 옮길 것인가 하는 고민에서 시작된 번역의 문제였다.

이노우에 데쓰지로는 서양 철학을 학습하면서 일본 최초의 철학사전이라 할 수 있는『철학자휘(哲學字彙)』(1881)를 간행했다.[25] 이 사전에서는 ethics 항목에 윤리학(倫理學)이라는 번역어를 달고 있으며, "『예기』「악기」편에서는 윤리에 통한다고 했으며, 또『근사록』에서는 윤리를 바르게 하며 은의를 돈독하게 한다.(禮樂記, 通于倫理, 又近思錄, 正倫理, 篤恩義.)"라는 해설을 덧붙였다. 또 그는 morality 항목에는 "행장(行狀), 도의(道義)"로, moral philosophy와 moral science 항목은 "도의학(道義學)"으로 번역했다.[26] 이노우에가 ethics와 moral

---

25) 이 책은 1884년에 2판, 1912년에 3판이 간행되었을 정도로 20세기 전후 일본에서 철학 개념의 이해에 상당한 영향을 미쳤다고 할 수 있다.

26) 井上哲次郎, 有賀長雄 增補,『哲學字彙』, 東洋館, 1884, 41, 78, 731－732쪽.

philosophy에 대해 각각 다른 번역을 시도한 것을 보면, 그가 이 둘을 구별하고 있다고 할 수 있지만, 이 사전의 항목만으로는 어떻게 구별한 것인지 분명하지 않다. 미국 침례교 계통의 교육자이며 경제학자이기도 한 웨일런드(Wayland, Francis 1796-1865)의 *The Elements of Moral Philosophy*가 일본에서 1870년대에 이미 수신론, 수신학 등으로 번역되어 있었기 때문에, moral philosophy는 수신으로 이해되기도 했다.[27]

『철학자휘』에서는 ethics 항목에 '윤리학'이라는 번역을 먼저 제시하고, 번역어 아래에 유교의 고전이라 할 수 있는 『예기』와 『근사록』의 용례를 인용하여 설명을 덧붙였다. 이는 ethics가 낯선 개념이기 때문에 설명을 추가한 것이라고 할 수 있으며, 한편으로는 이 개념이 서양으로부터 연유된 것이지만 중국의 고전과 밀접한 관련성을 지니고 있다는 것을 보여주기 위한 의도에서 비롯된 것이라고 추정할 수도 있다. 『철학자휘』에 인용된 『예기』의 용례는 앞에서 이미 설명한 부분이다. 『근사록』의 인용은 "윤리를 바르게 하며 은의를 독실하게 하는 것이 집안사람들의 도리이다."[28]라는 정이(程頤, 1033-1107)의 말에서 따온 것이다. 이 구절은 『주역』의 가인(家人) 괘를 설명하는 부분이며, 부모와 자식 사이에는 사람의 감정이 예를 이기고 은혜가 의리를 빼앗기 쉬우므로 강직한 자세로 사사로운 애정이 올바른 도리를 그르치는

---

27) 웨일런드의 저서는 일본에서 세 가지 번역이 거의 동시에 간행되었을 정도로 일본에 영향을 많이 주었다. 阿部泰蔵譯, 『修身論』(3책), 文部省, 1874; 山本義俊譯, 『泰西修身論』, 二西堂, 1873; 平野久泰郎 譯, 『修身學』, 1875. アルベルト・ミヤン マルティン, 「阿部泰蔵『修身論』における'God'の翻譯をめぐって」, 『一神教世界』 2, 2011 참조.

28) 正倫理, 篤恩義, 家人之道也. 『近思錄』卷6「齊家之道」, 『伊川易傳』.

일이 없도록 해야 한다고 경계하는 말이다.[29] 이노우에는 ethics의 번역으로 '윤리학'을 선택했지만, 부연 설명에서 끌어온 용례는 모두 유교적 예의 질서 속에서 백성의 교화와 관련된 것이라고 할 수 있다.

이노우에 데쓰지로가 ethics를 '윤리학'으로 번역하고 『예기』와 『근사록』의 전고를 인용하고 있다고 해서, 그가 ethics를 유교적인 의미의 '윤리'로 해석하고 있다고 단정하기는 어렵다. 그는 기본적으로 서양의 ethics를 일본에 소개하고자 하였다. 그가 제시한 '윤리'의 의미를 보다 분명하게 알 수 있는 것은 『철학자휘』를 간행한 뒤 2년 후에 출간한 『윤리신설(倫理新說)』(1883)이다. 이 책은 그가 1881년 도쿄대학에서 「윤리의 대본(倫理ノ大本)」이라는 제목으로 강연한 원고를 토대로 만들어진 것이다. 그는 서론에서 다음과 같이 이 책의 저술 목적을 밝히고 있다.

대개 윤리를 강론하는 데 두 가지 방법이 있다. 첫째는 윤리를 사람들이 당연히 지켜야 할 기율로 보아 절대로 그 근저를 논하지 않는 것이다. 둘째는 윤리를 천지간의 일종의 현상으로 간주하여 무엇을 도덕의 근거로 삼을 것인가를 논하는 것이다. 이 책은 두 번째 방법에 근거하여 무엇을 도덕의 근거로 삼을 것인가를 논한다. 도덕의 근거는 선악의 표준을 말한다. 자고이래로 어떤 일에 있어서든 반론이 적지 않겠지만, 요컨대 두 가지에 불과할 것이다. 두 가지란 무엇인가? 도덕에 근거가 없다고 하는 것과 도덕에 근거가 있다는 것이다.[30]

---

29) 『近思錄』「家道」 6번째 조.
30) 井上哲次郎, 『倫理新說』, 東京: 酒井清造等, 1883.

이노우에 데쓰지로는 강연 원고를 단행본으로 간행하면서 서론 다음의 본론에서 강연 제목 그대로 「윤리의 대본」이라는 소제목을 달고 윤리의 최고 근거를 탐구해야 할 필요성을 강론했다. 여기에서 그는 새롭게 등장한 근대적 지식인으로서의 '철학자'에 대한 자부심을 피력하고, 성과에 얽매이지 않고 자신의 지력(知力)에 따르는 것이 본분을 지키는 일이라고 한 밀(J. S. Mill)의 말을 인용하면서 다음과 같이 주장하였다.[31]

나 같은 사람이 이미 철학자가 되겠다고 한다면, 반드시 윤리의 최고 근거를 강론하지 않을 수 없다. 윤리를 제창하기 위해 윤리의 최고 근거를 탐구하는 것이 아니라 다만 도리상으로 보아 과연 윤리의 최고 규범이 있는지 없는지 정밀하게 살펴보지 않을 수 없다. 당연히 습관의 신구(新舊)를 막론하고 먼저 이러한 습관을 따라야 하는지 따르지 말아야 하는지 강론하지 않을 수 없다. 당연히 어떤 언행이 행복을 낳게 하고, 어떤 언행은 손해를 낳게 하는지 하는 문제를 논하는 것이 아니다. 왜 인간은 행복을 목표로 하는가 하는 것을 엄밀하게 조사하지 않을 수 없다. 다음으로 어떻게 행동하고 어떻게 진퇴하고, 어떻게 공부할 것인가를 분명하게 변별해야 한다. 따라서 먼저 진리에 대한 표준을 정하고, 평이한 점에서부터 점점 어렵고 깊이 있는 영역에 나아가면, 고금의 이설(異說), 동서양의 횡의(橫議)가 수백만 가지라 하더라도 그 옳고 그름을 분별할 수 있을 것이다.[32]

---

31) 양일모, 「해제: 윤리신설」, 한림과학원 편, 『동아시아 개념연구 기초문헌해제 2』, 선인, 2013 참조.
32) 井上哲次郎, 앞의 책, 4-5쪽.

이노우에 데쓰지로의 이 책은 '윤리'를 표제로 달고 있다는 점에서 먼저 인상적이다. 그리고 이 책의 저본이 도쿄대학에서 시행된 강연 원고였다는 점에 주목할 필요가 있다. 그는 대학에서, 특히 철학과에서 윤리학의 의미를 규명하고자 했으며, 윤리학은 어떻게 행동할 것인가를 다루는 것이 아니라 사람들이 지켜야 한다고 주장하는 윤리적 문제에 대해 그 근거를 따지는 학문으로 이해했다. 이처럼 일본에서 '윤리'라는 번역은 윤리학이라는 학문의 등장과 함께 이루어진 것이었다.

근대 일본에서 윤리학을 학문적으로 정립하는 데 크게 기여한 인물로서는 이노우에 엔료(井上圓了, 1858-1919)를 빠트릴 수 없다. 그는 100여 편 이상의 철학 관련 저술을 남겼을 뿐만 아니라 그의 저술이 일본에서뿐만 아니라 중국과 한국의 윤리학의 형성에 상당한 영향을 끼쳤기 때문이다. 기존의 연구에 따르면, 그의 저작 가운데 『철학총론』, 『철학요령』, 『윤리학』 등 약 20권이 중국어로 번역될 정도였다.[33] 그는 1878년 교토의 히가시혼간지(東本願寺)의 국내 유학생으로 선발되어 도쿄대학 예비문(나중에 제일고등학교, 도쿄대학 교양학부의 전신)에 입학하였고, 이후 도쿄대학 문과대학 철학과에 입학한 경력을 지니고 있었다. 대학을 졸업한 뒤, 그는 1877년 철학의 대중화를 위해 철학관(현재 일본의 동양대학의 전신)을 설립하기도 했다. 그는 윤리학과 관련된 저서로서 『윤리통론』(1887), 이를 교과서용으로 요약한 『윤리적요(倫理摘要)』(1891), 이 책을 강의록으로 수정한 『윤리학』(1891), '일본

---

33) 李立業, 「井上圓了著作の中国語譯及び近代中国の思想啓蒙に対する影響」, 『國際井上圓了研究』 6, 2018.

윤리학'이라는 분야를 제기하여 일본국체론 등을 담고 있는 『일본윤리학안』(1893)을 집필했으며, 또한 『중학수신서』(1898), 『중학윤리서』(1904) 등의 교과서를 간행했다.[34]

이노우에 엔료는 『윤리통론』 제1편 「윤리서론(倫理緖論)」 제1장 「윤리의 의해(義解)」에서 지금의 시대에 필요한 것은 '수신학'이 아니라 과학으로서의 '윤리학'이라고 밝히고 있다.

윤리학이란 서양의 말로 '에식스'라 하며 혹은 '모럴 필로소피' 또는 '모럴 사이언스'라고 칭하는 것이다. 최근 이 말을 번역할 때 도덕학·도의학·수신학이란 말을 사용하는 경우가 있기는 하지만, 나는 특히 윤리학이란 이름을 사용한다. 대체로 윤리학, 즉 '에식스'는 선악의 표준, 도덕의 규칙을 논정(論定)하여 사람의 행위와 거동을 명령하는 학문을 말한다. 그리고 내가 여기에 논정한다고 제목을 붙인 것은 논리적으로 고찰하고 규명한다는 뜻이지, 가정과 억측으로 나온 것을 뜻하는 것이 아니다. 그런데 자고 이래로 세간에 전해지고 있는 수신학은 가정과 억측에서 나온 것을 불변의 것으로 하고 있다.

이미 공자와 맹자의 수신학과 같은 것은 인의예양(仁義禮讓)을 사람의 도리로 정하고 있지만, 어떠한 이유로 인의예양이 사람의 도리가 되는지 연구하지 않고, 다만 한결같이 이것이 자연적으로 정해진 것이라는 것과 같이 믿고 있다. 사람이라면 반드시 이를 지켜야 한다고 가정하고 있는 것에 불과하다. 또 예수교가 도덕을 논할 때에도 의지가 있고 작위를 하는 하

---

34) 石岡信一, 「倫理學を中心にして―倫理通論と日本倫理學案からみた圓了の倫理學―」, 清水乞 編著, 『井上圓了の學理思想』, 東洋大學井上圓了記念學術振興基金, 1989.

느님으로써 모든 선행의 근거와 표준으로 상정하고 있으며, 그것이 진정한 표준이 될 수 있는지 아닌지 고증함에 이르러서는 아직도 연구되지 않은 점이 많다. 이는 모두 귀착점이 가정과 억측에서 나온 주장이다. 내가 말하는 대로 논리적으로 고찰하고 규명하지 않을 수 없다. 따라서 나는 이러한 수신학에 윤리학이라는 명칭을 부여하는 것이 적절하지 않다고 생각한다.

대체로 이학(理學), 즉 '사이언스'의 명칭은 논리적으로 여러 종류의 사실을 고찰하여 일정한 규칙을 심의하고 결정하여 학문의 한 분과를 구성하는 것을 말한다. 물리학, 생리학 등이 모두 그러하다. 심리학과 같이 무형의 학문이 있지만, 오늘날 이미 논리의 규칙에 따르고, 이학의 한 조직을 구성하기에 이르렀다. 오늘날의 수신학에 있어서도 내가 보는 바와 같이 여러 종류의 사실을 고찰하여 일정한 규칙을 정립하는 것에 대하여, 나는 이것을 일종의 이학으로 간주하여 여기에 윤리학이란 명칭을 사용하는 것이다.[35]

이노우에 엔료가 ethics의 번역으로 '수신학'을 거부하고 '윤리학'을 선택한 것은 무엇보다도 과학(science), 즉 과학적 방법론에 근거한 학문으로서 윤리학을 요청하기 위한 방편이었다. 이는 유교의 '수신제가치국평천하'의 어법을 간직하고 있는 수신학이 과연 근대적 학문으로서 윤리학이 될 수 있는지 의문을 제기하고 있다는 점에서, 이노우에 엔료가 일정 정도 유교에 대한 대항 의식을 지녔다고 할 수도 있다. 그렇다고 해서 그가 서양의 윤리학만을 인정하고 유교의 윤리를

---

35) 井上圓了, 『倫理通論』第1, 普及社, 1887, 3-6쪽.

경시하는 서양주의에 함몰되었다고 보기는 어렵다. 기독교로 대표되는 서양의 사유 방법 또한 그에게는 비판의 대상이었다. 그가 제시한 과학으로서의 윤리학은 하느님으로 상징되는 형이상학적 근거를 받아들이기 어려웠기 때문일 것이다.

2) 윤리학의 시대

메이지 유신은 도쿠가와 막부를 무너뜨리고 새로운 입헌 국가를 창출하는 정치적 변혁의 시대를 상징하는 것이었다. 아울러 이러한 정치적 변화는 일본 사회의 근간을 형성하고 있던 사회적·문화적 체제에도 총체적으로 영향을 미쳤다. 이전까지 지탱되어온 교육 체제는 서양을 모범으로 삼아 근대적 학제로 바뀌었다. 교육 제도의 변화는 단순히 학제의 변화에 그치지 않고 새로운 시대를 만들기 위해, 아울러 새로운 체제를 유지하기 위해 무엇을 가르칠 것인가 하는 문제로 이어졌다. 소학교에서 대학까지 학교 교육에서 필요한 것은 교과서였다.

근대적 교육 체제가 형성되면서 새로운 교과목을 제정해야 했고, 또한 수업용으로 교사와 학생이 사용할 교과서가 요구되었다. 도쿄대학의 전신인 개성학교(1874년 설립)에서는 「수신학」이 개설되었고, 1877년에 도쿄개성학교와 도쿄의학교가 통합하여 도쿄대학이 설립되면서 철학 관련 교과목으로 「도의학」이 3학년 교과로 개설되었다. 그러나 1881년 이후로는 이러한 수신학과 도의학과 같은 교과목이 사라지고, 대신에 철학, 지나철학, 인도철학, 철학사 등의 교과목이 개설되었다. 1882년 이노우에 데쓰지로가 도쿄대학 철학과 교수가 된 이래 윤리학은 철학의 영역에서 이전의 수신학 혹은 도의학을 대체하

여 새로운 분과 학문으로 탄생하였다.[36]

이러한 시대적 조류에 편승하여 윤리학 관련 서적도 출판되기 시작했다. 메이지시기의 윤리학 관련 서적을 통계적으로 조사한 연구에 따르면,[37] 1870년대부터 1940년대까지 일본에서 간행된 윤리학 관련 서적은 653책이며, 이 가운데 간행연도가 확실한 것은 584책이라고 한다. 또한 1888년 이후 윤리학 서적이 활발하게 간행되기 시작하였으며, 1890년대 최고의 정점에 이르는 양상을 보이고 있다. 이 연구에 따르면, 1880년대 후반부터 1905년까지 일본에서 간행된 윤리학 관련 교과서는 다음과 같다.[38]

편 · 저자	서명	출판사	출판연도
井上圓了	倫理通論 第1, 2	普及社	1887
井上圓了	心理摘要	哲學書院	1887
문부성	중학교 사범학교 윤리교과서		1888
문부성	소윤리서: 중학교 · 사범학교교과서용		1888
Caldenwood 著, 中村淸彦 譯	가씨 윤리학	開新堂	1888
岡田良平	윤리학교과서: 중등교육, 권 1, 2	內田老鶴圃	1890
岡田良平	윤리학과서: 중등교육, 권 3, 4	內田老鶴圃	1890
涉江保(幸福散史)	윤리서: 중학교 · 사범학교 교과서		1891

---

36) 江島尙俊, 「近代日本の大學制度と倫理學—東京大學における敎育課程に着眼して」, 『田園調布學園大學紀要』 第10号, 2015.
37) 江島尙俊, 「明治期における「倫理書籍」の出版動向と「日本倫理」論の類型」, 『田園調布學園大學紀要』 第10号, 2015.
38) 江島尙俊의 논문을 토대로 필자가 추가하였다.

元良勇次郎	윤리 문제 교수법: 보통교육 18	金港堂	1891
P. Janet 著, 岡田良平 編述	윤리학과서: 중등교육 권 1-4	內田老鶴圃	1891
牧野吉彌	서양 윤리과 시험문제 답안	張島恭三郎	1891
篠田正作 외	수험 예비 윤리학 답문	篠田正作	1891
吉見經綸	수험 응용 윤리학 답문	積善館	1892
駒崎林三	윤리문답 칠백제	穎才新誌社	1892
麻克·寶府禁斯 著, 岡村愛蔵 註釈	보씨 윤리학	內田老鶴圃	1892
Spencer 著, 田中登作 譯	사씨 윤리원론	通信講學会	1892
井上圓了	日本倫理學案	哲學館	1893
日下部三之介	윤리학 백문백답	長島文昌堂	1893
中原正七	윤리서: 중등교육	文學社	1893
元良勇次郎	윤리학	小野英之助	1893
元良勇次郎	수신학	明治講學会	1894
井上圓了	일본윤리학	哲學館	1894
中島力造	輓近의 倫理學書	富山房	1896
山本良吉	윤리학사	富山房	1897
山本良吉	倫理學要義	普及舍	1898
井上哲次郎· 高山林次郎	윤리교과서 총설	金港堂	1898
井上哲次郎· 高山林次郎	윤리교과서 권 상, 하	金港堂	1898
井上圓了	중등윤리서 권 1-5	集英堂	1898
헨리 시지윅 著, 中島力造 譯	윤리학설 비판	大日本圖書	1898
中島力造	윤리학설 십회강의	富山房	1898
木村鷹太朗	동양서양 윤리학사	博文館	1898

F. Paulsen 著, 蟹江義丸 譯	윤리학	博文館	1899
岡本監輔	논어 정본: 윤리교과	三木書店	1899
齋藤淸之丞	효경채요(採要): 윤리교과	金華堂	1899
秋山四郎	중학윤리서 상중하	金港堂	1899
木村鷹太郎	동양윤리학사	松榮堂	1900
山本良吉	實踐倫理要義	五車樓	1900
元良勇次郎	윤리강화: 중등교육 전편·후편	友文館	1900
蟹江義丸	윤리학 해설	育成會	1900
桑木厳翼	아리스토텔레스씨 윤리학	育成會	1900
深作安文	피히테씨 윤리학	育成會	1900
中島徳蔵	듀이씨 윤리학 강요	育成會	1900
綱島梁川	스티븐씨 윤리학	育成會	1900
蟹江義丸	칸트씨 윤리학	育成會	1901
湯本武比古·石川岩吉	日本倫理史稿	開発社	1901
蟹江義丸	분트씨 윤리학	育成會	1901
平澤金之助	기본 윤리: 중등교육	文海堂	1901
田中達, 渡辺竜聖 共述	세스씨 윤리학강요	東京專門學校出版部	1901
西晋一郎 譯	그린씨 윤리학서론	育成会	1901
西晋一郎 譯	그린씨 윤리학	金港堂	1902
蟹江義丸	윤리학 강의	加藤秀壽	1902
渡邊龍聖·中島半次郎	윤리교과서	目黑書店	1902
元良勇次郎	元良氏 윤리서: 중등교육 상하	成美堂	1902
松村正一	공자의 학설: 동양윤리	育成會	1902
井上哲次郎·大島義修	중등수신교과서 윤리편	文學社	1902
蟹江義丸	倫理叢話	瀬木博尚	1903

井上哲次郎 · 蟹江義丸	일본윤리 휘편 권 1-10	育成會	1903
高賀詋三郎	日本倫理史略	目黒書店	1903
深作安文	파울젠씨 윤리학	育成會	1903
久保得二	동양윤리사요	育成會	1904
有馬祐政	일본윤리학사	早稲田大學出版部	1904
F. Paulsen 著, 蟹江義丸 譯	윤리학 대계	博文館	1904
市川源三	수신윤리 도설: 중등교과	林盛林堂	1905
大江文城	일본윤리학사	開發社	1906
守月晃	윤리통론	寶文館	1906
山本良吉	中學修身教授參考書 상하	五車楼	1907
中島徳蔵	日本支那西洋倫理學要領	大日本圖書	1907
足立栗園	日本倫理史綱	大日本圖書	1908
綱島梁川	春秋倫理思想史	早稲田大學出版部	1908
有馬祐政	일본윤리사	博文館	1909
遠藤隆吉	동양윤리학	弘道館	1909
中島徳蔵	實踐 倫理講話	同文館	1910

　20세기의 경계를 전후로 윤리 혹은 수신 교과서가 해마다 몇 권씩 출판되고 있었다. 1881년 『철학자휘』에서 ethics의 번역으로 '윤리학'이 제시된 이래 10여 년이 흐르면서 '윤리'는 이 시대를 상징하는 언어로 변신하고 있었다. 중등교과과정의 교과서라는 교육 제도를 통해 '윤리'는 일본 사회에 정착해갔다고 할 수 있다.

　근대적 학제의 일환으로 윤리학이 성립하면서 '윤리'라는 번역어가 언어적 권위를 확립해가고 있었지만, 당시 일본에서 간행된 서양 윤리학 관련 서적들에 제시된 '윤리'의 의미가 유교적 의미를 지니는 수신의 자장을 쉽게 벗어나기는 어려웠다.[39] 서양의 윤리학설은 유럽의 학문적 배경과 사회적 풍토에서 형성된 것이며, 그 내용이 동아시아의 유교적 사회에서 통용되어온 수신과 동등한 차원에서 논의될 수는 없을 것이다. 그럼에도 불구하고 서양의 윤리학은 수신이라는 기존의 언어를 통해 이해되는 경향이 농후했다.

1879년 이후 급격한 서양화 정책이 적지 않은 문제를 야기하고 자유민권운동이 과격한 방식으로 전개되자, 메이지 정부는 전통적 유교사상을 복권시키면서 민중을 교화하는 보수적인 정책을 강화하기 시작했다. 1881년 메이지 정부는 「중학교 교칙대강」을 발표하면서 수신 교과목을 가장 중요한 선두 교과로 정했다. 1886년에 반포된 「중학교령」에서는 수신 교과가 윤리 교과로 명칭이 변경되었다. 서양의 윤리학 관련 저술이 활발하게 번역되었고 일본인이 저술한 윤리학 교과서도 간행되었다. 유럽화 노선에 대한 반동으로 일종의 유교주의가 성행하게 된 시대였다. 수신에서 변신한 윤리는 근대적 국민국가의 형성 과정에서 사회 통합을 위해 국가주의적 측면을 강화하였다. 근대 일본의 국가 형성과 교육 제도의 정립 과정에서 형성된 윤리학이라는 분과 학문은 점차 국민 통합을 위한 '국민도덕'과 밀접한 관련을 맺으면서 일본국민도덕론으로 변모해갔다. 결국 1901년 「중학교령 시행규칙」에서 윤리 교과목은 다시 수신으로 개칭되었고, "수신은 교육에 관

---

39) 근대 중국의 윤리 개념을 연구한 이혜경은 량치차오(梁啓超), 차이위안페이(蔡元培), 후스(胡適)를 예로 들어 분석하면서 그들이 윤리학을 통해 독립의 추구, 공화국의 성취, 최대다수의 최대행복을 각각 주장했지만 공통적으로 유교와 친밀성이 있다고 주장한다. 이혜경, 「근대 중국의 '윤리' 개념의 번역과 변용―유학과의 관계를 중심으로」, 『철학사상』 37, 2010.

한 칙어의 취지에 기초하여 도덕상의 사상 및 정조를 양성하고 중등 이상의 사회에서 남자에게 필요한 품격을 갖추는 것을 기하여 실천궁행을 권장하는 것을 요지로 한다."[40]라고 규정하였다.

1880년대 후반에 윤리학 교과서가 등장하면서 서양의 윤리학을 수용한 새로운 윤리 교육이 교육 현장에서 진행되고 있었다. 이처럼 새롭게 탄생한 윤리학은 전통적인 유교에 대항하는 측면이 있었지만, 한편으로는 수신을 중심으로 하는 보수적인 성격을 강구하는 움직임도 나타나기 시작했다. '일본도덕'이라는 말이 등장한 것도 이 시기였다. 니시무라 시게키(西村茂樹, 1828-1902)는 1886년 제국대학에서 '일본도덕론'이라는 제목으로 강연을 하면서 메이지유신 이후 급격한 서양화에 따른 일본의 도덕적 질서의 파괴를 막기 위해서는 '일본도덕'이 필요하다고 강변했다. 그는 일찍이 후쿠자와 유기치(福澤諭吉, 1835-1901)와 함께 명육사를 결성하여 서양 문명 수용에 앞장섰던 인물이었다.

왕정 유신의 초기에 옛날 것을 일소하여 모두 그 면목을 바꾸었고 이에 따라 종래 지식인이 받들어 도덕의 표준으로 삼은 유도(儒道)도 폐기되었으므로, 신도와 유교를 혼합하여 가르침을 세워 이에 대하고자 한다. …
요컨대 봉건의 시대에는 유도로 공공의 가르침으로 하여 정부와 인민이 모두 그것을 표준으로 삼았지만, 왕정 유신 이래로 모두 공공의 가르침이라고 할 것이 없어 국민도덕이 정해지지 않았고 지금까지 이르렀다. 단

---

40) 西悠哉, 「『ethics』概念の受容と展開─倫理教科書を中心として」, 『佛敎大學大學院紀要─文學研究科篇』第38号, 2010.

지 오늘날에 이르렀을 뿐만 아니라 이대로 버려둘 때에는 일본국의 도덕의 표준이 정해지지 않을 것이다. 이후로 몇십 년 연속할지 계산하기 어렵다. 설령 일정한 주의(主義)가 없더라도 도덕의 가르침이 전국에 성행하게될 때는 그래도 나라를 유지할 수 있을 것이지만, 이미 일정한 주의가 없을 때는 인심이 도덕을 중시하는 마음은 희박해진다. 이미 도덕을 중시하지 않을 때는, 도덕을 행하더라도 사람들이 그것을 칭찬하지 않고, 도덕을 파괴하더라도 사람들이 벌주지 않는다. 이러한 상황은 오래가지 않아 도덕이 땅에 떨어지고, 도덕이 땅에 떨어지게 되면, 국가의 멸망을 손을 꼽아 기다려야 한다.

최근 서양의 여러 나라가 어느 나라든지 동양에 힘을 뻗치고자 하는 뜻을 가지고 있다. 프랑스는 베트남을 취하고, 영국은 미얀마를 망하게 하고 겸하여 조선의 거문도를 빼앗았다. 독일은 남양군도를 합병하고 일본 동해의 앞에 무섭게 서 있다. 지세가 양호하고 물산이 풍부하면 서양의 열강 국가들이 오랫동안 이 나라에 침을 흘리게 되는 것은 명백한 일이다. 이와 같이 위태로운 경지에 처하여 독립을 보존하는 것은 결코 용이한 일이 아니다. 세상의 논자는 한결같이 문명의 풍속을 즐거워하며 하루라도 먼저 그곳으로 옮겨가고자 하는 자가 많다. 문명개화는 물론 희망해야 할 것이지만, 나라가 있고 나서 문명개화가 쓸모가 있다. 나라를 잃고서는 문명개화조차 시행할 곳이 없을 것이다. 그러므로 오늘의 형세에서는 전국의 민력을 합하여 본국의 독립을 보존하고, 아울러 국위를 다른 나라에 떨치는 것을 필수적이요 지극히 급한 임무로 삼지 않을 수 없다. 이러한 희망을 무엇으로써 도달할 것인가라고 묻는다면, 나는 이에 국민의 지덕용, 즉 도덕을 고양하는 것 외에는 다른 방법이 없다고 대답한다.[41]

시대는 이미 유교에서 멀어졌다. 메이지유신 이후 새로운 것에 대한 갈망이 끓어오르고 있던 시대였다. 한편으로는 새로운 것을 추종하는 흐름이 지나치면서 또 다른 문제가 제기되었고, 시대의 흐름에 대한 반작용의 움직임이 나타나기 시작했다. 메이지 정부가 급격한 서양화 정책을 펼치면서 사회 질서의 혼란은 피하기 어려웠다. 니시무라 시게키는 이러한 틈을 타 유교와 신도의 결합을 통해 새로운 도덕, 즉 '일본도덕'을 창출하고자 하였다. 시대가 윤리학을 요청했고, 이에 대해 수신학이 등장하고 윤리학이 탄생하고, 한편으로는 일본도덕론이 대두했다. 급기야 메이지 정부는 1890년에 교육칙어를 공포하여, 충군애국이라는 유교적 색채를 가미한 국민도덕론을 주장했다. 1890년 이후 일본에서 윤리학 교과서가 활발하게 출간되는 것도 이러한 시대를 반영하고 있다고 할 수 있을 것이다.

1890년대 후반에는 '일본도덕'에 이어 '동양윤리'가 등장하기 시작했다. 1898년 도쿄대학 문학부에서 역사와 철학을 공부한 기무라 다카타로(木村鷹太朗, 1870-1931)가 이노우에 데쓰지로의 지도 아래 『동양서양 윤리학사』를 간행하였다.[42] 이어서 마쓰무라 세이치(松村正一)의 『공자의 학설: 동양윤리』(1902), 구보 도쿠지의 『동양윤리사요』(1904), 도쿄제국대학 철학과를 졸업한 엔도 류키치(遠藤隆吉, 1874-1946)의 『동양윤리학』(1909) 등이 간행되었다.[43] 그 이후로도 '동양윤리'라는 표제를 단 서적이 계속해서 출간되었다. 대표적인 것을

41) 西村茂樹, 『日本道德論』, 西村金治, 1877, 3-5쪽.
42) 木村鷹太朗, 『東洋西洋倫理學史』, 博文館, 1898.
43) 松村正一, 『孔子の學說: 東洋倫理』, 育成會, 1902; 久保得二, 『東洋倫理史要』, 育成會, 1904; 遠藤隆吉, 『東洋倫理學』, 弘道館, 1909.

예로 들면, 도쿄제국대학 철학과를 졸업하고 1926년에는 경성제국대학 총장을 겸임한 하토리 우노기치(服部宇之吉, 1867-1939)의 『동양윤리강요』(1926), 마찬가지로 도쿄제국대학 철학과를 졸업하고 도쿄대학 교수로 활동했던 우노 데쓰토(宇野哲人, 1875-1974)의 『동양윤리학사』(1935), 『동양윤리』(1947) 등이 있다.[44]

'윤리'는 중국의 고대 문헌에서 사용된 이래로 메이지시대의 학문적 풍토 속에서 수신과 도덕, '일본도덕'과 '동양윤리'라는 새로운 학문 체계 속에서 전개되었다. 일본의 근대화 과정에서 만들어진 윤리학 개념을 사상사적으로 분석한 고야스 노부쿠니는 일본에서 윤리학은 국민의 도덕적 재결합이라는 정치적 과제로 인해 서양의 ethics가 아니라 인륜의 도(道)로서의 윤리라는 전통적 윤리로 재생되고 부활되었으며, 또한 근대 국가로 변모하는 일본의 국가적 요청에 응하는 방식으로 아카데미즘에 의해 구성된 것이라고 비판했다.[45] 따라서 그는 일본의 윤리학이 사회의 윤리적·도덕적 문제에 대처할 수 있는 '윤리 문제'가 아니라 아카데미즘의 영역 내에서 윤리학의 정체성을 추구하는 '윤리학 문제'에 머물고 있다고 주장하면서 일본 윤리학사의 성립 과정과 현상을 전체적으로 개관하고 있다.

---

44) 服部宇之吉, 『東洋倫理綱要』, 東京: 京文社, 1926; 宇野哲人, 『東洋倫理學史』, 東京: 日本學術書院, 1935; 宇野哲人, 『東洋倫理』, 東京: 警察協會, 1947.
45) 子安宣邦, 「近代'倫理'概念の成立とその行方—漢子論・不可避他者」, 『思想』 No. 912, 2000. 6.

4. 근대 중국어와 '윤리'의 전생(轉生)

'윤리'라는 용어는 중국의 고전에 사용된 중국의 고전 어휘 가운데 하나이지만, 근대적 학문으로서 '윤리학'은 일본에서 시작되어 중국에 전해졌다. 중국이 본격적으로 일본의 학술과 정치에 관심을 가지게 된 것은 청일전쟁(1894–95)에서 대국이라고 자랑하던 중국이 소국이라고 무시하던 일본에 패한 이후였다. 마침내 일본의 메이지유신 모델을 중국에 적용하고자 하는 정치적 진영이 만들어졌다. 캉유웨이(康有爲, 1858–1927)와 량치차오(梁啓超, 1873–1929) 등의 변법파 그룹이 이에 해당한다고 할 수 있다.

청말의 변법파는 메이지유신의 경험을 귀감으로 삼았지만, 기본적으로는 서양을 모델로 삼고 있었다. 변법유신파의 한 사람인 장위안지(張元濟, 1867–1959)는 서양의 과학 기술을 가르치고 배울 수 있는 새로운 교육기관으로 통예학당(通藝學堂)을 북경에 설립하여 변법유신에 필요한 인재를 양성하고자 시도하였다. 그는 새로운 교육을 위해 제도적으로 문과[文學門]와 이과[藝術門]를 구분하였으며, 문과 학문 영역에 지리, 역사, 논리학, 경제학, 법학, 철학, 정치학과 더불어 "교화학"(서양어로는 伊特斯) 과정을 두어 서양의 윤리학을 가르쳤다. 당시에 서양의 ethics는 '교화학'으로 번역된 것이다.

- 문학문: 여지지(輿地志), 태서근사, 명학(名學, 즉 변학), 계학(計學, 즉 이재학), 공법학, 이학(理學, 즉 철학), 정학(政學, 서양어로는 派立特, 폴리틱스), 교화학(서양어로는 伊特斯, 에틱스), 인종론
- 예술문: 산학, 기하(즉 形學), 대수, 삼각술(平弧 두 과목), 화학, 격물학

(水火電光을 포함), 천학(역상 포함), 지학(즉 지질학), 인신학, 제조학(滊機, 철궤 포함).[46]

장위안지의 상소문에서 보듯이 1897년 당시에 ethics에 대한 중국어 번역은 '윤리학'은 아니었다. 중국에서 '윤리학'이 ethics의 번역으로 언어적 권위를 확립하기 위해서는 고전어 '윤리'의 의미론적 전회가 필요했다. 그리고 이러한 의미론적 전회를 초래하는 과정에는 변법유신파 지식인들의 일본 학습이 주요한 역할을 담당하였다. 무술변법의 이론적 근거를 모색하기 위해 캉유웨이는 일본의 서적을 대량으로 번역할 계획을 수립하면서 일본에서 간행된 서적으로 체계적으로 조사하고 정리하면서 목록을 남겼다. 량치차오는 무술변법이 실패한 뒤 일본에 망명하여 일본에서 간행된 서적을 철저히 학습했다. 이러한 과정을 통해 20세기 전후 중국에서 윤리학이 새롭게 탄생한 것이다.

1) 캉유웨이의 『일본서목지』와 윤리학

무술변법(1898)의 주역이라고 할 수 있는 캉유웨이와 량치차오는 모두 일본이 입헌 국가로 변화해가는 과정에 주목했다. 캉유웨이는 변법운동을 이론적으로 정립하기 위해 일본을 본격적으로 학습하고자 했다. 그는 일본에서 간행된 도서를 정리하여 출판할 계획을 세웠으며, 제자인 오우구자(歐榘甲)와 장녀인 캉퉁웨이(康同薇)의 도움을

---

46) 張元濟, 「爲設立通藝學堂呈總理衙門文」(1897년 9월 20일), 璩鑫圭·童富勇 편, 『中國近代教育資料彙編: 教育思想』, 上海教育出版社, 2007, 378쪽.

받아 『일본서목지(日本書目志)』(대동역서국, 1897)를 간행했다.

이 책은 당시 일본에서 간행된 서적을 분류하고 해설한 목록집이다. 여기에 수록된 일본 서적은 서양 서적에 대한 일본어 번역 및 일본인에 의한 저작들로서 약 7,100여 종에 이르며, 각각에 대하여 서명, 권수, 편저자, 정가 등이 설명되어 있다. 이 목록에는 일본에서 간행된 서적이 생리문(生理門), 이학문(理學門) 등 15개의 항목으로 분류되어 있다.[47] 종래에 중국에서 도서 분류는 기본적으로 경사자집(經史子集)이었지만, 이 책은 새로운 분류 체계로써 서학 서적을 분류하였다.

『일본서목지』의 이학문에는 이학총기(理學總記)를 비롯하여 24항목의 하위 분류가 있으며, 마지막에 윤리학 항목이 들어 있다. 이 항목에는 번역서 4종을 포함하여 17종의 서적이 소개되어 있다. 번역서로서는 오카무라 아이조(1865-1913)의 『홉킨스씨 윤리학』,[48] 나카무라 기요히코(1864-?)의 『칼덴우드씨 윤리학』[49] 그리고 다나카 도사쿠의 『스펜서씨 윤리원론』,[50] 오카다 료헤이(岡田良平, 1864-1934)의 『(중등교

---

47) 양일모, 「근대 중국의 서양학문 수용과 번역」, 『시대와 철학』 제15권 제2호, 2004. 15개의 항목은 生理門, 理學門, 宗敎門, 圖史門, 政治門, 法律門, 農業門, 工業門, 商業門, 敎育門, 文學門, 文字語言門, 美術門, 小說門, 兵書門이다.

48) 麻克·竇府禁斯 原撰, 『竇氏倫理學』, 東京: 內田老鶴圃, 1892. 이 책은 미국의 교육학자 마크 홉킨스(Mark Hopkins, 1802-1887)의 *The Law of love and love as a law*(초판 New York: Charles Scribner and Company, 1869)의 1부를 번역하여 주석을 단 것이다.

49) 中村淸彦, 『珂氏 倫理學』, 東京: 開新堂, 1888. 이 책은 스코틀랜드의 철학자 칼덴우드(Caldenwood, Henry, 1830-1897)의 *Handbook of Moral Philosophy*를 번역한 것이다.

50) 田中登作, 『斯氏倫理原論』, 通信講学会, 1892. 이 책은 스펜서(Herbert Spencer)의 *Principle of Ethics*를 번역한 것이다.

육) 윤리학 교과서』[51]가 게재되어 있다. 일본인의 저서로서는 이노우에 엔료의 『윤리통론』과 『윤리적요』, 모토라 유지로(元良勇次朗)의 『윤리학』 등이 수록되어 있다.[52]

『일본서목지』를 통해서 볼 때, 일본에서는 1880년과 1890년 사이에 이미 스코틀랜드, 영국, 미국, 프랑스 등의 윤리학 관련 서적이 번역되어 있었다는 것을 알 수 있다. 이러한 번역 서적 4종을 제외하고 나머지 13종은 일본인이 직접 저술한 것이다. 그중에서도 캉유웨이가 일본의 육군사관학교에서 간행된 『군인정신론』을 윤리학의 범주에 포함시켰다는 점도 특기할 만하다.

캉유웨이는 일본에서 간행된 서양 학문을 총괄적으로 소개하면서 각 분야에 자신의 의견을 덧붙였다. 그는 윤리학 서적을 소개하면서 다음과 같이 주장하였다.

중고시대의 성인은 먼 것에 힘쓰지 않고 가까운 것에 힘을 쏟아 귀신이나 괴이한 일을 말하지 않고 인사(人事)를 말하였기 때문에, 윤리를 더욱 존중하였다. 우리 중국에서 학문은 윤리를 다하는 데 시작하고 제도를 다하

---

51) 岡田良平 編述, 『中等敎育, 倫理學敎科書』 1~4卷, 東京: 內田老鶴圃, 1891~92. 이 책은 프랑스의 철학자 폴 자네(Paul Alexandre René Janet, 1823~1899)의 *Théorie de la morale*를 번역하면서 강술한 것이다.

52) 『日本書目志』, 康有爲 撰, 姜義華 編校, 『康有爲全集』 第3集, 上海古籍出版社, 1992, 658~659쪽. 그 밖에 『(중등교과) 윤리서』(中原貞七 編纂), 『윤리서』(澤柳政太朗·本田信敎 纂), 『윤리서』(文部省 撰), 『윤리서』(杉浦重剛 編述), 『윤리학신서(보통학전서 제18편)』(富山房 編), 『보통 윤리학』(矢島錦藏 著), 『초등교육 소윤리서(통속교육전서 25편)』(涉江保), 『(소학교육수험용서) 인륜도덕지요지』(安東辰次朗 編), 『윤리과 (시험문제) 답안』(牧野吉彌 著), 『군인정신론』(육군사관학교) 등이 수록되어 있다.

는 데 끝난다. 제도라는 것은 역시 윤리를 수식하기 위한 것일 뿐이다.『춘추』의 삼세(三世)는 변통을 갖추고 있고, 지금은 제(帝)의 시대이다. 그러나 시비가 크게 서로 반대가 되며 심하게는 서로 장애가 되기도 한다. 만국의 상황을 궁구하고 백세를 탐구하면 그 변화가 더욱 크다. 수천 년의 풍속을 무량겁의 시간 속에 두면, 어찌 1년 중의 더위와 추위와 같겠는가? 군주와 민주의 차이, 일부다처와 일부일처의 차이는 그 하나의 단서가 아니겠는가? 그러나 여름에 갈옷을 입고 겨울에 가죽옷을 입는 것은 그 계절에 따라야 하며 조금이라도 소홀히 할 수 없다. 선대의 성인은 시대에 따라 제도를 만들어 조리가 찬연하니, 백성은 오직 이를 따를 뿐이다.[53]

윤리 혹은 윤리학에 대한 캉유웨이의 평가는 기본적으로 그의 삼세설에 의거하고 있다. 그렇지만 그가 서양 윤리학을 이해하는 방식은 서양의 학문을 수용하는 초기에 중국의 지식인들 사이에 흔히 나타나는 특징을 지니고 있다. 즉 중국은 역사적으로 '윤리'를 중시해왔다는 것이다. 다만 유교적 성인이 만든 윤리는 변함없는 진리이지만, 제도는 시대적 조건에 따라 변화할 수 있다. 일반 백성은 성인의 이러한 가르침을 지키면서 시대적 변통에 따라야 한다는 것이다. 캉유웨이는 『일본서목지』에서 민주제 혹은 일부일처제 등을 시대적 조건에 따라 수용해야 할 새로운 제도로 이해하면서, 이러한 가치를 포함한 새로운 윤리학을 요청하고자 했다.

---

53)『日本書目志』,『康有爲全集』第3集, 上海古籍出版社, 1992, 658-659쪽.

2) 량치차오의 『동적월단』과 윤리학

캉유웨이의 『일본서목지』는 무술변법 이전에 일본에서 간행된 서적을 구매하여 학습할 계획을 담고 있었다. 그러나 이러한 계획이 어느 정도 실현되었는지는 구체적으로 파악하기 어렵다. 다만 캉유웨이를 비롯한 변법파 진영 안에서는 일본에서 고안된 '윤리'라는 새로운 언어가 중국의 고전어와는 다른 '서학(西學)', 즉 서양 학문과 상관된 의미로 사용되고 있다는 것을 어느 정도 파악하고 있었다고 할 수 있을 것이다.

변법파가 기도한 무술변법은 서태후 등 보수파의 반발로 백일 만에 무산되었다. 캉유웨이와 함께 변법운동에 참여한 량치차오는 무술변법이 실패로 돌아간 뒤 일본으로 망명하였다. 그는 망명지 일본에서 간행된 서양 학문 관련 서적을 탐독하였으며, 일본이 먼저 수용한 서양 학문을 토대로 중국인이 서양을 학습하는 유용성과 효율성을 주장하였다. 『신민총보』 제9호와 제10호(1902년 6월)에 연속해서 발표한 「동적월단(東籍月旦)」은 그가 일본에서 공부하면서 각 분야별로 중요한 서적을 선정하여 해설을 붙인 글이다. 이 글은 일본에서 간행된 윤리 관련 서적의 출판 상황을 알 수 있을 뿐만 아니라, 윤리학에 대한 그의 이해를 살펴볼 수 있는 자료이기도 하다.

「동적월단」에는 일본어 서적 72종류 167책이 수록되어 있다.[54] 량치차오는 일본의 근대적 학제에서 기초 학문 혹은 교양 학문의 의미로 사용되었던 '보통학(普通學)'을 먼저 거론하면서, 일본 중학교에서 기

---

54) 梁啓超, 『東籍月旦』, 『飮冰室合集』 4, 82 – 102쪽.

초 교육 과목으로 "윤리, 국어와 한문, 외국어, 역사, 지리, 수학, 박물(博物), 물리와 화학, 법제, 경제" 등 10개 분야를 소개하였다. 그의 설명에 따르면, 일본의 중학교에서 윤리학은 기초 학문 교과목에서 첫 번째로 나열될 만큼 주요한 교과목이었다.

제1장 윤리학

중국은 스스로 예의의 나라라고 자랑하면서 윤리와 같은 학문은 외국에서 배울 것이 없다고 하지만 실은 그렇지 않다. 중국에서 말하는 윤리는 그 범위가 너무 좁아 이 학문의 내용을 다할 수 없다. 지금 일본 문부성이 최근에 발포한 훈령에 따라서 중학에서 윤리도덕을 가르치는 요령을 열거하면 아래와 같다. ― 이것은 전적으로 중학 4, 5학년에 속하는 것이다.

1. 자기에 대한 윤리―건강, 생명, 지(知), 정(情), 의(意), 직업, 재산
2. 가족에 대한 윤리―부모, 형제, 자매, 자녀, 부부, 친족, 조상, 노비
3. 사회에 대한 윤리―타인의 인격, 타인의 신체, 재산, 명예, 비밀, 약속 등, 은혜, 친구, 장유귀천, 주종 등, 여성, 협동, 사회의 질서, 사회의 진보
4. 국가에 대한 윤리
5. 인류에 대한 윤리―국헌, 국법, 애국, 병역, 조세, 교육, 공무, 공권, 국제
6. 만유에 대한 윤리―동물, 천연물, 진, 선, 미[55]

이것을 기준으로 살펴보면, 중국에서 말하는 윤리와 비교할 때 그 넓고 좁

---

55) 량치차오의 원문에서 '4 국가' 항목에는 내용이 없고, '5 인류' 항목에는 '국헌' 등 국가 관련 항목이 포함되어 있는 것을 볼 때, 량치차오가 참고한 일본 문헌의 원문 혹은 량치차오의 번역 자체에 오류가 있는 것으로 추정된다.

음, 온전함과 치우침에 하늘과 땅 사이와 같이 엄청난 차이가 있지 않은가? 그러므로 외국의 윤리학 서적을 공부하지 않을 수 없다는 것이 분명하다.

혹자는 다음과 같이 말할 것이다. "우리가 추구하는 것은 학문이요 지식이다. 도덕에 관한 학문은 아무리 지고하고 아름답다고 하더라도 급히 실용에 옮기기에 절실하지 않은데, 그대는 어찌 이렇게 확실하게 말하는가?" 이는 학문이 세상을 구제할 수 있는 까닭은 정신이 있기 때문이라는 것을 모르는 말이다. 만일 정신이 없다면, 널리 배우면 배울수록 심술이 더욱 부패하며, 지기(志氣)가 더욱 쇠퇴하게 되고, 품행이 더욱 편파적이 되니, 취할 것이 무엇이 있겠는가?

지금 중국에 예로부터 내려온 도덕은 이미 천하의 인심을 규율할 수 없으며, 점점 멀어져가는 형세에 처해 있다. 신(新) 도덕으로 보좌하지 않는다면, 옛날의 선미한 것조차도 보존하지 못하고 사라져버리는 재앙을 차마 말하지 않을 수 없다. 그러므로 오늘날 세상을 구원할 뜻이 있다면 이 학문을 연구하지 않을 수 없으며, 중국과 외국을 함께 고려하여 하나의 완전한 윤리학을 발명하여 국민을 창도해야 할 것이다. 윤리에 관한 서적을 소홀히 할 수 있겠는가? 이제 연구에 적합한 한두 종을 골라 앞에 나열하고 나머지 참고할 만한 것을 부록에 나열하고자 한다. —아래 각 절은 모두 이와 같다.

또 이하에 나열한 각종 참고서는 보통학[56]을 익힐 때 필독서가 아닌 것이 있다. 어떤 학문이든지 모두 진도가 나가면 내용이 깊어지지만, 그 학과는 언제나 소학, 중학, 고등학, 대학에 이어진다. 지금 저술의 편의를 위해 보

---

56) '보통학'은 교양의 의미로 보인다.

통학을 논할 때에 함께 다룬다. 이하 이와 같다.

중등교육 윤리강화 2책, 문학박사 모토라 유지로 저, 정가 1원 4각반[57]

이 책은 간명하게 내용을 포괄하고 있어 처음 공부할 때 이용하기에 가장 적절하다. 전후 두 편으로 나누고 있다. 전편은 제1장에서 제6장까지로서 서론이며, 윤리학의 범위와 정의, 자기의 관념—즉 자기에 대한 윤리 등의 내용으로 나누어져 있다. 제7, 8, 9장은 가족 윤리로서 가족의 조직, 부모와 자식의 도리, 혼인론 등의 내용으로 나누어져 있다. 제10장에서 제23장까지는 사회 윤리로서 개론, 공익론, 예의론, 신의론, 자선론, 명예론, 소송론, 오락론, 헌신론, 생명론, 재산론, 품격론 등의 내용으로 나누어져 있다. 제24장에서 제34장까지는 국가 윤리로서 국가조직론 일부, 신민(臣民) 상호의 관계, 납세의 의무, 병역의 의무, 권리와 의무의 해석, 책임론, 국제 윤리, 일반 인류와 국가의 관계, 정부와 인민의 관계, 국민 명의의 관념 등의 내용으로 나누어져 있다. 후편의 제35장에서 제54장까지는 모두 사상과 윤리로서 생존경쟁과 덕의의 관계, 자가보존의 이법(理法) 및 그 제한, 노동과 휴식, 자애와 애타의 관계, 직업의 선택, 지와 행의 관계, 욕망론, 검소와 사치, 잔인론(殘忍論), 안심과 회의심, 반성론, 기호론, 자유와 그 제한, 개심론(改心論), 도덕의 제재, 사상과 실행의 관계, 종교와 윤리의 관계, 선악의 표준, 상도론(常道論) 등의 내용으로 나누어져 있으며, 각 부분은 1000여 자에 지나지 않지만, 말은 간단하고 의미가 충실하다. 각 장 뒤에는 모두 문답이 붙어 있어 사람들에게 생각을 계발할 수 있게 하니 진실로 이 분야의 학습에 가장 좋은 책이다.

---

57) 元良勇次郎, 『倫理講話: 中等教育 前編 後編』, 友文館, 1900.

―이 책은 상해 광지서국에서 이미 번역을 마쳤다.

윤리통론 2책, 문학박사 이노우에 엔료 저, 정가 1원 2각[58]

이 책은 지금으로부터 15년 전인 메이지 20년(1887)에 출판되었으며, 일본인 독자에게는 이미 쓸모가 없는 책이 되었지만 오늘날 중국에서 사용하기에 적합하다. 전서는 모두 9편이다. 제1편은 서론으로 모두 23장이다. 제2편은 인생의 목적을 논하는데 모두 17장이다. 제3편은 선악의 표준을 논하는데 모두 18장이다. 제4편은 도덕의 본심을 논하는데 모두 18장이다. 제5, 제6편은 모두 인사의 진화를 논하는데 모두 31장이다. 제7편과 제8편은 각 학자의 다른 견해를 조목별로 열거하는데 모두 36장이다. 제9편은 여러 학설을 분류하는데 모두 13장이다. 끝에는 윤리학자의 생졸연표를 부록으로 달고 있다. 이 책은 윤리학의 각종 문제에 따라 분류한 것으로서 모토라 선생의 저서 체계와는 다르며, 여러 학자의 학설에 대한 서술은 매우 간명하여, 읽으면 원류와 파별을 알 수 있고 오늘날 새로 정립된 신 도덕에 대해서도 소홀히 하여 의거하지 않은 것은 아니다. 그러므로 학자가 널리 공부할 여유가 없으면, 이 두 권만 읽고도 이 학문의 요점을 알 수 있을 것이다.

참고문헌이 뒤에 나열되어 있다.

중등교육 윤리학 교과서, 프랑스 자네(査彌) 저, 오카다 료헤이 번역, 4책 정가 1원 4각[59]

---

58) 井上圓了, 『倫理通論』, 第1, 2, 普及社, 1887.

59) 岡田良平 編述, 『倫理學敎科書: 中等敎育』卷 1-5, 1891-1892. 오카다 료헤이는 「예언(例言)」에서 이 책은 프랑스의 철학자 폴 자네(1823-1899)의 『倫理要論』을

신편 윤리교과서, 문학박사 이노우에 데쓰지로/ 다카야마 린지로 공저, 5책 정가 1원 4각[60]

오카다 선생의 저서는 일본의 여러 학교에서 가장 오랫동안 통용되어왔다. 이노우에와 다카야마는 모두 저명한 대가로서 이 책 또한 성실하게 편찬된 것이지만, 다만 오로지 일본인을 위해 논의하였다. 일본의 국체와 민속은 우리 중국과 크게 다른 점이 있으므로, 그들에게는 매우 좋은 저서일지라도 우리에게는 다만 참고가 될 뿐이다.

수신원론, 프랑스 프랑크(福靈) 저, 가와즈 스케유키 역, 1책 정가 6각 2[61]

배인씨 윤리학, 영국 페인(倍因) 저, 법학박사 소에다 주이치 역, 5책 정가 1원 5각[62]

가씨 윤리학, 영국 칼덴우드(珂的活) 저, 나카무라 기요히코 역, 1책 정가 1원[63]

사씨 윤리원론, 영국 스펜서 저, 다나카 도사쿠 역, 1책 정가 7각[64]

윤리학 신서, 독일 롯체(羅哲埃) 저, 다치바나 센사부로 역, 1책[65]

번역한 것이라고 밝히고 있다.

60) 井上哲次郎·高山林次郎,『倫理敎科書總說』, 卷上, 下, 金港堂, 1898.

61) フランク(Franck, Adolphe, 1809-1893) 著, 河津祐之(1850-1894) 譯,『修身原論』, 東京: 文部省編輯局, 1884.

62) Bain, Alexander(1818-1903) 著, 添田壽一 譯,『倫理學(倍因氏)』1, 2, 東京: 松田周平, 1888.

63) Caldenwood, Henry(1830-1897) 著, 中淸彦 譯,『珂氏倫理學』, 東京: 開新堂, 1888.

64) Spencer, Herbert(1820-1903) 著, 田中登作 譯,『斯氏倫理原論』, 通信講學会, 1892.

65) ヘルマン·ロッツェ(Lotze, Hermann, 1817-1881) 著, 立花銑三郎(1867-1901) 譯,『倫理學新書』, 東京: 富山房, 1891.

윤리학, 문학박사 모토라 유지로 저, 1책 정가 1원 1각[66]

월씨 윤리신편, 미국 에버렛(越布列) 저, 와타나베 마타지로 역, 1책 정가 5각[67]

가와즈의 책은 문부성의 명에 따라 번역한 것이다. 페인은 실리주의(實利 主義)를 주장한 자인데, 이 책의 상편에서는 도덕의 의의와 성질을 논하고 하편에서는 그리스 이래 여러 대가들의 학설을 상세하게 논하고 있다. 가와즈는 직각설(直覺說)을 주장하면서 실리설(實利說)을 비판했다. 두 책을 대조해보면 볼 만한 점이 있다. 스펜서라는 이름은 우리 중국인이 오래전에 알았는데, 윤리와 도덕을 논하면서 행복주의를 주장하고 진화론에 근거하고 있다. 다만 번역본은 자못 그 의도를 전하지 못하고 있다. 롯체의 저작은 여러 학설을 조화시키고자 전적으로 노력하여 주장이 한쪽에 치우치지 않아 유럽에서는 좋은 책으로 불린다. 그러나 번역문이 어렵고 난삽하다. 모토라의 저서는 그의 초년 저작으로 『윤리강화』에 비해 내용이 복잡하고 범위가 넓어 정치함이 그것에 미치지 못하다. 에버렛의 저서는 대의를 선별적으로 번역하여 독행과 응용의 원칙을 설명하고 있어 초학자에게 편리하다.

최근 육성회에서 『윤리학서 해설』이라는 12책의 총서를 새로 출간하였다.
─전부 정가는 4원 6각, 각 책의 정가는 4각─
이 분야에서 유럽과 미국 고금의 유명한 학자들의 견해를 모아 그 의미를 번역하고 해석하였다. 모두 훌륭한 저작이며, 해설자 또한 저명한 인물이

---

66) 元良勇次郞, 『倫理學』, 小野英之助, 1893.
67) シー・シー・エッブェレット(Everett, Charles Carroll, 1829-1900), 渡邊又次郞 (1866-1930) 譯, 『越氏倫理新篇』, 東京: 金港堂, 1894.

다. 보통 번역서보다 읽기가 쉽다. 다음에 그 제목을 열거한다.

1. 듀이 윤리학 강요

2. 스티븐 윤리학

3. 밀해탈(彌爾海脫)[68] 윤리학

4. 파울젠(泡爾三) 윤리학

5. 설격와탈(薛格瓦脫)[69] 윤리학

6. 아리스토텔레스 윤리학

7. 칸트 윤리학

8. 맥켄지(麥懇治) 윤리학

9. 시지웍(士焦域) 윤리학

10. 명사덕보(明司德保)[70] 윤리학 서론

11. 온덕(溫德)[71] 윤리학

12. 그린(格里安) 윤리학[72]

이 밖에도 다음과 같은 책이 있다

쾌락파[主樂派]의 윤리설강, 쓰나지마 에이치로 강술[73]

---

68) John Stuart Mill로 추정됨.

69) 미상.

70) 미상.

71) 미상.

72) Green, Thomas Hil(1836-1882) 著, 西晋一郎(1873-1943) 譯, 『グリーン氏倫理學』, 東京: 金港堂, 1902.

73) 綱島栄一郎 述, 『主楽派の倫理説』, 東京専門學校文學科第3回第3部講義録, 東京専門學校, 출판년도 불명.

세스씨 윤리학 강요, 다나카 다츠/ 와타나베 류세이 공술[74]

모두 전문학교에서 출판한 책으로서 참고할 만하다.

더욱 두껍고 내용이 풍부한 것은 다음과 같다.

윤리학 정의, 영국 맥켄지 저, 노구치 엔타로 역 1책 정가 1원 4각[75]

윤리학설 비판, 영국 시지윅 저, 야마베 도모하루 · 오타 슈호 공역, 1책 정가 2원 5각[76]

그린(格里安) 윤리학, 영국 그린 저, 니시 신이치로(西晉一朗) 역 1책, 정가 2원[77]

그린 선생과 맥켄지 선생은 모두 영국 근세에 가장 유명한 윤리학자이다. 그들의 저서는 깊이가 있고 범위가 넓다. 『윤리학설 비판』은 여러 학파의 학설을 망라하고 비판을 가하고 있다. 전서는 4편으로 구성되어 있다. 제1편은 서론이며 그 아래 3편은 자리파(自利派), 직각파, 공리파의 3대 유파에 대해 각각 1편씩 논하고 그 입론의 근거를 하나하나 서술하고 공평한 관점에서 논하고 있다. 한번 읽어 내려가면 이 학문의 원류와 파별, 대강과 세목, 장단과 득실에 대해 일목요연하게 알 수 있다. 그러나 이는 철학과의 전문 내용이며 보통학을 배울 때 길을 찾는 것은 아니다. 만약 윤리

---

74) 田中達, 渡邊竜聖 共述, 『セス氏倫理學綱要』, 東京專門學校出版部, 1901. 세스는 스코틀랜드의 철학자 James Seth(1860~1924)를 가리킨다.

75) Mackenzie, John Stuart(1860~1935) 著, 野口援太郎 譯,, 『倫理學精義』, 東京: 富山房, 1901.

76) Sidgwick, Henry(1838~1900) 著, 山邊知春 · 太田秀穗 譯, 『倫理學説批判』, 大日本圖書, 1898.

77) 西晉一郎 譯, 『グリーン氏倫理學』, 金港堂, 1902.

학의 연원에 대해 대략을 알고자 한다면 다음 책이 가장 간명하고 요점을 드러내고 있다.

윤리학설 10회 강의 나카지마 리키조(中島力造) 저 1책 정가 9각[78]

다음 두 책도 참고할 만하다.

윤리학사, 야마모토 료키치(山本良吉) 저 1책 정가 1원[79]

동양서양 윤리학사, 기무라 다카타로(木村鷹太朗) 저 1책 정가 35전[80]

「동적월단」은 량치차오가 일본에 망명하면서 서양 사상을 학습한 기록이다. 그는 당시 일본에서 간행된 윤리학 관련 서적을 총체적으로 소개하면서 자신의 해설을 덧붙였다. 이 글에서 먼저 주목할 만한 것은 그가 일본에서 전개되고 있는 보통학, 즉 교양에 관심을 가진 점이다. 전문 분야를 연구하기 전에 먼저 학습해야 할 기초 학문으로서 보통학에 관심을 가진 것이다. 그리고 보통학 가운데 첫 번째 항목으로 설정된 윤리학에 주목했다. 『동적월단』에서는 윤리학에 대한 설명 다음에 「경제」 분야에 대한 설명만 이어지므로, 일본에서 설정된 보통학의 영역에 어떤 내용이 포함되어 있는지 자세하게 알 수는 없다. 그가 일본의 서적을 설명하는 글에서 윤리학 분야의 서적을 먼저 설명했다는 점에서, 그가 윤리학의 중요성을 강조했다고 할 수 있을 것이다.[81]

---

78) 中島力造 述, 『倫理學説十回講義』, 富山房, 1898.

79) 山本良吉 編, 『倫理學史』, 富山房, 1897.

80) 木村鷹太郎, 『東洋西洋倫理學史』, 博文館, 1898.

81) 山口るみ子, 「梁啓超「東籍月旦」に見る西洋近代思想受容の態度と倫理思想」, 『東洋大學中国哲學文學科紀要』12, 2004.

량치차오는 당시 중국에서 윤리학을 외국에서 배울 필요가 있을까 하는 주변의 의문에서부터 이 글을 시작하고 있다. 분명 '윤리'는 중국의 고대 문헌에서 사용된 언어이며, 공자·맹자 이래 유교의 가르침 또한 인륜의 실현이라는 의미에서 윤리를 주창하였다. 나아가 개인의 도덕과 사회의 제도가 모두 이러한 유교적 예법에 의거하여 규정되었던 것이다. 량치차오는 유교적 예법이 포괄하는 범위가 좁다고 비판하면서 개인 - 가족 - 사회 - 국가 - 인류 - 우주만물에까지 확장되는 새로운 윤리학을 구축하고자 했다. 물론 유교를 옹호하는 관점에서는 량치차오의 비판이 타당하지 않을 수도 있다. 여기에서는 량치차오가 유교적 언어가 아니라 일본의 근대 신어(neologism)를 사용하면서 신도덕으로서 윤리학을 모색하고자 한 점에 유의할 필요가 있을 것이다. 그가 "중국과 외국을 함께 고려하여 하나의 완전한 윤리학을 발명하여 국민을 창도해야 할 것이다."라고 강변한 것은 서양 학문을 수용하여 중국 윤리학을 발전시켜야 하는 것을 주장하면서, 한편으로는 윤리의 문제가 근대적 국민의 창출에 기여하는 것이라는 점을 인식하고 있었다고 할 수 있다.

3) 교과서의 시대

20세기에 들어와 청나라 정부는 신식 학교 제도를 도입했으며 대학을 운영하는 규정을 마련하였다. 1902년 8월에 공포된 「흠정경사대학당장정」의 제1장 「강령」에서는 다음과 같이 '수신윤리'의 중요성을 강조했다.

중국의 성인과 경전에서 내려오는 가르침은 윤상과 도덕을 우선으로 하고 있다. 외국의 학당에서는 지육과 체육 외에 덕육을 더 중시하고 있다. 중국과 외국의 교육은 본래 서로 같은 점이 있다. 지금부터는 중앙과 지방, 크고 작은 학당을 막론하고 수신윤리 분야를 다른 교과보다 더 주의해서 인재를 배양하는 기틀로 삼아야 한다.[82]

중국에서는 수나라시대 이후로 이어져 온 과거제도가 1905년 드디어 폐지되었다. 이는 곧 중국에서 과거제도를 위한 교육 체제가 무너지고 새로운 교육 체제가 등장했다는 것을 반영하는 일대 사건이라고 할 수 있다. 중국에서 근대적인 교육 제도가 시행되고 각 학교에서 새로운 교육을 시행하게 되면서 교과서가 필요하게 되었다. 일본에서 1890년대 교과서가 활발하게 간행되었다고 한다면, 중국에서는 20세기 초가 바야흐로 교과서의 시대가 되었다. 물론 수신 혹은 윤리와 관련한 외국 서적에 대한 번역도 활발하게 진행되었다. 기존의 연구에 따르면, 윤리학 분야에서 외국 서적에 대한 번역은 다음과 같다.[83]

---

82) 「欽定京師大學堂章程」, 舒新城編, 『近代中國教育史料』第1册, 北京: 人民教育出版社, 1961.
83) 일본 서적에 대한 번역 그리고 교과서 관련 목록은 黃興濤·曾建立의 연구(「淸末新式學堂的倫理教育與倫理教科書探論─兼論現代倫理學學科在中國的興起」, 『淸史研究』第1期, 2008)에 정리된 내용을 바탕으로 하였으며, 다음과 같은 자료를 통해 수정 혹은 추가하였다. 石鷗·吳小鷗, 「淸末民初教科書的現代倫理精神啟蒙」, 『倫理學研究』第5期(總第49期), 2010; 揚玉榮, 「中國近代倫理新學科生成中的日本因素」, 『日本研究』2016년 제1기; 顧變光, 『譯書經眼錄』, 1927; 熊月之, 『西學東漸與滿淸社會』, 上海人民出版社, 1894.

<표 3> 20세기 초 중국의 윤리학 관련 번역서

서명	원저자	번역자	출판사	연도
윤리교과서	井上哲次郎·高山林次郎	樊炳淸	江楚編譯官書局	1901
도덕진화론	戸水寬人		廣智書局	1902
윤리학	元良勇次郎	王國維	교육세계출판사	1902
윤리서	일본문부성	樊炳淸	江楚編譯局	1902
신세계 윤리학	乙竹岩造	趙必振	廣智書局[84]	1902
중등교육 윤리학	元良勇次郎	麥鼎華	廣智書局	1903
서양 윤리학사요	西額惟克(Sidgwick)	王國維	교육세계출판사	1903
윤리교과 범본	秋山四郎	董瑞椿	文明書局	1903
道德法律進化之理	加藤弘之	金壽康·楊殿玉	광지서국	1903
동서양 윤리학사	木村鷹太郎	范迪吉	상무인서관	1903
倫理學敎科書總說	井上哲次郎	樊炳淸	江楚編譯局	1903
중등교육 윤리학	中島力造	麥鼎華	廣智書局	1904
윤리학	中谷延治郎	王章祜	사천학보본	1905
윤리학	法貴慶次郎	胡庸詰 등	湖北學務處	1905
윤리학교과서	中島德藏	金太仁	東亞公司	1905
是非要義	謝衛樓(D. Z. Sheffield)	管國金筆述	通州華北協和書院	
윤리학		李杕	土山灣印書館	1908
윤리학교과서	服部宇之吉		상무인서관	1908
국민도덕담	福澤諭吉	朱宗英	중앙도서공사	1908
최신윤리학		□成 편역		1908
윤리학강의		四川速成師範 □		1908
윤리학원리	泡爾生(F. Paulsen)	蔡元培	상무인서관	1910
자조론 (일명: 서국입지편)	斯邁爾斯(S. Smiles)	上海通社	상무인서관	□10
靑年德育鑒	(미국)趙富勒	屠坤華	美華書館	□11

20세기 벽두 중국에서 윤리학과 관련한 서양 서적에 대한 번역이 시작되었지만, 일본어 서적에 대한 번역이 주류를 이루었다. 무술변법기에 캉유웨이가 일본어 텍스트에 관심을 기울였고, 그의 제자 량치차오도 일본에 망명하여 일본어 텍스트에 관심을 기울였다. 청일전쟁 이후 중국에서 최초로 일본의 지식계에 대한 관심이 폭증했다고 할 수 있다. 중국의 지식인들이 이노우에 데쓰지로, 모토라 유지로 등 일본학계를 이끌어가고 있던 지식인들에게 관심을 기울였다. 특히 서양 사상을 미리 학습하고 이를 소개한 일본인 지식인들의 서적을 번역하면서 중국의 지식인들은 '윤리학'을 학습했다.

번역을 통해 서양의 윤리학을 학습하면서 거의 동시에 중국에서는 윤리 혹은 수신과 관련된 서적이 활발하게 간행되기 시작했다. 과거 제도가 폐지되고 근대적 교육 체제가 등장하면서 각종 학당과 학교에서는 새로운 교과서를 요청하게 되었다. 이러한 사회적 수요에 대응하면서 20세기 초 10여 년간은 그야말로 교과서의 시대가 되었다. 윤리 혹은 수신과 관련된 서적도 다른 분야와 마찬가지로 수많은 종류의 교과서가 간행되었다. 청말민초의 교과서를 분석한 기존의 연구에 따르면, 당시 간행된 교과서 및 윤리 관련 서적은 다음과 같다.[85]

---

84) 『譯書經眼錄』에서는 新民譯印書局本이 있다고 함.

85) 黃興濤·曾建立의 연구(「淸末新式學堂的倫理敎育與倫理敎科書探論—兼論現代倫理學學科在中國的興起」,『淸史硏究』第1期, 2008)에 정리된 내용을 바탕으로 하였으며, 다음과 같은 자료를 통해 수정 혹은 추가하였다. 王有朋 主編,『中國近代中小學敎科書總目』, 上海辭書出版社, 2010; 吳亞玲,「論辛亥革命前後中小學修身敎科書的演變」,『사학월간』2011년 제5기; 土屋洋,「"中國敎育史"的誕生─蔣黼及其《中國敎育史資料》考論」,『中國人民大學敎育學學』, 2016년 제1기; 土屋洋,「淸末の修身敎科書と日本」,『史林』88권 3호, 2005; 王世光,「淸末修身敎科書芻議」,『河北師範大學學報』敎育科學版, 2016年 3期; 顧變光,「譯書經眼

142

서명	저자	출판사	연도
수신서	張仲球	南淸河王氏, 목활자본	1901
경사대학당 윤리학강의	張鶴齡	京師大學堂油印本	1902
倫理學重要及其效用	馬君武	政法學報本	?
中文 수신서	蒙學報館	蒙學報社	?
고등수신교과서	교육개량회	상무인서관	1902
蒙學 讀本全書(제4편 수신교과서)	無錫三等公學堂	문명서국	1902
(시무학당) 수신교과서	龍志澤	上海有正書局	1902
新訂 蒙學 課本	朱樹人	남양공학	1902
몽학 수신서	蔣黻	개인 출판	1902
수신	高鳳謙	人演社	1902
소학 수신교과서	劉劍白	문명서국	1903
몽학 수신교과서	李嘉穀	문명서국	1903
초등 윤리교과서	吳尙	상해상학회	1903
蒙學 經訓 수신교과서	陸基	문명서국	1903
고등몽학 수신교과서	上海人演社	문명서국	1903
초급몽학 수신교과서	莊俞	문명서국	1904
최신몽학 윤리서	李鬱	達文編譯書社	1904
초등소학 수신교과서	高鳳謙	상무인서관	1904
초등 윤리교과서	吳尙	문명서국	1905
최신 수신교과서	상무인서관 편역소	상무인서관	1905
윤리학	湖北師範生	호북학무처	1905
초급몽학 수신교과서	丁福保	문명서국	1905
소학수신 唱歌書	田北湖	문명서국	1905

錄』, 1927; 熊月之, 『西學東漸與滿淸社會』, 上海人民出版社, 1894; Zarrow, Peter Gue. *Educating China: Knowledge, Society and Textbooks in a Modernizing World, 1902－1937*, Cambridge University Press, 2015.

德育鑑	梁啓超	광익서국	1905
繪圖 蒙學修身 實在易	陳善敘	彪蒙書室	1905
초등소학 수신교과서	邵希雍	會文書局	1905
(官話) 최신 여자 수신교과서	謝允燮	中國敎育改良會	1905
중등 윤리학	姚永樸	문명서국	1906
최신 여자수신교과서	許家惺	群學社	1906
繪圖 여학수신교과서		鋸記書社	1906
중등 수신교과서	楊志洵	문명서국	1906
윤리교과서	劉師培	上海國学保存會	1906
최신 초등소학수신교과서	張熾昌	彪蒙書室	1906
간이 수신 課本	楊天驥	상무인서관	1906
중학 수신교과서	蔣智由	東京:同文印刷舍	1906
초등소학 수신 신교과서	方瀏生	樂群圖書編譯局	1906
몽학 수신교과서	莊兪	樂群圖書編譯局	1906
초등소학 수신교과서	학부편역도서국	樂群書局	1906
최신 여자초등소학수신교과서	何琪	會文學社	1906
초등 사범학교교과서 윤리학	상무인서관편역소	상무인서관	1906
초등소학 간이 수신교과서	樊仲煦	樂群書局	1906
최신 수신교과서	상무인서관편역소	상무인서관	1907
초등소학 수신 범본	顧倬	문명서국	1907
고등소학 수신교과서	高鳳謙	상무인서관	1907
고등소학 수신교과서	胡晉接	과학도서사	1907
초등소학 간명 수신교과서	戴克敦 등	상무인서관	1907
초등소학 수신서	陸費達	문명서국	1907
초등소학 수신 課本	張繼良 등	중국도서공사	1907
몽학 禮經 수신교과서	汪愼修	南洋官書局	1907

安徽師範學堂修身敎科書	胡元吉		1907
수신교과서 중학당용 1-3	蔡元培	상무인서관	1907
수신교과서 중학당용 4-5	蔡元培	상무인서관	1908
소학교과 초등수신	黃守孚 등	集成圖書公司	1908
女子師範 講義第一種 修身學	孫清如	상무인서관	1908
윤리강의	劉登瀛	直隸警務官報局	1908
초등소학 여자 수신교과서	沈頤 등	상무인서관	1908
고등소학 여자 수신교과서	沈頤 등	상무인서관	1908
고등소학 수신 課本	林萬裏, 黃展雲	중국도서공사	1908
초등소학 簡易科 수신교과서		학부도서국	1909
수신강의	陸費達	상무인서관	1910
간명 수신교과서	陸費達	상무인서관	1910
新體 초등소학 수신교과서	국민교육사		1910
新體 고등소학수신서	국민교육사	문명서국	1910
초등소학수신교과서	학부편찬	호북학무공소	1910
수신교과서	曾廣昭		1910
중국윤리학사	蔡元培	상무인서관	1910
세계적 개인주의 윤리학	張純一	상해광학회	1911
수신교과서	蔣智由	日本東京同文印刷社	1911
정정 중학 수신교과서	蔡元培	상무인서관	1912
여자수신교과서	沈頤	상무인서관	1912
공화국교과서新修身	沈頤	상무인서관	1912

20세기 초 중국에서 간행된 윤리학 교과서 혹은 윤리학 관련 서적을 살펴보면, 먼저 일본 서적에 대한 중국어 번역이 눈에 띌 정도로 많은 분량을 차지하고 있다. 이는 당시 과거제도가 폐지되고, 대신에 해외 유학, 그중에서도 일본에 유학하는 학생이 증가하여 일본어를

해독할 수 있는 사람이 늘어나는 추세를 반영하고 있다고 할 수 있다. 중국에서 신식 학교가 설립되면서 갑자기 교과서의 수요가 증가하기 시작했을 때, 일본의 근대교육 체제에서 만들어진 교과서를 번역하여 사용하는 것이 용이했다는 점도 들 수 있다. 이러한 사회적 요인도 중요하지만, 당시의 지식인들이 무엇보다도 윤리학 관련 서적에 주목했다는 점을 지적해야 할 것이다. 그리고 1900년대 초반 일본에 유학하는 학생들이 대체적으로 청나라 정부에 반항적이었다는 점을 고려할 때, 이러한 윤리 서적은 새로운 시대를 준비하기 위한 욕망을 담고 있다고 할 수 있다.

4) 류스페이의 『윤리교과서』

근대 중국에서 번역이 아니라 중국인이 직접 저술한 윤리학 교과서로는 류스페이(劉師培, 1884 - 1919)의 『윤리교과서』(1906)를 들 수 있다. 그는 강소성(江蘇省) 출신으로서 일찍이 고전 경학을 공부했으며 1902년 과거시험에 합격한 전통적 지식인이라고 할 수 있다. 한편 그는 당시 청조에 반대하는 혁명의 기치를 내걸고 있던 장빙린(章炳麟, 1868 - 1936) 등과 친교를 맺으면서 반청운동의 대열에 합류했다. 이들의 공통적인 특징은 한편으로는 경학적 전통에 의거하면서 다른 한편으로는 서양 사상을 수용하면서, 청조 타도의 이론적 근거를 모색한 점이었다. 류스페이는 루소의 『사회계약론』에 영향을 받아 중국의 사상 속에서 자유와 민권을 발견하고 사회계약의 전통을 확인하는 『중국민약정의(中國民約精義)』(1903)를 간행했다. 1907년에는 일본으로 망명하여 쑨원(孫文, 1866 - 1925)을 중심으로 하는 중국동맹회에서 활동하면서『민보』를 통해 만주 왕조를 무너뜨리고 공화제를 건설할 것을 주장하였으며, 입헌군주제를 주장하던 량치차오와 격렬한 논쟁을 벌이기도 했다. 그는 당시 일본에 소개된 무정부주의에 감명을 받아 중국 최초의 무정부주의 잡지인『천의보(天義報)』를 창간하기도 한 인물이다.

류스페이는 1906년 안휘성 우후(蕪湖)에 있는 환장(皖江) 중학교에서 윤리학을 가르치면서『윤리교과서』를 집필했다. 그는 이 책에서 중국의 전통적 윤리를 비판하고 자유와 평등 등 서양의 가치를 주창하였다.[86] 이 책은 두 권으로 나누어져 있으며, 제1권에서는 윤리의 의미, 윤리의 기원, 중국윤리학파의 구분, 윤리와 인류의 관계, 개인의 중요성, 권리와 의무의 한계, 수신의 어려움, 심신의 관계, 인성의 체용, 지정의(知情意)의 작용, 명(命), 덕, 재(才), 도(道), 성신(省身), 입지, 역행(力行), 양지, 주경(主敬), 의(義), 동정(動靜), 확충, 주일(主一), 강유(剛柔), 청화(淸和), 학(學), 상무(尙武), 치생(治生), 위생, 언어용모 등을 다루고 있다. 그는 유교의 용어를 적절히 사용하면서도 '자유'와 '권리' 등의 신조어를 사용하여 새로운 윤리를 주창하고자 했다. 예를 들면,『윤리교과서』제35과「의(義)에 대한 해설」에서는 다음과 같이 설명하고 있다.

사상의 자유와 행위의 자유는 본래 개인의 권리이다. 자유라는 것은 장자가 말하는 재유(在宥)[87]이다. 그러나 자유에는 한계가 없을 수 없기 때문

---

86) 劉師培,『倫理敎科書』,『劉申叔先生遺書』1책, 太原: 寧武南氏, 영인본, 台北: 京華書局, 1970.

87) '재유'는『장자』외편의 편명으로 인위적으로 통치하지 않고 있는 그대로 둔다는

에 중국의 옛사람은 반드시 인의를 요청했다. 인은 선한 일을 행한다는 것이요, 의는 해서는 안 될 일을 하지 말아야 한다는 것이다. 다른 사람에게 이익이 되는 것이 인이요, 다른 사람에게 해를 끼치지 않는 것이 의이다. 고문에서는 의(儀)자를 의(義)로 쓰고 있는데, 의(義)자는 의(誼)로 쓰고 있다. 그러므로 어떤 일에 옳음을 얻는 것을 의(義)라고 한다. 어떤 일에 옳음을 얻는다는 것은 곧 나와 다른 사람이 평등한 것으로서 나의 자유를 제한하여 다른 사람에게 손해를 끼쳐 자신의 이익을 구하지 않는 것이다. … 올바름을 바르게 한다[正其誼]는 것은 이익을 추구하지 않는 것이다.[88] 의(誼)는 의(義)와 통하므로 개인의 자유를 제한하여 타인의 권리를 침범하지 않는 것이다.

류스페이가 자유와 평등의 관점에서 의(義)를 설명하면서 개인의 자유에 대한 제한을 말하고 있지만, 이는 어디까지나 타인에게 해를 끼치지 않는다는 점을 강조하기 위한 것이다. 그는 송대 이래로 유학자들이 개인에 대한 엄격한 수양을 강조하는 것이 결국은 개인의 자유를 잃게 되는 결과를 초래하였다는 점을 분명히 지적하였다.

의미이다. 「재유」 편은 "천하를 있는 그대로 둔다[在宥]는 말은 들었지만, 천하를 통치[治]한다는 말은 듣지 못했다."로 시작한다. 서양의 자유에 대해 『장자』의 '재유(在宥)'로 해석한 것은 캉유웨이, 탄스통(譚嗣同) 등 청말의 변법론자였다. 양일모, 「근대 중국의 민주 개념—민본과 민주의 간극」, 『중국지식네트워크』 No. 9, 2017 참조.

88) 『한서』 「동중서전」에서는 "인한 자는 올바름을 바르게 하고 이익을 도모하지 않고 도를 밝히며 공로를 계산하지 않는다.(夫仁人者, 正其誼不謀其利, 明其道不計其功.)"라고 했다. 이 구절은 주희가 「백록동서원게시(白鹿洞書院揭示)」에서 서원 교육의 이념으로 삼게 되면서, 유교적 교육 이념일 뿐만 아니라 의리(義理)를 중시하고 공리(功利)를 비판하는 논거가 되었다.

송대의 유학자는 개인의 사적인 영역을 극복해서 자신을 매우 엄격하게 제재하고 타인의 권리를 침범하지 말아야 한다고 주장하면서 개인의 자유를 잃게 되었다. 즉 명나라 유학자 추남고(鄒南皐)[89]가 후대 유학자들이 자기 자신을 질곡으로 삼았다고 말한 대로이다. 옛사람들이 말하는 의(義)는 자유 가운데서 제한하는 것이지 자기 자신을 제재하여 자기 신체의 자유를 잃게 하기 위한 것이 아니다. 송대 유학자가 이 점을 모르는 것이 애석하다.[90]

제2권에서는 가족 윤리의 기원, 가족 윤리의 이익과 폐단, 부모와 자식, 형제, 부부, 가족에 대한 윤리, 친척, 종족, 노비에 대한 윤리, 제가(齊家) 등을 다루고 있다. 여기에서도 전통적 언어를 사용하고 있지만, 목표는 유교적 윤리를 강조하는 것이 아니다. 『윤리교과서』 제2권 「변언(弁言)」에서는 집필의 목적을 다음과 같이 밝히고 있다.

중국의 고서에서는 가족 윤리가 지나치게 번잡하고 사회 윤리에서는 지나치게 간략하다. 지금 이 책을 집필하면서 가족 윤리에서는 지난 학설의 폐단을 교정하고, 사회 윤리에서는 이전 사람들이 간략하게 한 것을 보충하고자 한다.

류스페이가 중국의 가족 윤리를 비판하는 것 중의 하나는 삼강(三綱)이었다. 그는 먼저 삼강의 학설이 정통적인 경전이 아니라 근거를

---

89) 鄒元標(1551-1624), 명대 동림당(東林黨)의 대표적 인물이며 강서성(江西省) 길수현(吉水縣) 출신이다. 저서로 『원학집(願學集)』 등이 있다.
90) 劉師培, 「理學字義通釋」, 『劉申叔先生遺書』 1책.

알 수 없는 위서(緯書)에서 나온 것이라는 경학적 설명을 시도한다. 나아가 그는 "삼강의 학설이 흥하고 나서부터는 군주, 아버지, 남편은 권리만 가질 뿐 의무가 없고, 신하, 자식, 부인은 의무가 있으나 권리가 없게 되었다. 이것은 세력만 논하고 이치를 논하지 않는 것이요, 권세를 가진 자가 이치를 논할 수 있고 권세가 없는 자는 이치를 논할 수 없다는 것이다."[91]라고 하면서 삼강의 학설을 폐기해야 한다고 주장했다. 이 과정에서 그는 "유교가 말하는 윤리는 사은(私恩)을 중시하고 공덕(公德)을 경시하고 있으며, 사회와 국가에 대한 윤리가 모두 가족으로부터 확장된 것으로 보고 있다. 이 점이 서양인의 학술과 다른 점이다."라고 하면서 윤리의 문제에 있어서 중국과 서양의 차이를 예리하게 지적하고자 했다.[92] 그는 이 책의 「서례」에서 송대 이후의 유교가 윤리학으로서 부족한 점을 날카롭게 지적하고 있다. 또한 제1과에서는 경학적 방법으로 윤리학을 정의하고자 하였다.

윤리교과서 서례(序例)

옛날 『송사』에서는 「도학전」을 특별히 두었다. 도(道)라는 것은 일정한 준칙을 세워서 사람들에게 따르도록 하는 것이다. 그러므로 송유가 말하는 도학은 아마 전문적으로 윤리를 다룬 학문일 것이다. 그러나 송유의 학설은 심리(心理)를 함께 말하고 정치와 교육에까지 미치고 있으므로 전적으로 윤리학에 속하는 것은 아니다. 그러므로 학문에 범위가 없고 학문에 규칙이 없으며, 또한 실천적 윤리는 상세하지만 윤리의 기원에 관해서는 설

---

91) 劉師培, 「攘書」, 『劉申叔先生遺書』 2책.
92) 같은 곳.

명이 매우 간략하여 교과로서는 적절하지 못하다. 윤리는 실행을 위주로 하지만 반드시 먼저 알고 나서 행해야 한다. 만일 윤리의 원리에 밝지 못하고 단지 극기나 사욕 억제 등을 주장해서 사람들에게 억지로 따르도록 한다면, 아마도 『대학』에서 말하는 사람의 본성에 어긋나는 일일 것이다. 지금 동서양 각국의 학교에서는 윤리라는 과목이 매우 중요하게 간주되고 있다. 이는 대체로 사람들에게 먼저 알고 나서 행하게 하는 것이다. 중국인은 어린 시절부터 『효경』과 『사서』를 배우고 있지만, 몸소 실천에 옮기는 사람을 한 사람도 본 적이 없다. 이는 교육 방법이 잘못되었기 때문이다. 그래서 이전 학자들의 학설을 모아서 한 편으로 묶어 학교 교육에 도움을 제공하고자 한다. 범례는 다음과 같다.

— 이 책에서 말하는 것은 윤리학의 대강 및 자기 자신에 대한 윤리이다.

— 심리학과 윤리학은 매우 밀접한 관계를 맺고 있으므로, 심리의 작용을 잘 알지 못하면 윤리의 기원을 알 수 없다. 그래서 이 책은 심신의 관계에 대해 매우 상세하게 다룬다.

— 중국 고대의 윤리학은 모두 각각 치우친 점이 있다. 이 책에서의 언설은 치우친 점을 올바르게 바로잡아 사람들이 실천할 수 있기를 기대하는 것이다.

— 이 책은 육경 및 주진(周秦) 제자로부터 양한, 송명 및 근세 학자의 학설을 널리 모아 인용하였으며, 모두 공리에 부합하는 것을 기준으로 하였고 별도로 학파를 세우고자 한 것은 아니다.

— 이 책에서 말하는 것은 국민의 정신을 진작하여 분발하고 흥기하도록 한 것이다.

— 이 책에서 말하는 것은 국학을 위주로 삼고 있지만, 동서양 각국의 서

적을 참고로 이용하였다.

― 의미가 분명하지 않은 곳에는 주석을 달았으며, 이는 본문의 의미를 부
연 설명한 것이니 독자의 주의를 바란다.

『윤리교과서』제1과「윤리의 의미에 대한 해설」

'윤'자의 본래 의미는 훈이 '배(輩)'이며, 글자는 사람(亻)에 따르고 '윤(侖)'
에 따른다. ―『설문해자』. 사람은 사람과 함께 윤리 관계를 맺으면서 살아
간다. '리(理)'자는 본래 훈은 옥을 다듬는 것―『설문해자』―이며, 의미가
확장되어 구분한다는 뜻이 된다. 사물에서 구분할 수 있는 것을 물리(物
理)라 하고, 사람의 마음에서 사물을 구분하는 것을 심리(心理)라고 한다.
그러므로 학문에서 '리(理)'자로 이름을 표기한 것은 모두 조리와 질서의
의미를 담고 있다. 윤리라는 것은 사람마다 그 사람됨의 규칙을 지키고 각
각 그 질서를 따른다는 것을 말한다.

서양인 중에서 윤리 연구자는 윤리학을 다섯 가지로 분류하였다. 첫째 자
신에 대한 윤리요, 둘째 가족에 대한 윤리요, 셋째 사회에 대한 윤리요, 넷
째 국가에 대한 윤리요, 다섯째 만유(萬有)에 대한 윤리이다. 이는 중국의
『대학』에서 말하는 것과 서로 부합한다. 『대학』에서 말하는 정심, 성의, 수
신은 곧 자기에 대한 윤리이며,『대학』에서 말하는 제가는 곧 가족에 대한
윤리이며,『대학』에서 말하는 치국평천하는 곧 사회, 국가 및 만유에 대한
윤리이다.

'윤'자의 의미는 비(比)에서 취했으며, '리'자의 의미는 분(分)에서 취한 것
이다. 그러므로 윤리라는 것은 비교와 분석 이후에 보이는 것이다. 정현은
사람이 나란히 서 있는 것을 인(仁)이라고 했고, 장학성(章學成)은 도는 세
사람이 방에 있을 때 생긴다고 했다. 이는 모두 이러한 의미이다. 그러나

윤리는 비록 여러 명이 모인 이후에 드러나는 것이지만, 자신의 몸이 주체가 되고 가족과 사회, 국가는 객체가 된다. 그러므로 윤리라는 교과는 수신을 가장 중시한다.

옛날에 설을 사도로 삼아 인륜으로써 백성을 가르치게 했다. 맹자 또한 순이 인륜을 살폈다라고 하고, 또 학문이란 삼대가 모두 같았으니 모두 인륜을 밝힌 것이며, 위에서 인륜이 밝혀지면, 아래에서는 소민이 친해진다고 말했다. '윤'은 인륜이며, 사람마다 당연히 사람됨의 도를 다하는 것이다. '살핀다'라고 하고 '밝힌다'라고 한 것은 윤리의 방법을 먼저 알고 나서 행한다는 것을 드러낸 것이다. 그러나 윤리의 정밀한 의미를 알고자 한다면 배우지 아니하면 안 될 것이다. 이것이 곧 윤리를 하나의 학문으로 배열한 이유이다.[93]

류스페이는 제3과 「중국윤리학파의 구분」에서 중국 철학 사상에 등장하는 윤리 사상을 자수학파(自修學派)와 교리학파(交利學派)로 구분한다. 전자는 자기 자신의 수양을 강조하여 사회와 국가에 도움이 되지 않는 사상으로, 후자는 타인을 배려하는 윤리로 구분된다. 이러한 분류 위에서 그는 두 학파의 결합, 즉 개인의 윤리와 사회의 윤리를 합해야 실행에 옮길 수 있는 윤리가 성립될 수 있다고 주장했다. 여기서 주목할 만한 점은 그가 중국의 역사상 전개된 윤리 사상을 구분하기 위해 주석을 달면서 서양 윤리학파의 구분에 관한 이노우에 엔료의 주장을 길게 인용하고 있다는 점이다.

---

93) 劉師培, 『倫理教科書』, 『劉申叔先生遺書』 4책.

서양에서는 근세 이래로 윤리 학술이 날로 발전했다. 일본의 이노우에 엔료는 20여 학파로 분류했다. 그 가운데 가장 두드러진 것은 직각파로서 양지양능에서 단서를 찾아 옳음을 추구하고 도리를 밝히는 것이므로 몸소 엄숙함을 지킨다. 엄숙파가 여기에 속한다. 둘째는 자기 이익을 추구하는 학파로서 인간의 삶에서 선행은 모두 자기 이익에서 비롯된다는 것이다. 주락(主樂), 낙천(樂天), 다고(多苦) 세 학파가 여기에 속한다. 셋째는 이타를 주장하는 학파로서 타인을 이롭게 하는 것을 종지로 삼아 사회의 행복을 도모한다. 공리, 사회, 공산 세 학파가 여기에 속한다. 넷째는 감각파로서 행위의 선악이 모두 육체의 감각으로 인해 나누어진다고 해서 선악이 생겨나는 곳으로부터 행위의 표준을 삼는다. 경험, 실험, 독단, 합리, 비판, 만유(萬有), 필지(必至) 일곱 학파가 여기에 속한다. 다섯째는 회의파로서 진리는 알 수 없으며 선악의 표준 또한 단정하기 어렵다는 것이다. 허무, 인류, 초리(超理), 신비 네 학파가 여기에 속한다. 이는 중국의 윤리학과는 다른 점이 있고 같은 점이 있다. 이것이 윤리학의 대략이다.[94]

류스페이의 『윤리학교과서』는 기본적으로 중국의 윤리학을 하나의 근대적 학문으로 만들기 위한 토대였으며, '자유'와 '권리' 등의 신어를 사용하면서 유교적 윤리를 근대적 윤리로 변형하기 위한 시도였다. 또 하나의 특징은 중국의 전통 윤리를 비판하면서 서양 윤리학을 수용하여 중국의 윤리를 만들고자 한 점이다.[95] 그리고 그의 윤리학이 "인민의 정신을 진작하여 분발하고 흥기"하기 위한 목적이라고 밝

---

94) 같은 곳.
95) 楊玉榮, 「劉師培與中國近代倫理新術語的生成」, 『河北師範大學學報 哲學社會科學版』第36卷 第2期, 2013.

히고 있는 점에서는 국민국가의 창출을 위한 윤리학이었다는 점도 부정할 수 없다.

5) 차이위안페이의 『중국윤리학사』

차이위안페이(蔡元培, 1868-1940)는 베이징대학 초대총장을 역임한 것으로 널리 알려진 인물이다. 그는 절강성(浙江省) 출신으로 24살에 최종 과거시험에 합격하고 한림원편수라는 중직을 맡았다. 무술변법이 실패로 돌아간 이후 그는 청 정부에 대해 더 이상 기대할 것이 없다고 생각하고 고향으로 내려가 신학(新學)을 학습했다. 당시 혁명의 분위기가 무르익어갈 무렵 그는 장빙린 등과 어울리면서 청나라 정부에 대해 반항적인 태도를 보였으며, 청나라 조정으로부터 의심을 받자 1903년 일본에 유학했다. 다음 해 귀국하여 상해에서 절강성 지역 사람들을 중심으로 광복회를 조직하여 광동 지역을 중심으로 한 쑨원의 흥중회, 호남성(湖南省)을 중심으로 하는 황싱(黃興, 1874-1916)의 화흥회와 함께 신해혁명의 거점을 마련하였다. 1907년 그는 40세의 나이로 독일로 유학을 떠나 라이프치히 대학에서 미학과 철학을 공부했다.

『중국윤리학사』는 차이위안페이가 독일에 유학하던 기간 중에 집필된 것이며 1910년 상무인서관에서 출판되었다. 상무인서관은 1937년 중국문화사총서 시리즈에 이 책을 편입하여 복간했다. 그의 저서는 1941년 나카지마 다로(中島太郎)가 일본어로 번역하여 동경대학출판사에서 간행되었으며,[96] 중국과 일본에서 30여 년 이상 유통된 서적이라고 할 수 있다. 차이위안페이는 1902년 마이딩화(麥鼎華)가 일본인 모토라 유지로의『중등교육 윤리학 강화』를 번역하여『중등교육 윤리학』으로 출판할 때 서문을 쓴 적이 있다. 즉 그는 "서양의 윤리학은 베이컨 이래로 나날이 진보하여 지금은 하나의 과학으로 우뚝 독립하였다."[97]라고 하면서 과학으로서의 윤리학을 주창하였다. 그 자신도 독일 유학 중이던 1907 - 1908년에 이미『수신교과서 중학당용』5책을 간행한 적이 있다. 또한 1910년 그는 파울젠(Paulsen, Friedrich)의 System der Ethik(1896)를 번역하여『윤리학 원리』를 간행하였다.[98] 이처럼 그는 일찍부터 윤리학에 관심을 가졌으며, 그가 간행한 서적의 제목에서 알 수 있듯이 '윤리'와 '수신'의 차이에 주목했다. 이 두 개념 사이의 차이에 대해 상세하게 설명하는 것은『중국윤리학사』이다.

『중국윤리학사』서론[99]

─윤리학과 수신서의 구별

수신서는 사람들에게 도덕 실행의 규범을 보여주는 것이다. 민족의 도덕은 독특하게 갖추고 있는 성질, 고유한 신조에 근거하여 습관이 된 것이다. 비록 때때로 새로운 학설이나 특이한 풍속이 전해지더라도 교화를 담당하는 자들의 승인을 얻지 못하거나 혹은 다수인의 신용을 얻지 못하면, 수신서에 갑자기 들어올 수 없다. 이것이 수신서의 범위이다. 윤리학은 이

---

96) 中國蔡元培硏究會編, 『蔡元培全集』제1권, 浙江敎育出版社, 1997, 461쪽.
97) 楊玉榮, 「倫理學'的厘定」, 『武漢大學學報(人文科學版)』第62卷 第6期, 2009, 재인용.
98) 이 책은 일본에서 에비에 요시마루(蟹江義丸)가 1899년에 번역하였다. 『倫理學』, 博文館, 1899.
99) 『中國倫理學史』, 中國蔡元培硏究會編, 앞의 책, 469쪽.

와 달리 학문적 이치의 연구를 목적으로 한다. 각 민족의 특성과 신조는 모두 연구의 자료가 되며, 이를 참조하고 관통해서 귀납적으로 최고의 관념으로 삼고 또 이를 기초로 연역하여 각종의 조목으로 삼는다. 일시적인 이해나 다수인의 태도는 모두 고려할 필요가 없다. 윤리학은 지식의 방도이며, 수신서는 행위의 표준이다. 수신서의 견해를 갖고서 윤리학을 공부하고자 하는 것은 언제나 학문 진보의 장애가 될 수 있으므로 이를 구별하지 않을 수 없다.

—중국의 윤리학사

중국에는 순수한 윤리학이 없었고, 따라서 순수한 윤리학사는 없었다. 각종 역사서에 실린 유림전과 도학전, 또는 단독으로 간행된 『송원학안』, 『명유학안』 등은 모두 철학사이지 윤리학사는 아니다. 일본의 기무라 다카타로가 『동양윤리학사』를 저술하였다. —이 책의 서명은 『동서양 윤리학사』이지만, 여기에서는 다만 동양 쪽 부분만 취해서 말했다. —처음으로 서양 학술사의 규칙을 따라서 중국의 윤리학설을 정리하였고 대의를 잘 이해하여 학자들에게 도움이 매우 크다. 다만 간혹 위서(僞書)에 의거하는 오류가 있고, 또 비평은 근거가 부족한 잘못이 있다. 그 이후에 구보 도쿠지(久保得二)가 『동양윤리사요(東洋倫理史要)』를 저술하였는데, 고증이 비교적 상세하고 비평 또한 비교적 신중하지만, 간혹 여전히 기무라 선생의 오류를 답습한 부분이 남아 있다.

기무라는 다음과 같이 말했다. "서양 윤리학사는 서양 학자들의 명저가 매우 많기 때문에, 따라서 그 작업은 어렵지 않다. 동양윤리학사는 이전에 없었다. 만일 동양의 학설을 널리 읽고 서양 철학의 과학적 원리를 공부하지 않거나, 혹은 단지 서양 윤리학만을 공부하고 동방의 학파에 관해 이해하지 못한다면, 모두 개척자의 임무를 완수하기에 부족하다." 참으로 옳은 말이다. 나는 동서윤리학에 관해 아는 것이 모두 천박하고 공부도 부족하므로 기무라와 구보 작품을 모범으로 삼았다. 더구나 송구하게도 기억력이 미치는 한도에서 참고하고 산정하였기에 소략하고 잘못된 부분이 많이 있을 것 같다. 독자들의 주의를 바랄 뿐이다.

―중국 윤리학설의 연혁

중국의 윤리학설은 주나라 시대에 시작되었다. 당시 유가, 묵가, 도가, 법가 등 여러 학파가 동시에 흥성하였다. 한무제가 여러 학파를 쫓아내고 유가의 학설만을 높이 받들고 난 이후로 유가의 말씀이 중국의 유일한 윤리학이 되었다. 위진시대 이후로 불교가 유입되어 철학계에 자못 영향을 끼쳤으나 윤리학을 흔들어놓을 정도는 아니었다. 최근 20여 년 동안 스펜서의 진화공리론과 루소의 천부인권론, 니체의 주인도덕론이 중국학계에 수용되었다. 청년 사회는 신기한 기호를 갖고 이를 환영해서 마치 신구 학설이 서로 충돌하는 상황인 듯했다. 그러나 이러한 학설은 깊이 연구해서 발전시킨 자가 아직 없을 뿐만 아니라, 스펜서와 루소의 저작은 아직도 완역된 것이 없다. 신구 충돌이라는 것은 단지 윤리학 분야에서 아주 미미한 현상일 뿐이며 윤리학설과는 무관하다.

―『중국윤리학사』「여론(餘論)」

요약하자면, 중국의 윤리학설은 선진시대에 매우 성행하였으며, 서양의 학설이 그리스시대에 시작된 것과 다르지 않다. 그렇지만 서양의 학설은 시대와 함께 발전하였다. 비록 그리스시대의 옛날 주장이 여전히 시발점이기는 하지만, 후대에 제기된 넓고도 정밀한 주장은 결코 옛사람이 미칠 수 없다. 중국의 학설은 한대(漢代) 이후로 사상가가 배출되었지만, 청담가의 천박하고 이기적인 논의를 제외하더라도 불교와 도교와 관련된 것이 많지만 대체적인 내용은 유가의 범위를 벗어나지 않는다. 유가의 언설 가운데서도 공자와 맹자가 제시한 대의도 역시 인멸되지 않을 수 없었다. 앞에서 서술한 내용으로 보자면, 주희의 근학(勤學), 육상산과 왕양명의 깨달음, 대진의 정밀한 사유가 여기까지밖에 이르지 못한 것은 무슨 이유에서인가? (1) 자연과학의 기초가 없었다. 선진시대에는 묵자가 자못 과학을 다루었지만, 한대 이후로는 흔적이 끊어졌다. (2) 사상과 논의를 위한 규칙으로 삼을 논리학이 없었다. 선진시대에 명가, 즉 순자와 묵자가 명학(名學, 논리학)을 다루었지만, 한대 이후로 이 학문은 끊어졌다. (3) 정치와 종교학의 결합. (4) 외국의 학설과 서로 비교하지 않았다. 불교가 비록 깊이가 있었지만, 염세적이고 출가를 주장하는 이론은 중국의 실천 윤리와 거리가 매우 멀어 큰 영향을 주지 못했다. 이야말로 한대 이후로 이천년 동안 학설의 진보가 미미한 까닭이다. 황종희, 대진, 유정섭(俞正燮) 등여러 학자들이 송대 이래 이학(理學)의 굴레로부터 점점 벗어났으며, 이는 아마 자유사상의 선구적 외침이 될 것이다. 최근 논리학·수학·화학·물리학을 익히는 자가 점점 많아지고, 사상의 자유와 언론의 자유가 이미 조야에 공인되고 있다. 서양 학설도 점차 수입되고 있으므로, 중국의 윤리학계가 장차 이로 말미암아 새로운 사상을 발전시킬 것이라는 것은 의심할여지가 없다.

차이위안페이는 수신과 윤리에 대해 "윤리학은 지식의 방도이며, 수신서는 행위의 표준이다."라고 구별했다. 수신은 실천의 영역이며, 윤리는 이론의 영역이었다. 이에 비해 일찍이 량치차오는 도덕과 윤리의 구별을 시도한 적이 있다. 그는 1903년에 집필한 「사덕에 관한 논의」에서 다음과 같이 말했다.

> 도덕은 윤리와 다르다. 도덕은 윤리를 포함할 수 있지만, 윤리는 도덕을 다 포함할 수 없다. 윤리는 시세에 따라 조금씩 그 해석이 달라질 수 있지만, 도덕은 세계 어디에 두더라도 옳고 백 세 후에도 미혹됨이 없는 것이다. 예컨대 군주를 노리면 죄가 된다거나, 다처제는 부도덕한 것이 아니다라고 하는 것은 오늘날에는 맞지 않다. 충성의 덕목과 사랑의 덕목은 고금과 중서(中西)를 관통하여 모두 하나이다. 이러한 사례는 이루 말할 수 없을 만큼 많다. 그러므로 중국의 윤리가 결점이 있다고 말한다면 옳지만, 중국의 도덕에 결점이 있다고 말하는 것은 옳지 않다.[100]

도덕과 윤리에 대해 량치차오가 구별하는 기준은 보편과 특수의 관계이다. 물론 윤리가 보편이라고 강변할 수도 있다. 그렇지만 량치차오는 중국 '도덕'의 보편성을 강조하고자 한 것이다. 한편 차이위안페이는 도덕과 수신에 대해 구별하고자 했다.

> 사람이 태어나면서 하는 일이 없을 수 없지만 당연히 해야 할 일을 하는 것을 도덕이라고 한다. 도덕이라는 것은 갑자기 가질 수 있는 것이 아니다. 반드시 이상이 있고 방법이 있어야 한다. 수신이라는 교과는 곧 그 방법을 보여주는 것이다. 일에는 반드시 순서가 있다. 도덕의 조목은 우리들이 당연히 해야 할 일을 하는 것과 같지만, 그것을 실천하는 방법에는 선

---

100) 梁啓超, 『新民說』 제18절, 「論私德」.

후가 없을 수 없다. 반드시 먼저 힘써야 하는 것이 곧 수기의 길이다.[101]

차이위안페이는 일본의 지식인들이 일본윤리학사를 집필하는 방향으로 나아갔듯이 중국윤리학사를 집필했다. 그가 일본에 체류한 기간은 아주 짧고 독일에 유학한 기간은 3년 이상이다. 그렇지만 그의 『중국윤리학사』는 일본 학계의 영향이 더 짙다고 할 수 있다. 그가 이 책을 집필하면서 주목한 것은 바로 기무라 다카타로와 구보 도쿠지였다. 둘 다 동양의 윤리(학)사에 관한 저술을 남겼다. 차이위안페이가 이들의 저서에 끌린 것은 서양의 학문적 방법으로 동양의 윤리학사를 저술하는 방법론이었다. 그는 학안이라는 방식으로 중국 사상을 정리하는 방법을 지양하고 일본 학계가 관심을 보인 과학으로서의 윤리학을 정립하고자 했고, 나아가 이를 통해 중국의 윤리학을 정립하고자 한 것이다. 그가 유교를 비판하는 지점은 과학과 논리가 부족한 점이었다. 또한 학문은 정치와 거리를 두어야 하고, 외국의 학설과 계속해서 교류해야 한다는 점이었다.

5. 근대 한국의 윤리 개념

19세기 말 조선은 변화의 시대였다. 동아시아 지역에 서양이 출현하면서 서양 그 자체가 동아시아의 지식인들에게 사유의 대상이 되었다. 조선이 서양과 본격적으로 교류하게 되면서 해외의 사정을 학습

---

101) 劉師培, 『中學修身敎科書』 「例言」, 『劉申叔先生遺書』.

하고자 하는 분위기도 조성되었다. 조선이 외부 세계와 만나면서 일본의 식민지로 전락하기까지는 일반적으로 개항기, 혹은 개화기, 계몽기 등으로 일컬어진다. 이 시기는 조선이 근대적 사회로 이행하기 위해 분투한 시기이며, 전근대적 사회 체제와 새롭게 고안된 새로운 기획이 혼합되어 있는 시기이기도 하다. 중국과 일본을 경유하여 대량의 정보가 유입되었고, '자유', '민주', '사회', '윤리' 등과 같이 한자어의 형태를 지니지만 실제로는 다른 의미를 지닌 새로운 언어도 탄생하였다.

조선 말기의 지식인들이 서양을 의식하면서 사유하기 시작한 시기를 중심으로 윤리(倫理)라는 개념이 등장하는 과정을 분석하기 위해서는 다음과 같은 측면을 고찰할 필요가 있다.

첫째, '윤리'라는 근대 한국의 신조어 형성 과정에 관한 분석이다. 윤리라는 용어는 동아시아의 고전 문헌에서 이미 사용되어왔지만, 19세기 말부터 사용되기 시작한 윤리라는 표현은 고전적 용법의 테두리 안에서 이해할 수 없는 새로운 의미를 지니고 있다. 즉 당시의 언론 잡지상에 등장한 윤리라는 용어는 ethics의 번역으로 탄생한 한자 문화권의 새로운 언어라고 할 수 있다. 한국어 혹은 한자어로 표기된 윤리는 한국인이 서양 언어를 직접 번역해서 사용한 것이 아니라 일본에서 번역된 용어, 혹은 중국에서 번역된 일본 문헌, 또는 중국인의 새로운 저작을 통해 수용한 것이라고 할 수 있다.

둘째, 단어는 관련어나 유의어와 함께 사용되면서 자신의 의미론적 위상을 정초한다. 특히 번역을 통해 만들어진 신조어는 복수의 번역이 경쟁하기도 하며, 언어 자체에 내재하는 전통적 의미와 새롭게 부여된 의미가 공존하기도 한다. 즉 윤리라는 용어는 ethics에 대한 여러 번역 중 하나로 등장하였으며, 기존에 사용되어온 도덕과 수신 등과 같은 용어와 밀접한 연관을 지니면서 개인의 삶을 규율하는 새로운 의미를 획득해갔다. 물론 당시에 사용된 도덕이나 수신 등의 용어도 고전적 용법을 넘어서 서양적 콘텍스트와 결부된 의미를 지니고 있었다. 따라서 윤리의 의미를 파악하기 위해서 1880년대부터 1910년까지의 텍스트를 중심으로 '윤리'의 용례를 분석하며 나아가 윤리와 상관어라 할 수 있는 '수신'의 의미론적 분석도 겸할 필요가 있다.

셋째, 이 시기에 등장한 새로운 언어는 일반적으로 새로운 시대를 설명하거나 기획하기 위해 만들어진다. 윤리라는 용어 또한 유교적 사회에서와는 달리 새롭게 도래한 사회 속에서 사회적 삶을 규율하기 위해 등장했다고 할 수 있다. 이처럼 언어는 사회적 제도와 밀접한 연관을 지니면서 자신의 언어적 권위를 획득해간다고 할 수 있다. 특히 윤리는 새로운 학교 제도의 성립과 함께 학교 교육에 사용되는 교과목으로 등장했다. 따라서 갑오경장 이후 교육의 개혁으로 근대적 학제가 형성되는 과정에서 수신/윤리 교과목의 등장 과정을 살펴보아야 할 것이다.

1) 갑오경장 이후 문헌의 수신과 윤리

동아시아 지역에 서양의 필로소피가 이학(理學)으로 번역되어 소개된 것은 17세기 초엽부터였다. 명나라 말기 가톨릭을 전하기 위해 중국에 온 예수회 신부들은 선교를 위한 서적뿐만 아니라 서양의 학문과 제도를 소개하는 많은 저술을 남겼다. 이탈리아인 선교사 알레니(Giulio Alleni, 艾儒略)는 『서학범(西學凡)』(自序: 1623)에서 철학을 공부하기 위해서 1년째 논리학(logica), 2년째 자연학(physica), 3년째 형이상학(metaphysica) 그리고 4년째는 기하학(mathematica)과 윤리학(ethica)을 공부해야 한다고 주장했다. 그는 ethica를 수제치평지학(修齊治平之學)으로 설명하면서, 의역하면 "의리(義理)를 살피는 학문이다."[102]라고 설명했다.

알레니는 서양의 윤리학을 유교의 수신제가치국평천하의 관점에서 해석하면서, 윤리학이 온갖 일의 의리를 고찰하고 가족을 다스리는 도를 논하고 여러 정치 형태의 품절(品節)을 구별하는 것이라고 설명했다. 나아가 그는 "서양의 학자는 덕업(德業)에서 반드시 정밀함을 추구하여, 강상윤리의 상세함과 일용의 미세한 절도에서 처치의 올바름을 얻고자 하지 않음이 없다."라고 부연하여 해설하고 있다. 서양의 윤리학은 17세기에 '수제치평의 학'이라는 유교적 학문의 핵심 주제에 해당하는 학문으로 동아시아에 소개되었다. 알레니가 윤리학을 해설하면서 '강상윤리'를 언급했지만, 이는 번역이 아니라 ethica의 일부로 간주된 것이다. 당시 중국에서 간행된 책은 중국에 간 사신을 통해 조선에 전래되었다.[103] 조선 시대는 중국으로부터 학술과 문물을 수용하면서 번역을 필요로 하지 않았던 시대였으며, 학술적인 어휘도 한글 번역을 통한 변용을 거치지 않고 그대로 조선에 전래되었을 것이다.

알레니가 '수제치평의 학'으로 소개한 ethica는 중국뿐만 아니라 조선의 지식인에게도 그다지 깊은 인상을 남긴 것으로 보이지 않는다.

---

102) 修齐治平之學, 名曰厄弟加者, 譯言察義理之學.『西學凡』,『天學初函』1권, 臺灣學生書局, 1965, 40‒41쪽.

103) 이원순,『조선서학사연구』, 일지사, 1986, 288쪽.

이는 ethica의 주제와 유교의 가르침 사이에 근본적인 차이점이 부각되지 않았기 때문일 것이다. 실제로 조선의 지식인들에게 수신제가치국평천하는 상식적 언어였으며, 그들이 이런 용어를 사용할 때 서양의 윤리학을 염두에 둘 필요성은 거의 없었던 것이다. 19세기 후반에 유길준은 서양 철학의 역사를 소개하면서 서양의 윤리학에 대해 새로운 번역어, 즉 '도덕학'이라는 이름으로 소개했다. 그는 1889년에 집필한 『서유견문』에서 "도덕학에는 소크라테스와 플라톤 등 여러 학자가 있으며 궁리학에는 아리스토텔레스가 있다."[104]고 서술했다. 그가 서양의 윤리학을 수제치평의 학문으로 옮기지 않은 것을 보면, 명말청초의 예수회 선교사들의 번역이 조선에서 지속적으로 영향을 주었다고 보기는 어렵다. 그가 일본에 유학했고 또한 『서유견문』이 후쿠자와 유키치 등 당시 일본의 사상계로부터 지대한 영향을 받았다는 점을 고려해보면, 그가 서양의 윤리학을 '수제치평의 학'이 아니라 '도덕학'으로 번역한 것은 당연한 일일 것이다. 앞에서 살펴보았듯이 1870년대 일본에서는 미쓰쿠리 린쇼 등에 의해 ethics가 '도덕학'으로 번역되었다.

우리나라 최초의 신문이라 할 수 있는 『한성순보』(1883년 창간), 혹은 갑신정변 이후 다시 간행된 『한성주보』(1886년 창간) 등 새롭게 등장한 신문에서 윤리 혹은 수신과 같은 용어가 빈번하게 사용된 흔적을 찾아보기가 쉽지 않다. 이들 신문은 근대적 국가 건설을 위해 국가가 주도적으로 인민의 지식을 개발하여 개화의 길로 나아가고자 하는 목적에서 창간되었으며, 그만큼 전통적 언어로서 윤리 혹은 수신

---

104) 유길준, 『서유견문』, 東京: 交旬社, 1895, 329-333쪽.

은 시대적 관심사가 아니었기 때문일 것이다. 한국 최초의 민간신문인『독립신문』(1896년 창간)에서도 윤리라는 용어는 그다지 많이 사용되지 않았으며, 혹 사용되더라도 전통적 의미에서 크게 벗어나지 않고 있다. 예를 들면, "신광문의 말이 제 어머니가 칼에 상한 것이 큰 관계가 없노라 하며 도리어 심상히 여기고 분원한 기색이 없는 고로 사람이 다 말하기를 신광문이 같은 놈은 세상에 윤리가 없다고 한다더라."[105]와 같은 기사를 보면, 부모에게 불효한 것을 비판하는 의미로 윤리라는 용어가 사용되었다.

『독립신문』에서는 서양 학문의 수용을 강조하기 위해 유학에 대해 부정적 평가를 시도하였으며, 문명 국가를 창출하기 위해서는 수신제가치국평천하의 도는 버려야 할 과거의 학문으로 간주하는 견해를 피력했다. 따라서 수신제가치국평천하와 같은 "이전의 학문은 던지고 시무에 급한 것을 먼저 하여 어두운 것을 버리고 밝은 데 나아가 국가를 문명에 진취케 함이 우리들의 큰 담책으로 아노라."[106]라고 주창하는 어떤 지각 있는 친구의 글이 게재되기도 했다. 즉 서양의 학문은 유교의 핵심 개념인 수신과는 갈등의 구조에 놓여 있었다고 할 수 있다.

그러나『독립신문』에서는 1897년경부터 '수신'의 의미가 긍정적으로 사용되기 시작한 점은 주목할 만한 특징이라고 할 수 있다.

대묘동 사람들이 학부에 청원하여 인가를 맡아 가지고 전순청 뒤에다 소

---

105) 『독립신문』「잡보」, 1897년 10월 12일.
106) 『독립신문』「논설」, 1898년 1월 27일.

학과를 사립하여 어린아이들을 모아 가르치려 하는데, 학도는 칠 세 이상으로 십오 세까지 뽑고 과정은 한문과 여러 가지 글 읽기와 글짓기와 글자 익히기와 산술과 조선 역사와 지지로 정하고 혹 수신하기와 체조하기와 외국말도 가르치고 글책은 이 학교에서 꾸어준다 하는데[107]

이 기사는 민간에서 사립 소학교를 만들어 어린이들에게 한문, 작문, 독서, 언어, 산술, 역사뿐만 아니라 수신과 체조, 외국어를 가르치고자 학부에 청원한 내용을 다루고 있다. 여기서 주목되는 것은 첫째, 수신이 소학교 교육의 교과목 이름으로 등장하는 점이다. 둘째로 수신을 비롯한 체조, 외국어 등은 조선시대의 교육 체제와 비교해 볼 때 상당히 이색적인 교과목으로 보인다. 조선시대의 유학자들에게 수신은 『대학』을 비롯한 유교의 경전을 통해 달성해야 할 목표였다. 신체를 단련하는 체조는 조선시대의 교육 과정에서 공식적으로 채택되지 않았고, 외국어는 중인 계층에서 습득하는 교과로서 유지되어왔다. 조선시대의 교육 이념에서 무시되거나 경시되던 교과목이 새롭게 등장하면서, 수신은 이러한 새로운 차원의 교과목과 함께 병렬적으로 제기된 것이다.

여기에서 수신은 『대학』 경전에서 제시된 도덕적 의미보다는 체육, 외국어 등과 함께 새롭게 등장한 근대적 교육 과정에서 교과목의 명칭으로 제시되었다. 시대적 변화에 대처하기 위해 근대적 교육을 도모하는 사립학교에 수신이 새로운 교과로 등장한 것이다. 이 기사에서 수신 교과에 담겨진 내용은 분명하지 않지만, 유교의 경전에서 사

---

107) 『독립신문』 「잡보」, 1897년 1월 28일.

용되고 있는 학문의 목표로서의 수신과는 다른 의미를 담고 있었을 것으로 유추할 수 있다.『독립신문』에서 수신이 교과목으로 등장하여 긍정적으로 평가되는 현상은 조선시대 말기에 근대적 교육 제도가 형성되는 과정과 깊은 관련을 보이는 것으로 추정된다.

장지연, 박은식 등 개신 유학자들이 주축이 되어 일간지로 창간된 『황성신문』(1898년 창간)을 보면, 1900년 이전에는 '윤리'의 용례가 거의 눈에 띄지 않는다. 1900년 이후에 윤리라는 용어가 종종 사용되면서 유교적 용법이 잔존하는 용례가 나타나기도 하고,[108] 유교적 용법에서 벗어나는 용례가 나타나기도 한다. 유교적 용례와 다른 것은 『독립신문』의 용례에서 고찰한 것과 같이 새로운 교육 체제에서 요청되는 교과목의 이름으로 사용된 용례이다. 대한제국 시기에 들어와 학부는 근대적 교육 체제 구축의 일환으로 소학교, 중학교 등을 설립하였으며 학교의 규정을 정비하기 시작했다. 『황성신문』은 학부령을 다음과 같이 소개하고 있다.

제2항 학과 및 정도 제1조 중학교 심상과(尋常科)의 교과는 윤리, 독서, 작문, 역사, 지지(地誌), 산술, 경제, 박물, 물리, 화학, 도화, 외국어, 체조로 정함이라.[109]

---

108) 『황성신문』「논설」,「손님이 보학선생을 비판하다(客難譜學先生)」(1900년 12월 14일)에서는 관료 지향적 태도와 문벌 중시의 풍조를 비판하면서 "학문을 닦지 않고", "윤리를 돌아보지 않는다."라고 비판하고 있다. 족보를 중시하는 보수적 유학자를 비판하기 위해 사용된 '학문'과 '윤리'라는 용어는 유교의 본래적 가르침으로 해석될 수 있는 측면도 있지만, 한편으로는 새로운 시대를 위한 학문과 윤리를 요청하는 의도를 담고 있다고 할 수 있을 것이다.

109) 「學部令第十二號 中學校規則(續)」,『황성신문』「관보」1900년 9월 10일.

여기에 실린 기사는 대한제국 학부가 1900년 9월 7일 자로 발포한 학부령 제12호로서 「관보」에 실린 내용을 전재한 것이다. 중학교 교과 과정에 서양식 학제에 따른 교과목 명이 나열되고 있으며, 윤리 교과목이 가장 선두에 위치하고 있다. 이는 갑오경장 이후의 문헌에 공식적으로 정부 차원에서 윤리가 유교의 윤리가 아니라 서양 학문의 하나인 윤리학(ethics)으로 정착되고 있는 모습을 보여주고 있다고 할 수 있다. 학부령에서 선포한 윤리 교과의 윤리는 표면적으로는 더 이상 유교적 윤리가 아니었다. 앞에서 보았듯이 『독립신문』에서 제시된 '수신하기'는 더 이상 유교적 수신이 아니라 근대적 학제에서 새롭게 탄생한 교과목이었다.

조선은 갑오개혁으로 예조가 폐지되고 학부아문이 설립되어 근대적 교육 개혁에 박차를 가했다. 1895년 2월 고종은 국민국가 건설을 목표로 "교육하는 강령을 제시하여 허명을 제거하고 실용을 숭상하기"[110] 위해 덕(德), 체(體), 지(智)의 교육을 중심으로 하는 이른바 「교육입국조서」를 공포하고 각급 학교를 설립하였다. 이해 7월에는 소학교령을 제정·공포하고 8월에 관립 소학교를 설치하여 한국교육사상 최초로 근대적인 초등교육을 실시했다.[111] 소학교의 교육 이념과 운영에 관한 사항을 제시한 소학교령에 따르면, 심상과 3년과 고등과 2년으로 이루어진 소학교 교육 과정에서 두 과정 모두에 수신 교과목이 가장 먼저 설정되어 있다.[112] 또한 「소학교 교칙대강」에서는

---

110) 『고종실록』 33권, 1895년 2월 2일.
111) 김영우, 『한국 개화기의 교육』, 교육과학사, 1997, 48쪽.
112) 「칙령 145호」, 『관보』 제119호, 1895년 7월 19일. 이하 『관보』의 인용은 서울대학교 규장각한국학연구원 사이트에 의한다.

수신 교과목에 대해 다음과 같이 교과의 목적과 내용을 상세하게 규정하고 있다.

수신은 교육에 관한 조칙의 취지에 근본하고 아동의 양심을 계발하고 이끌어서 그 덕성을 함양하며 인도(人道)를 실천하는 방법을 가르치는 것을 요지로 함.

심상과에는 효제·우애·예경(禮敬)·인자·신실·의용·공검 등 실천하는 방법을 가르치고, 별도로 존왕 애국하는 선비의 기상을 기를 것을 힘쓰며, 또 신민으로서 국가에 대하는 책무의 대요를 가르치고, 겸하여 염치의 중요함을 알게 하고, 아동을 인도하고 도와주어 풍속과 품위의 순수하고 바름을 추구함을 주의함이 옳음.

고등과에는 전항의 취지를 확대하여 도야의 공을 굳건하게 함을 힘씀이 옳음. 여학생은 별도로 정숙한 미덕을 기르게 함이 옳음. 수신을 가르칠 때에는 가깝고 쉬운 말과 아름다운 말과 선생 등을 예로 증명하여 권면 훈계함을 보여주고, 교사가 몸소 아동의 모범이 되어 아동으로 하여금 몸에 배어 침윤훈습(浸潤薰習)할 수 있게 함을 요함.[113]

여기에서 조칙은 고종의 「교육입국조서」를 지칭한다. 수신 교과목은 비록 양심의 계발, 덕성의 함양, 인도의 실천을 목표로 설정하고 있지만, 교육입국이라는 근대적 교육 이념에 근거하여 근대적 국민을 양성하기 위한 방편으로서 설정된 것이라 할 수 있다. 유교적 사회 체제 속에서 수신이 심성의 함양을 통한 개인의 수양을 출발점으로 삼

---

113) 「소학교교칙대강」, 『관보』 제138호, 1895년 8월 15일.

고 있었다고 한다면, 갑오개혁 이후 조선에서 교과목으로 제시된 수신은 존왕과 애국 그리고 신민으로서 국가에 봉사하는 국민을 양성하는 것으로 바뀌게 된 것이다.

소학교 교육을 마친 학생들의 진학을 위해 1899년 4월에는 「중학교 관제」가 발포되었다. 중학교는 "실업에 나아가고자 하는 인민에게 정덕이용후생(正德利用厚生)하는 중등 교육을 보통으로 교수하는 곳"으로 교육 목표를 설정하고 심상과 4년, 고등과 3년의 교육 과정을 개설했다.[114] 다음 해 제정된 중학교 교육을 위한 세부 내용을 규정하는 「중학교 교칙」은 제2항에 교과목을 정해놓고 있다. 즉 심상과에 윤리, 독서, 작문, 역사, 지지, 산술, 경제, 박물, 물리, 화학, 도화, 외국어, 체조로 되어 있고, 고등과에는 독서, 산술, 경제, 박물, 물리, 화학, 외국어, 법률, 정치, 공업, 농업, 상업, 의학, 측량, 체조로 되어 있다.[115] 중학교 교육에 설정된 교과목을 자세히 살펴보면, 중학교 심상과 과정에 윤리 교과목이 설정되어 있고, 더 이상 수신이라는 교과가 보이지 않는다는 점을 알 수 있다. 20세기 초 근대적 학제가 성립하면서 학교 교육의 제도에 수신은 소학교 전 과정의 교과목으로, 윤리는 중학교의 심상과에만 가르치는 교과로 설정된 것이다.

2) 대한제국 시기의 수신/윤리 텍스트

근대적 교육 제도가 성립하면서 수신과 윤리는 교과목의 명칭으로

---

114) 「칙령」 제12호, 『관보』 제1228호, 광무 3년(1899) 4월 6일.
115) 「학부령」 제12호, 『관보』 제1673호, 광무 4년(1900) 9월 7일.

정착되기 시작했다. 개념의 성립은 언어적 의미에 대한 엄밀한 규정이 필요하지만, 사회적 제도 속에서 자신의 의미를 확정하고 사회적 권위를 획득하기도 한다. 교육 현장에서 교과를 가르치기 위해 요청되는 것이 먼저 교과서이다. 대한제국 말기에 수신 혹은 윤리라는 제목을 단 서적이 활발하게 출판되기 시작하는 것은 교육 제도의 변화라는 시대적 분위기 속에서 이루어진 일들이었다.

을사늑약 이후 5년 동안 간행된 수신 혹은 윤리라는 이름이 붙은 교과서를 살펴보면 다음과 같다.[116]

휘문의숙 편, 『중등 소학 수신서』, 휘문관, 1906.

휘문의숙 편, 『고등 소학 수신서』, 휘문관, 1907.

吳尙述 저, 안종화 옮김, 『초등 윤리학 교과서』, 광학서포, 1907.

학부 편찬, 『보통학교 학도용 수신서』, 도쿄: 삼성당, 1907.

윤용구, 『중등 수신 교과서』, 1907.

유근, 『초등 소학 수신서』, 광학서포, 1908.

신해영, 『윤리학 교과서』, 보성관, 1906, 1908.

박정동, 『초등 수신』, 동문사, 1909.

노병선, 『녀ㅈ 소학 슈신셔』, 박문서관, 1909.

안종화, 『초등 수신 교과서』, 광학서포, 1910.

대한제국이 몰락의 길을 걸어가고 있는 시점에서 수신 혹은 윤리

---

116)   허재영 등 역, 『근대수신교과서 1』 「근대 계몽기 교과서 해제』, 소명출판, 2쇄, 2011.

라는 용어를 포함한 서적이 정부 기관과 민간에서 활발하게 간행되고 있었다. 1905년 조선에 통감부가 설치되어 일본의 식민지화 정책이 노골적으로 드러나기 시작했으며, 통감부는 「보통학교령」(1906)을 내려 기존의 소학교를 4년제의 보통학교로 바꾸었다. 같은 해 학부대신 이완용의 이름으로 발표된 「보통학교령 시행규칙」에 의하면[117] 도덕 교육이 강조되고 수신 과목이 기본 교과로 설정되어 있다. 제9조 보통학교 각 교과목 교수의 요지에서는 수신을 비롯하여 수신, 국어, 한문, 일어, 산술, 지리, 역사, 이과, 도화, 체조, 수예, 창가, 수공, 농업, 상업 등 15개 교과를 개설하도록 하고 있다. 수신 교과가 선두에 등장하며 4년 동안 매주 1시간, 일본어가 4년 동안 매주 6시간으로 배정된 것은 식민 통치의 일단을 보여주는 학제 개혁이라고 할 수 있다.

특히 수신 교과에 대해서는 "학도의 덕성을 함양하고 도덕의 실천을 지도함으로 요지를 함이라. 실천에 적합한 가깝고 쉬운 사항에 의하여 품격을 높이 하며 지조를 견고하게 하며 덕의를 중히 하는 습관을 기름에 힘씀이라."라고 명시하였다. 1906년에서 1910년 사이에 관·공립 보통학교에서 교과서로 사용된 『보통학교 학도용 수신서』는 학부 편찬이라고는 하지만 도쿄의 삼성당에서 출판되었으며, 편찬 목적이 개인 중심의 수신과 사회생활의 준법 정신 강조를 통한 통감부의 통치 목적에 부응하는 인간 양성에 있었기에 사립학교들에서는 환영받지 못했다.[118] 자강운동에서 비롯한 각종 민족 계열의 사립학교에서는 안종화가 번역한 『초등 윤리학 교과서』, 노병선의 『녀ᄌ 소학 슈

---

117) 「학부령」 제23호, 「관보」 제3549호, 광무 10년(1906) 9월 4일.
118) 한국학문헌연구소 편, 『한국 개화기 교과서 총서(9권)─수신·윤리편』 I, 「해제」, 아세아문화사, 1977.

신셔』등이 사용되었다.[119] 통감부가 제시한 '도덕의 실천'과 이를 뒷받침하는 수신 교과는 충군과 애국을 강조하는 국가주의적 내용을 담고 있었던 것이다.

1906년 8월 「보통학교령」에 이어 중학교를 4년제 고등학교로 개편하는 「고등학교령」이 반포되었다.[120] 「고등학교령 시행규칙」에 의하면,[121] 수신은 선두 교과로 지정되어 있고 보통학교에서와 마찬가지로 전 학년 동안 매주 1시간씩 수신 교과를 배우도록 지정했다. 아울러 수신 교과의 요지를 "성실하고 온화하고 순정한 품성을 기르는 것을 기대하고 궁행실천을 위주로 하여 언론만 헛되이 숭상하는 편벽된 습관이 없도록 함"이라고 설명하고 있다. 중등교육 과정에서 제시된 수신은 제국의 통치를 위한 준비 작업이었다. 당시에 설립되기 시작한 민족주의 계열의 사립학교에서는 통감부의 정책에 따르지 않고 학교의 특성에 따라 교과목과 교재를 약간씩 달리하였다.[122] 앞에서 서술한 휘문의숙과 보성관에서 편찬한 교과서는 이러한 사립학교에서 사용된 것이었다. 통감부가 정치적 의도에서 수신 교과를 강조했고, 마찬가지로 당시의 사립학교 또한 이에 대한 반발로 수신 교과를 직접 편찬하여 교육했다. 교과목의 명칭은 동일했지만 수신의 목표는 서로 달랐다고 할 수 있다.

1906년 이후 설립된 사립학교에서는 신지식을 배워야 한다는 자강

119) 김민재, 『학교 도덕교육의 탄생—1894~1910년 근대 계몽기의 수신교과서를 중심으로』, 케포이북스, 2014, 21쪽.
120) 『칙령』 제42호 「고등학교령」, 『관보』 제3546호, 1906년 8월 31일.
121) 『學部令』 제21호, 「고등학교령 시행규칙」, 『관보』 제3548호, 광무 10년(1906) 9월 3일.
122) 김영우, 앞의 책, 194–248쪽.

의 목적과 교육을 통해 일제의 간섭으로부터 나라를 지켜야 한다는 애국의 목적을 강하게 표현하고 있었다.[123] 따라서 사립학교에서 설정한 수신 교과는 통감부와 같은 의도의 수신을 주장할 수 없었다. 사립학교가 통감부의 정책에 벗어나는 일이 빈발하게 일어나자, 통감부는 1908년 「사립학교령」을 내려 제6조에서 "사립학교에서 사용하는 교과용 도서는 학부가 편찬한 것 또는 학부대신의 검정을 거친 것 가운데서 선택할 수 있고, 사립학교에서 그 밖의 도서를 교과용 도서로 사용하고자 할 때는 학부대신의 인가를 받아야 한다."[124]라고 규정하여 직접적으로 교과서를 통제하고자 했다. 그뿐만 아니라 통감부는 교과서 검정체제를 확보하기 위해 교과 검정의 심사 방침을 밝히면서 교과서를 집필할 때에 재료 선택 또는 서술 방법이 적당하지 못한 경우를 수신 교과를 예로 들어 발표하였다.

수신 교과서는 보통학교와 같은 어린 학도에게 사용하게 하는 것이어늘 수신제가 등에 관한 일상에 가까운 사항을 위주로 기재하여 설명하지 아니하고 반대로 국가의 법률과 의무 등의 항목을 게재하여 막연히 학도의 이해에 곤란한 이론을 기술한 것이 적지 않은지라. 이와 같은 것은 서술

---

123) 박병기, 「초등윤리학 교과서 해제」, 허재영 등 역, 『근대수신교과서』 1, 소명출판, 2011, 38–45쪽. 이행훈은 1900년대 전후 도덕 개념을 분석하면서 "개인의 수신을 위한 전통적 도덕 함양이 문명사회와 독립국가를 실현하기 위한 의무로 대체되었다."라고 지적하면서, 수신은 "근대적 지식체계와 학문에서 밀려나고 점차 일상의 영역에서 사라졌다."라고 지적하고 있다. 그러나 1910년 전까지 사립학교에서 사용된 수신 교과서는 자강과 애국 등 실천적인 내용을 가르치고 있었다고 할 수 있을 것이다. 이행훈, 「1900년대 전후 도덕 개념의 의미장—신·윤리 교과서를 중심으로」, 『개념과 소통』 제12호, 2013.

124) 「사립학교령」 『관보』 제4165호, 隆熙二年(1908) 9월 1일.

체제와 재료 선택의 양자가 어찌 타당하다고 할 수 있을까? 원래 초등 정도의 수신서는 오로지 효제 충신 예의 염치 등 인생에 필수한 여러 덕을 주로 설하고 다음에 부지런함 청결 등 실천에 빠트릴 수 없는 사항을 가르침과 동시에 특히 근시(近時) 사회에 처함에 필요한 각종 도덕과 같은 것을 함께 서술할지며 그 서술의 방법은 가능한 범위로 비근한 재료를 선택하여 평이하고 적절히 설명함으로 본령을 삼고 국가와 법률과 의무에 관한 사항은 학도의 지식이 점점 진보된 자에게 국민으로 일반적으로 준수할 책무의 부분을 훈육적으로 제시함이 옳을 것이니 결코 근일 교과서 중에 자주 보이는 바와 같이 고상한 법리의 설명은 다루지 말지로다.[125]

통감부는 수신 교과서에서 국가의 법률과 의무 등의 근대적 국민국가의 원칙에 관한 내용을 다루지 못하도록 규제하였으며, 효제충신 등 유교적 덕목을 강조하고 나아가 당시 사회에 필요한 각종 도덕을 가르쳐서 국민의 책무를 준수하는 것이 강조되었다. 국민의 권리와 근대 국가의 이념 등은 수신의 내용에서 배제된 것이다.

한편 윤리학이라는 제목을 단 책 가운데『초등 윤리학 교과서』는 중국인 우상수(吳尙述)의 동명의 책을 번역한 것이다. 중국에서는 20세기 초에 장허링(張鶴齡)의『경사대학당 윤리학강의(京師大學堂倫理學講義)』(1902)를 비롯하여 야오융버(姚永樸)의『중등 윤리학』(1906), 류스페이의『윤리 교과서』(1906) 등 중국인이 직접 서술한 서적을 비롯하여 이노우에 데쓰지로의『윤리학 교과서』(樊炳淸 역), 모토라 유지로의

---

125) 「教科書의 內容에 關한 調査」, 『기호흥학회월보』 제12호, 1909년 7월 25일.

『윤리학』(王國維 역) 등 일본 서적들이 활발하게 번역되었다.[126] 20세기 초 과거제도가 사라지고 근대적 학교 제도가 형성되고 있던 중국과 한국에서는 교육적 수요 등으로 인해 윤리학 관련 서적이 대거 간행되었던 것이다.

1905년 보성학교 교장을 역임하고 1907년부터 일본 유학생 감독을 맡은 신해영은 4년제 중학교 교재로서『윤리 교과서』를 집필하였다. 그는 이 책에서「수신하는 도」,「가족의 본무」,「사회」,「국가」를 주제로 각각 1권씩 다루고 있으며, 각 학년마다 1권씩 교재로 사용할 것을 제시하고 있다. 그는「일러두기」에서 이 책을 가르치는 교사들에게 "『대학』,『중용』,『논어』,『오륜행실도』 등 여러 서적으로부터 오늘날 우리나라 윤리에 적절한 도덕과 아름다운 말 그리고 선행을 가려 뽑아 보강할 수 있다."[127]라고 말하고 있다. 이는 그의 관점이 유교에서 벗어나지 않고 있음을 보여주고 있지만, 그렇다고 해서 이 책이 유교의 윤리라는 틀 속에 한정되어 있다고 볼 수는 없다. 1장「총론」에 이어 2장에서「체육」을 다루면서 충효 혹은 병역의 의무를 담당하기 위한 신체의 건강을 강조하고 있는 점 등은 근대적 관점에 서 있다고 할 수 있다. 이 책의 가장 큰 특징은 그가 도덕과 윤리학에 대한 구별을 시도하고 있는 점이다. 즉 그는 "사람이 이 세상에 태어나서는 마땅히 행해야 할 의무가 있으니 이것을 도덕이라 말하는 것이다. 그러나 도덕은 우연히 몸으로 행동하다가 마음으로 얻어지는 바가 아니요

---

126) 石鷗·吳小鷗, 앞의 글. 윤리학 관련 일본 서적의 중국어 번역에 관해서는 黃興濤·曾建立,「淸末新式學堂的倫理教育與倫理教科書探論─兼論現代倫理學學科在中國的興起」,『淸史硏究』, 2008, 1期.
127) 『윤리학교과서』권1, 김민재 역,『근대수신교과서 3』, 소명출판, 2011, 58쪽.

반드시 느끼고 깨달으며 이해하는 방법으로 말미암는 것이니, 윤리학은 곧 이런 방법을 사람들에게 가르치고 깨우쳐주는 학문이다."[128]라고 주장했다. 즉 그는 도덕을 실천하기 위한 방법으로서 윤리학을 제시하고 있다. 이처럼 윤리학이라는 근대적 학문 분과가 등장하고 학교 교육의 현장에서 새로운 윤리가 탄생해간 것이다.

3) 유교와 근대적 '윤리'

윤리라는 용어는 동아시아의 고전 문헌에서 유교적 인륜의 의미로서 사용되어왔지만, 19세기 말부터 서양의 학문 분과인 ethics의 번역이라는 의미를 지니게 되었다. 한국의 근대적 언어가 일본으로부터 적지 않은 영향을 받았던 만큼, 일본인 지식인에 의해 고안되고 일본 사회에 정착된 윤리라는 용어는 한국 사회와 교육 제도에 적지 않은 영향을 끼쳤다고 할 수 있다.

일본의 근대 국가 형성 과정에서 윤리/수신 개념은 서양 윤리학의 영향 속에서 한편으로는 유교적 전통과 결부되면서 국가 이데올로기로서의 국민도덕론으로 전개되었다. 전시 체제에 천황 숭배와 식민 지배 체제의 공고화를 위한 이데올로기로 등장한 황도유교(皇道儒敎)의 색채를 가미한 새로운 윤리 개념은 유교적 수신과 근대 국가의 정치적 자장을 벗어나기 어려웠다. 이러한 불안한 공존은 일본의 중학교 교육 제도에 설정된 교과목의 이름이 수신–윤리–수신으로 바뀌어가면서 국가주의적 체제 속에서 유지되었다. 근대적 분과 학문으로

---

128) 같은 책, 59쪽.

도입된 윤리학은 국민도덕의 창출이라는 시대적 과제 속에서 인륜의 도로서의 윤리로 가공되면서 오히려 유교의 세속적·정치적 측면만을 부각시켰다고 할 수 있다.

1880년대 이후에 등장한 한국의 근대적 언론에서 수신과 윤리는 주요한 개념으로 부상하지는 않았다. 『한성순보』나 『독립신문』 등에서는 서양 학문을 배워야 한다는 관점에서 유교적 색채를 지닌 수신과 윤리를 오히려 과거의 학문으로 간주하는 경향이 나타나기도 했다. 1897년경부터 『독립신문』에 수신이라는 용어가 긍정적으로 사용되기 시작한 계기는 새로운 교육 제도의 설립 과정에서 소학교의 교과목 명칭으로 '수신하기'가 등장한 것이었다. 수신 교과목은 조선시대의 교육 제도에서 가볍게 다루어진 체조, 외국어 등과 함께 병렬적으로 제시되었다. 『황성신문』에서 1900년 이후 윤리라는 용어가 유교적 의미와는 다른 차원에서 사용된 것 또한 중학교 과정의 교과목으로 등장하는 용례이다.

갑오개혁을 계기로 조선은 근대적 교육 제도를 구상하고자 시도했으며, 이 과정에서 수신과 윤리는 교과목 이름으로 등장했다. 소학교 5년 전 과정에 수신, 중학교 심상과 4년 과정에 윤리 교과를 각각 선두 교과목으로 개설한 것이다. 을사늑약 이전까지 조선의 학교에서는 수신이 소학교에, 윤리가 중학교의 교과 과정에 설정되었다. 그러나 일본이 통감부를 설치하여 조선에 지배력을 미치면서 소학교와 중학교를 각각 보통학교와 고등학교로 개편하고 전 교육 과정을 통해 수신을 선두 교과목으로 배정하고 윤리라는 교과목 명칭은 사용하지 않았다. 통감부의 교육 정책은 온순한 신민을 양성하여 제국의 통치를 위한 기반을 마련하기 위한 것이었지만, 이에 반발하는 민족 계열의 사립학교에서는 수신 교과를 거부하기보다는 수신을 통해 자강 의식을 배양하고 애국심을 고취하고자 했다. 통감부와 사립학교에서는 동일한 수신 교과를 개설했지만 수신의 의미론적 방향은 달랐다고 할 수 있다. 사립학교 계열에서는 '윤리'라는 이름이 들어가는 교과서를 직접 제작하여 개인의 수신, 가족, 사회, 국가에 대한 근대적 학설을 소개하고자 했다. 갑오경장 이후로 조선에서 수신과 윤리는 근대적 학제의 형성 과정 속에서 유교적 의미와는 다른 의미를 지니게 되었고, 1905년 이후로는 통감부의 식민 통치 정책과 민족 계열의 사립학교 사이에서 전개된 정치적 갈등 구조 속에서 그 의미가 분화되어 갔다고 할 수 있다.

이 글은 유교적 윤리 개념의 근대적 전환 과정을 고찰하기 위해 20세기 전후의 언론에서 나타난 '윤리' 개념의 용례 분석에 중점을 두었다. 이러한 논의를 심화하기 위해서는 언론의 용례, 대한제국과 통감부의 교과서 정책뿐만 아니라 일상생활 속에서의 관념 그리고 윤리학의 수용과 이해 등을 종합적으로 규명해야 할 것이다. 이러한 과제는 20세기 전후에 서양의 윤리학설을 어떻게 수용하고 어떻게 이해했는가 하는 문제에 대한 탐구와 연동되는 것이기도 하다. 조선이 식민지로 전락하기 직전에 간행된 언론에서는 서양 윤리학설을 소개하는 기사가 종종 게재되었다. 강매(姜邁)의 「서양 윤리학 요의」(『대한학회월보』 제8‒9호, 1908. 10. 25‒11. 25)는 일본에서 간행된 윤리학 관련 저술을 토대로 쓰인 글로 추정된다. 이해조(李海朝)의 「윤리학」(『기호흥학회회보』 제5‒12호, 1908. 12. 5‒1909. 7. 5)은 『윤리강화(倫理講話)』(右文館, 1900)를 간행한 도쿄대학 교수 모토라 유지로의 글을 부분적으로 번역한 글이다. 모토라의 저서는 중국에서 국학자로 잘 알려진 왕궈

웨이(王國維)에 의해 1902년에 번역되었다. 유교적 보수주의의 색채를 띠면서도 국민도덕의 중요성을 간파한 이 저서가 20세기 초 중국과 한국에서 유교적 지식인이자 신학문에 조예가 깊은 두 사람에 의해 번역된 배경에 대해서는 한중일의 사상적 연관 관계의 측면에서 새로운 연구가 필요할 것이다. 『서북학회월보』(제11·12호, 1909. 4. 1·5. 1)에 게재된 「윤리총화(倫理叢話)」는 와세다대학 교수 우키다 가즈타미(浮田和民)의 강의록인 『윤리총화』 16장 가운데 4장까지를 번역한 것이다.

20세기 초 한국의 잡지에서는 일본에서 간행된 윤리학 관련 서적에 대한 번역과 소개가 활발하게 진행되었다. 러일전쟁을 거치면서 점차 일본이 아시아에서 패권적 지위를 확보해가던 시기에 일본에서 간행된 윤리학설이 한국에 소개된 것이다. 한국의 잡지에 소개된 이러한 담론이 식민지로 전락하기 직전의 조선 사회에 어떠한 반향을 일으켰는지 그리고 근대 한국에서 윤리 개념이 어떻게 정초되어가는지에 대해서는 앞으로 면밀한 자료적 연구가 필요할 것이다. 또한 일본에서 간행된 윤리학 관련 서적 혹은 그러한 저작의 저자가 서양의 어떤 철학을 수용하여 일본적 윤리학, 즉 국민의 도덕을 성립시켜갔는지에 대한 분석이 필요하며, 나아가 한국의 지식인들이 왜 이러한 윤리학적 지식을 수용하는가에 대한 고찰도 병행되어야 할 것이다.

제3부

서양 윤리 수용과 윤리 개념 정초

1. 해방 후 윤리 의식

"해방 직후부터 1950년대 초기에 걸쳐서 양심과 도덕에 대하여 냉소적인 태도를 취한 사람들은 '예외적'이라고 하기 어려울 정도로 그 수가 많았다. 정직하고 도덕적인 사람은 손해를 보기 마련이라는 것이 일반의 생각이었고, 도덕적인 사람이 바보 대접을 받는 것이 다반사였다. 특히 윤리학을 공부한다는 것은 어리석은 짓으로 보였으며, '윤리'니 '도덕'이니 하는 말을 입에 담으면 시대착오적 얼간이로 보일까 염려되어, 그런 말을 써야 할 경우에는 '모럴(moral)'이라는 외국어를 대신 사용하는 사례가 많았다."[1]

---

[1] 김태길, 『한국윤리의 재정립』(철학과 현실사, 2010), pp. 273-274. 김태길은 이 당시 윤리학을 전공한다는 말을 공공연하게 하기에 부담을 느껴, 누가 물으면 "철학을 공부한다."고 대답하곤 했다고까지 술회하고 있다.

해방 이후 윤리에 대한 인식이 이처럼 나빴던 이유는 다양할 것이다. 김태길은 좌우익의 격렬한 대립과 '자유'에 대한 그릇된 생각으로 '도덕적 무정부 상태'라고 할 지경에 이르렀다고 말한다.[2] 해방 직후 남한 사회가 이처럼 윤리적 혼돈 상황에 처한 것에 대해서는 대체로 다음과 같은 이유들이 제시되어왔다. 첫째, 유교와 농경문화에 뿌리를 둔 전통 윤리가 규범적 영향력을 급속히 상실하였다는 점. 둘째, 미군정과 더불어 서구의 영향이 심화되는 가운데 일제 부일 세력이 다시 득세하면서 사회적 분열이 더욱 격화되었다는 점. 셋째, 분단 상황에서 남한 단독 정부를 수립하는 과정에서 다양하고 이질적인 정치 정파들이 등장하여 혼란을 가중시켰다는 점 등이다.

이러한 상황에서 한국 사회는 "자유민주주의"라는 새로운 정치적 이념을 바탕으로 사회적 통합을 위해 다양한 노력을 기울여왔다. 이러한 노력들을 이 글에서는 한국 사회의 공공 윤리(公共倫理, civic ethics)라고 명명해보고자 한다.[3]

---

2) 같은 책, p. 271.
3) 해방 직후 미군정하 '교수요목제정위원회'에서는 일제시대 사용된 수신 과목을 철폐하고 '공민(公民)' 과목을 통해 도덕 교육을 실시하였다. 정세구, 「초·중등 도덕·윤리과 교육 반세기의 회고 및 반성과 21세기 초의 과제」, 『도덕윤리과교육』 12, 2000, p. 19. 이처럼 도덕 교과목을 '공민'이라고 한 것은 그 당시 공동체의 중요성을 주목한 결과라고 생각하기 때문에 이 글에서는 '공공 윤리'라는 표현을 사용하고자 한다. '공민' 과목이 '국민윤리'라는 과목으로 변경된 것에 대해서는 추후 논의하겠다.
공공 윤리라는 표현을 처음 사용한 것으로 알려져 있는 김태창은 공공 윤리를 다음과 같이 설명한다. "종래의 공공이라는 것은 국가 중심, 체제 중심, 관료 중심이었지만 그것은 바로 '공'윤리('公'倫理)입니다. 거기에 비해서 종래의 개인의 내면에 역점이 놓인 도덕성을 강조하는 개인 윤리는 '사'윤리('私'倫理)입니다. 그리고 '공'윤리와 '사'윤리 사이에서 양편을 함께, 더불어 맺고 엮고 살리는 윤리를 '공공(公

주지하는 것처럼 해방과 더불어 미군정청은 일제시대 '수신' 과목을 폐지하고 대신 '공민' 과목을 신설하였다.

미군정의 교육 정책은 한마디로 '미국식 민주교육 제도'를 남한에 실시하려는 것이었다. 이러한 미군정의 정책 의도는 남한을 공산주의에 대한 방벽(bulwark)으로 만들고 자본주의 세계시장에 편입시킬 토대를 마련하기 위한 것이었다. 미국은 한국인에게 장기적인 정치적 교육이 필요하다고 인식하고 있었다. 이에 미군정은 한국교육의 청사진을 마련하기 위하여 朝鮮敎育審議會(위원 100여 명)를 설치하였다. 본 위원회에서는 '홍익인간'의 이념을 한국교육의 기본이념으로 교육법에 명시하였다. 이 이념은 교육현장에서 일제 잔재의 청산, 평화와 질서 유지, 새나라 민주시민 육성으로 구체화되어 교과편제 및 시간배당과 교수요목에 나타났다. 이러한 미군정의 교육 정책의 목적을 가장 잘 드러낼 수 있는 과목이 바로 사회생활과이며, 그중에서도 公民교육이라고 할 수 있다. 미군정은 공민교과서에서 민족주의를 배제하고, '미국식 민주주의'와 자본주의, 반공주의를 강조하고자 하였다. 그러나 미군정의 의도와 달리, 공민교과서의 내용은 홍익인간의 이념 아래 영국식 의원내각제 옹호, 무조건적인 자본주의 배격, 국가주의적 민족주의가 강조되었다. 이것은 국정공민교과서 편찬에 깊은 영향을 끼친 편수관과 편찬위원들 때문이었다. 공민교과서 편수책임자인 최재희는 최현배에 의해 추천되었다. 그는 자유주의를 강조하고, 공산주의를 비판한다는 점에서 미군정과 인식을 같이하였다. 그러나 그는 화랑도

共)' 윤리라고 하는 것입니다." 김태창, 「韓사상·韓철학과 공공윤리」, 『윤리교육연구』 26, 2011, p. 172.

및 민족을 우선시하고, 당시 풍미하던 듀이의 실용주의 교육관에 반대한다는 점에서 미군정과 생각을 달리하는 부분이 있었다.

(중략)

최현배, 안호상, 정열모, 백낙준 같은 편찬위원들은 우리 민족의 우수성을 강조하고, 민족 중심의 교육을 강조하였다. 또한 개인보다도 민족과 국가의 안위를 우선시하였다. 이들에게 있어서 뛰어난 인물은 국가와 민족을 위해 일하는 사람이었다. 이처럼 공민교과서는 미군정의 의도대로 편찬되지 않았다. (중략) 이들은 공민교과서를 통해 의원내각제를 기반으로 하는 민주정치를 소개하였다. 아울러 국가주의와 민족주의를 강조하고, 개인의 행복과 복리보다는 국가와 민족을 위하는 '공민'을 양성하고자 하였다.[4]

대체로 공공 윤리란 단순히 한 개인으로서 '나는 어떻게 살 것인가?'를 고민할 때 당면하는 윤리적 문제를 넘어서 정치 공동체의 일원으로서 그 공동체 전체와 동료 시민에 대해 갖는 윤리이다.

이런 점에서 공공 윤리의 한 전형은 『크리톤』에서 등장하는 소크라테스의 모습이라 할 것이다. 탈옥을 권유하는 친구에게 소크라테스는 자신이 탈옥을 해서는 안 되는 이유를 설명하면서 개인적 이해타산이나 보편적인 도덕 원칙에 호소하는 것이 아니라 아테네라는 공동체(폴리스)에 대한 깊은 소속감에 호소한다. 이처럼 공공 윤리란 공동체의 일원으로서 같은 공동체의 다른 동료들에 대해 지니는 공공성(公共性)의 의무(duty of civility)에서 출발한다.[5]

---

4) 김동선, 「미군정기 국정공민교과서의 성격과 집필진의 구성」, 『한국민족운동사연구』, 통권 94(2018. 03), p. 103

5) John Rawls, *Political Liberalism*(The Belknap Press of Harvard University

1980년대 이후 다양한 맥락에서 논의되고 있는 시민 윤리라는 개념 역시 그 기원은 고대 희랍의 도시 국가 모형이라고 할 수 있으나 그 구체적 내용은 서구 근대 합리적 개인주의와 깊이 연루되어 있는 듯하다.[6] 그 결과 그동안의 다양한 담론에도 불구하고 시민 윤리는 구체적 상황에 필요한 에티켓 혹은 공공 예절을 넘어 공동체적 연대를 심화하는 논의로까지 확장하는 데 많은 어려움이 있는 듯하다.

왜냐하면 공공 윤리에서 모색하고자 하는 공동체의 구성원들은 홉스와 같은 타산적 사회계약론자들이 상정하는 자연 상태의 원자적 개인들과는 판이하기 때문이다. 타산적 계약론자들이 상정하는 자연 상태의 인간들은 문화적 전통이나 도덕적 유대 없이 오로지 타산적 합리성에 입각하여 자신의 개인적인 이해관계를 극대화하고자 하는 것으로 간주된다.[7] 이런 의미에서 볼 때 '서구 근대 시민'이 경제적 이해관계에 따라 쉽게 이합집산하는 존재로 상정되는 데 반해 한국 사회 구성원들은 오랜 역사적 전통을 공유하면서 강한 공동체적 유대를 지니고 있다.[8] 즉 그 사회에 대한 소속감을 가지고 다른 구성원들과 서로 협력하며 공동체에 대한 자신의 공적인 의무를 기꺼이 수행하고자 한다.[9] 이러한 시민은 공동체 내의 다른 시민들과의 구체적 관계 속

Press, Cambridge, Mass. 1992), p. 224.

6) 손봉호 외, 「한국의 시민사회와 시민 윤리」, 『시민교육연구』 28집(1999), p. 2.

7) Crawford Brough MacPherson, *The Political Theory of Possessive Individualism*(Oxford University Press, 1962), pp. 263-264.

8) 손봉호 외, 앞의 글, p. 5.

9) 이런 점에서 시민이라는 표현보다는 공민(公民)이라는 표현이 더욱 적합할 수 있다. 또한 공공 윤리는 정치 철학과 사회 철학을 포괄하는 의미에서 공공 철학(public philosophy, civics)이라고 해도 무방할 것이다. 그러나 단순히 공공 장소에서의 예의범절 준수를 의미하는 공중 도덕(public ethics)이나 공공 기관에

에서 성장하고 발전하는 존재이다. 이런 특성은 루소와 칸트와 같은 규범적 사회계약론자들의 다음과 같은 주장을 통해 더욱 구체적으로 표현되고 있다.

(사회계약은) 인간 안에 매우 주목할 만한 변화를 일으킨다. 그때까지는 자기 자신만 바라보던 사람도 이제는 다른 원리에 따라 행동하고 또 자기의 요구에 귀 기울이기 전에 자신의 이성과 의논하지 않을 수 없다는 것을 깨닫게 된다. 그의 능력은 단련되고, 그의 생각도 폭이 넓어지고, 그의 감정은 고상해지며, 그 영혼 역시 온통 고양된다.[10]

도대체 좋은 국가 체제를 인간의 도덕성에서 기대할 수 있는 것이 아니라, 오히려 거꾸로, 좋은 국가 체제에서 비로소 한 국민의 좋은 도덕적 형성을 기대할 수 있는 것이다.[11]

정치 공동체의 구성원에게 요구되는 공공 윤리는 현실 속에서 살고 있는 개인들의 당장의 욕망과는 일정한 괴리가 있다. 일상에서 마주하는 대부분의 인간은 어쩌면 "이기적일 뿐만 아니라 선한 척하는데 그야말로 이골이 나서 심지어는 자신조차 속일 수 있을 정도로 독선

종사하는 공무원의 직업 윤리(ethics for public sectors)와는 그 의미를 달리한다. 참고 James Sullivan(1918), "Civics and civics teaching". *The Encyclopedia Americana*, Vol. 6, p. 726.

10) Jean Jacques Rousseau, *Du Contrat Social*, 이환 역, 『사회계약론』(서울대학교 출판부, 1999), 1부 8장.

11) Immanuel Kant, *Zum Ewigen Frieden*, 백종현 역, 『영원한 평화』(아카넷, 2013), B62 A61, p. 150.

적이며 위선적일 수도" 있기 때문이다.[12] 그래서 개인의 직접적 이해 관계를 넘어서서 공동체의 공공성을 모색하고자 하는 공공 윤리를 모색하는 과정은 항상 공동체 구성원에 대해 다양한 형태의 교육 과정을 동반하게 된다.

나아가 공공성을 모색하는 공공 윤리 교육에서는 그 내용이나 방식뿐만 아니라 그 사회의 지도자들과 고위 공직자들의 행태들 또한 중요하다. 왜냐하면 이들의 행태는 일반인들에게 은연중에 윤리적 본보기가 될 수밖에 없기 때문이다. 특히 군자라는 이상적인 도덕적 행위자를 상정하고 명문화된 법률에 입각한 법치보다는 중용과 덕치를 강조해온 유교적 전통에서는 고위 공직자들은 단순히 할당된 개별 직무를 수행하는 기능적 존재가 아니라 윤리적 모범으로 간주되기 때문에 이들에게 더욱 높은 수준의 윤리가 요구되어왔다. 이런 사회에서는 만일 지도자가 이러한 기준을 충족시키지 못하거나 이들의 위선적 행위가 발각될 경우 그 개인에 대한 비판은 말할 것도 없거니와 윤리 자체가 조소의 대상으로 전락되기 쉽다. 해방 이후 우리 사회의 윤리적 수준에 대한 일반적 인식이 꾸준히 부정적이었던 이유 중 하나는 사회 지도층의 비도덕적 행위가 지속적으로 드러났기 때문이라고 할 수 있다. 특히 우리 사회처럼 특히 개인의 사적 영역과 사회의 공적 영역을 잘 구분하지 않는 상황에서는 이러한 문제가 더욱 심각하게 부각될 수 있다.

해방과 더불어 개인의 사적 영역에 대한 존중이 아직 사회적으로

---

12) Jonathan Haidt, *Righteous Mind*, 왕수진 역, 『바른 마음』(웅진지식하우스, 2014), p. 32.

공고화되지 않은 상황에서 자유민주주의라는 서구의 개인주의 전통에 기반하여 새로운 국가 공동체 건설이라는 시대적 요구를 마주한 한국 사회에서 윤리 개념은 매우 광범위하게 변화될 수밖에 없었다. 그렇다면 20세기 후반 격변의 과정에서 전통 윤리와 서양의 철학사상은 한국 사회의 공공성을 새로이 증진하는 과정에서 어떤 기여를 하였는가? 그리하여 윤리 개념은 어떻게 변모하고 있는가? 이것이 이 글에서 탐구하고자 하는 주제이다. 이를 위해 먼저 우리 사회 윤리의 주요 구성 요소를 살펴본 후 서양의 철학을 한국에서 수용하는 과정에서 윤리 및 그에 관련된 개념들의 변화 과정을 살펴보고자 한다.[13] 해방과 더불어 세계적으로 비슷한 사례를 찾기 힘들 정도로 우리 사회에서 지속되어온 도덕 교육의 핵심 내용은 무엇이었으며 이런 도덕 교육이 윤리 개념의 변화 과정에 미친 영향을 간략히 살펴보고자 한다. 이러한 논의를 바탕으로 한국 사회의 공공 윤리와 공공성을 위한 제언으로 마무리하고자 한다.

---

13) 사회 윤리란 표현은 적어도 두 가지 다른 방식으로 이해될 수 있다. 우선 그 사회의 윤리 전반을 의미하는 것으로 이해할 수 있다. 가령 "한국 사회 윤리"란 한국 사회 전반에서 등장하는 윤리를 의미한다. 이와 달리 사회 윤리는 "개인 윤리"와 대비되는 의미로 이해될 수도 있다. 즉 사회 구조가 지닌 도덕성에 주목하고자 하는 것이다.

"도덕적 인간과 비도덕적 사회"라는 니부어의 표현은 사회 윤리와 개인 윤리의 차이점을 잘 보여주고 있다. 개인이 그의 도덕적 신념에 따라 행동하더라도 사회적 구조로 인해 사회 전체가 오히려 비도덕적일 수 있다는 점이다. 만일 어떤 사람이 "살인은 항상 나쁘다."는 개인의 신념에 따라 병역의 의무를 거부한다면 이는 그 사람의 개인 윤리와 연관된 결정이다. 그리고 이런 결정은 존중받아 마땅하다. 그러나 모든 구성원이 "병역의 의무"를 거부하면서 외부에서 용병을 채용하는 사회를 "윤리적"이라고 할 수는 없을 것이다.

2. 한국 사회 윤리의 구성 요소

격변의 20세기 후반 한국 사회에서 윤리에 대한 인식이 변화하는 과정에 구체적으로 어떤 요소들이 어떠한 방식으로 실질적인 영향을 주고 있는가에 대해서는 문헌 연구와 더불어 다양한 경험 과학적 연구를 필요로 할 것이다. 왜냐하면 윤리학자나 윤리 사상가들의 저술을 통해서 우리가 확인할 수 있는 것은 어떤 시대의 어떤 학자나 사상가가 어떤 인간상 또는 어떤 사회상이 바람직하다고 믿었는가 하는 문제에 국한되며, 그 시대의 일반인들이 어떠한 윤리적 태도로 실생활에 임했는가 하는 것은 별개의 문제로 남기 때문이다.[14] 다만 이 글에서는 이러한 본격적인 연구를 위한 이론적 틀을 준비하는 과정으로서 한국 사회 윤리의 주요 구성 요소를 추정해보고자 한다.

이러한 추정 작업을 시작하자마자 우리는 "윤리"를 어떻게 정의할 것인가라는 문제와 당면한다. 김태길은 적어도 집단생활을 하는 곳에서는 행위에 제약을 가하는 규범이 경험적 현실로서 존재한다고 주장하면서 이처럼 인간 집단 어느 곳에서나 찾아볼 수 있는 규범으로 관습, 법 그리고 도덕률을 제시한 후 여러 가지 도덕률을 하나로 묶어 그 전체를 지칭할 때 윤리 혹은 도덕이라는 말을 사용한다고 규정한다.[15] 물론 관습과 법과 윤리 가운데 가장 근본적인 것이며 중요한 것

---

14) 김태길, 앞의 책, p. 64.
15) 같은 책, pp. 17-18. 김태길은 "인간 사회의 규범을 말할 때는 '윤리'라는 말을 많이 쓰고, '윤리'를 존중하는 사람들의 심성 또는 덕행을 가리킬 때에는 도덕이라는 말을 많이 사용한다."고 주장하면서 일상생활에서는 거의 같은 경우로 사용하는 경우가 많으며, 근래에는 전문적 학자들도 그 구별에 구태여 신경을 쓰지 않는 경향이 있다고 지적한다. 이 글 역시 윤리와 도덕을 엄격하게 구별하여 사용하

은 윤리 규범이다. 왜냐하면 관습이나 법률 가운데 존중해야 할 것과 버려야 할 것을 평가하는 기준이 윤리이기 때문이다.[16] 모든 사회 규범의 근간으로 되는 '윤리'에 대해 김태길은 다음과 같이 말뜻을 풀이한다.

'윤리(倫理)'라는 한자어의 '윤'자는 '사람 인(人)'과 '뭉치 윤(侖)'을 합해서 된 글자로서 인간 집단을 가리키는 글자이다. 그리고 '리'라는 글자는 석리(石理), 목리(木理), 또는 도리(道理)라는 말에서 알 수 있듯이, '결' 또는 '길'을 가리키는 한자다. 그러므로 '윤리'라는 말의 기본적인 뜻은 '인간 사회의 결 또는 길'이라고 풀이할 수 있다.[17]

그렇다면 한국인의 윤리 요소들로는 어떤 것이 있는가?[18] 김태길은 우리 사회의 윤리적 요소들의 연원을 찾기 위해 한반도의 신석기

지는 않을 것이다.

16) 물론 법률과 관습의 내용 중 상당한 부분이 윤리와 중첩되는 것이 현실이기 때문에 법률과 관습 그리고 윤리가 내용상 선명히 구분되지 않는 경우가 비일비재하다. 물론 행위에 대한 직접적 강제력이라는 점에서 보자면 조문화된 법률이나 오랜 전통을 지닌 관습이 타율적이기는 하지만 자율성을 강조하는 윤리보다 강력할 수 있다. 뿐만 아니라 윤리의 경우 합리적 이성을 자유롭게 개진하는 것에서 출발하기 때문에 현대와 같은 가치 다원주의 사회에서는 보편적 윤리의 설 자리가 점점 좁아지고 있다.

17) 김태길, 앞의 책, p. 19.

18) 이 질문은 윤리의 기원을 '인간 역사의 경험적 산물'로 간주하는 경험주의적 학설을 일정 정도 가정한 것이다. 이와 달리 신학적 윤리설은 윤리를 신이 내린 명령으로 간주하며, 형이상학적 윤리설은 우주 자연의 이법 원리에서 윤리가 비롯되었다고 주장한다. 신학적 윤리설이나 형이상학적 윤리설은 대체로 윤리의 보편성을 옹호하는 반면 경험주의 윤리설은 대체로 윤리의 다양성을 강조한다.

시대 상황에 대한 연구를 살핀 후 윤리적 상황과 관계가 있는 것으로 다음 세 가지에 주목한다.

첫째, 우리나라가 아득한 옛날부터 혈연을 중시하는 씨족 집단에서 출발하였다는 점,

둘째, 우리 조상들은 일찍부터 중요한 문제를 결정할 때는 회의를 열어서 중지를 모았다는 점,

셋째, 우리 조상들에게는 태고시대부터 무격신앙이 있었다는 점이다.

특히 조상들의 무격신앙은 우리 민족의 의식 구조 속에 깊이 뿌리를 내리고 이어지면서 오늘에 이르도록 우리 민족의 사고방식과 생활 태도에 지대한 영향을 미치고 있다고 주장한다.[19] 이러한 요소들이 한반도라는 공간에서 장구한 역사의 과정에서 불교와 도교 및 유교 그리고 그리스도교와 같은 외래 사상과 어우러져 오늘날 우리 사회의 윤리를 형성하게 되었을 것이다.

백종현은 20세기 전반기 한국 사회에서는 '국권회복', '민족 자주성 회복'이라는 대의명분이 사회 윤리의 근간을 이루었다고 전제한 후[20] 그 주요 형성 요소를 크게 다음과 같은 네 가지로 제시한다.

첫째, 전통 유교 윤리
둘째, 전통 불교 윤리

---

19) 김태길, 앞의 책, p. 66.
20) 백종현, 『현대한국사회의 철학적 문제: 윤리 개념의 형성』(철학과 현실사, 2003) p. 38.

셋째, 기독교 윤리와 독일 이상주의 윤리

넷째, 식민지 체험과 민족주의[21]

나아가 그는 해방 이후 한국 사회 최고의 운영 원리를 자유의 원칙이라고 규정한 후[22] 20세기 후반기 윤리 형성의 복합적인 요소를 역시 다음과 같이 네 가지로 제시한다.

첫째, 자유주의와 개인주의의 유입

둘째, 국가주의와 권위주의의 지속

셋째, 공리주의의 만연

넷째, 물리주의의 확산[23]

필자는 백종현의 분석에 대체로 동의하면서, 다만 전쟁의 체험과 분단 체제의 고착화라는 요소를 추가하여 20세기 후반 한국 사회 윤리 주요 구성 요소를 다음과 같이 다시 세 가지 범주로 구분해볼 수 있을 것이다.

첫째, 전통적 요소: 유교, 불교, 무속, 노장 사상, 민족주의, 혈연 중심 집단주의

둘째, 외래적 요소: 기독교, 이상주의, 자유주의, 개인주의, 결과주의

셋째, 사회적 요소: 식민지 체험, 전쟁과 분단 체제의 고착, 경제적 성장과

---

21) 같은 책, 3장 참고.

22) 같은 책, p. 149.

23) 같은 책, 참고.

사회적 민주화[24]

　20세기 한국 사회의 윤리를 다루면서 전쟁과 분단 체제의 고착이
라는 점에 특별히 주목하고자 하는 것은 전쟁이라는 긴급 상황에서는
생존 자체를 최우위에 두면서 평상시에는 상상조차 할 수 없는 온갖
비윤리적 행위조차 용인 혹은 정당화하면서 윤리 자체를 불가능하게
만들 수 있기 때문이다. 물론 전쟁은 공동체 내부의 결속을 강화하지
만 공동체 외부에 대한 배타성을 강화하면서 자신의 소속된 소규모
공동체를 넘어 윤리 의식이 성장하는 것을 가로막으며 집단 이기주의
를 정당화할 수도 있다. 뿐만 아니라 동족상잔이라는 한국 전쟁의 특
성은 "하나의 공동체로 간주되던 한민족의 공동체성"을 근본적으로
뒤흔들어놓았을 뿐만 아니라 전쟁 과정에서 보여준 일부 정치 지도자
들의 무책임하면서도 기만적인 행각은 한국 사회에서 건강한 공공 윤
리가 형성될 수 있는 기반을 훼손하는 것을 넘어 윤리에 대한 논의 자
체를 조소의 대상으로 만들어버렸다. 나아가 오늘날까지 지속되고 있
는 휴전 협정에 기반한 분단 체제는 '반공'을 국시로 삼으며 철학이라
는 학문 활동의 가장 바탕이 되는 자유로운 이성에 기반한 건강한 비

---

24)　전통적 요소에 무속과 노장 사상을 포함시킨 이유는, 첫째 우리 사회에서 현재
　　기복적 사고방식이 많이 약화된 것은 사실이지만 부지불식간 말하는 "팔자 탓"이
　　라는 표현이나 '궁합'을 따져보거나 심지어는 은행 공식 웹사이트에서 '토정비결'
　　서비스를 제공하고 있다는 점에서 미약하나마 매우 원초적인 방식으로 여전히
　　영향력을 미치고 있다고 판단하기 때문이며, 둘째 2009년 개정 교육과정에 따른
　　도덕과 집필 기준에서 노장 사상을 포함하고 있기 때문이다. 「2009년 개정 교육
　　과정(교육과학 기술부 고시 제2011-361호)에 따른 도덕과 교과서 집필 기준」, p.
　　47.

판활동이 자리 잡을 수 있는 토양을 근본적으로 위축시켜오고 있기 때문이다.

이런 시대적 상황을 염두에 두면서 서양 철학 수용 전반에 대한 다음과 같은 백종현의 평가를 음미해보자.

> 한국철학사상을 통사(通史)적으로 볼 때, 한국철학사상사는 19/20세기 간에 단절과 전환이 있었다고 평가하는 것이 합당할 것이다. 그리고 이 단절은 한국철학사상의 획기적인 발전의 계기였다기보다는 한국에서 '철학하는 사람들'로 하여금 자유의 힘과 자생력을 잃고 '세계 주류'라는 이름 아래 우리에게 밀려들어 오는 강대국의 사상을 수입하여 주석·해설하는 따위의, 사상의 주변에 맴도는 일에 종사토록 하였다. 그 결과 외형적으로는 정치적 식민 상태에서 벗어났음에도 철학 사상적으로는, 포괄적으로 말해 정신 문화적으로는 오랫동안 식민 상태가 지속되고 있다.[25]

20세기 전반 일제 강점기 동안 한국 철학계의 사정이 백종현의 지적처럼 "강대국의 사상을 수입하여 주석·해설하는 따위의, 사상의 주변에 맴도는 일에 종사하는" 수준에 머물렀다는 것은 부정하기 힘들 것이다. 이런 상황에서 보자면 일제, 해방, 분단, 전쟁 그리고 다시 분단으로 이어지는 격동의 20세기 중반까지 일반 국민에 대한 서양 철학의 영향은 지극히 미약했다고 볼 수 있을 것이다.

황경식은 해방 이후 윤리학 연구에 대해 개괄하면서 대체로 해방 후부터 1970년대까지를 윤리학의 학문적 토대를 다지는 시기로 규정

---

25) 백종현, 「서양 철학의 수용과 한국의 철학」, 『철학사상』 5, 1995, p. 8.

한 후 1980년대 이후 규범적 연구가 본격화하였다고 서술하면서 광의의 사회 윤리적 관심을 다음과 같이 세 가지 모습으로 제시한다.

첫째, 국민윤리 분야
둘째, 마르크스주의를 중심으로 한 사회 철학
셋째, 롤즈의 정의론에 대한 연구[26]

국민윤리란 해방 이후 지금까지 정부가 주도한 각급 학교의 윤리 교육이다. 해방 이후 분단과 전쟁 그리고 분단이라는 특수한 역사적 상황에서 공동체의 통합이라는 절실한 시대적 과제를 윤리 교육에 담고자 하였다. 그 결과 윤리 교과의 내용은 전통 윤리와 서양 윤리에 대한 교육뿐만 아니라 북한 체제에 대한 비판과 남북 체제 대결의 핵심인 공산주의에 대한 교육까지 담게 되었다.

특히 북한 체제에 대한 비판과 반공 교육이 정부 주도로 일방적으로 진행되면서 '도덕은 지배 계급의 이데올로기에 불과하다.'는 마르크스주의의 도덕 비판을 입증하는 상황을 초래하였다. 그 결과 정부 주도의 윤리 교육은 윤리 자체에 대한 반감을 초래하면서 윤리 전반에 대한 부정적 인식을 사회 전반에 확산하는 역설적 결과를 초래하였다. 이로 인해 특히 윤리 교육 분야에서 서양 윤리를 단순히 수용하는 것을 넘어 한국의 현실 문제를 고민의 대상으로 삼는 시도가 적절히 평가받지 못한 점은 매우 안타까운 현실이 되고 말았다.

---

26) 황경식, 「한국 윤리학계의 연구현황II('80 – 현재)」, 『철학사상』 7(1997), pp. 35 – 36.

3. 독일 철학의 수용과 윤리의 변화

우리나라에 철학이 학문으로 처음 수용되기 시작한 개화기부터 1960년대까지 '철학은 곧 독일 철학'이라는 등식이 성립할 정도로 독일 철학에 대한 연구가 압도적이었다는 점에서 독일 이상주의 철학이 우리 사회에 미친 영향은 깊고도 넓다. 물론 독일 철학이 이렇게 큰 영향을 끼친 것은 역사적인 우연과 정서적 친근성이라는 두 가지 계기가 결합된 결과라고 할 수 있다. 여기서 역사적 우연이란 개화기 이래 일제로부터 해방될 때까지 우리가 서양 문물을 접하는 주요한 통로가 일본이었다는 점 그리고 20세기 전반 일본과 독일 간에 특별한 동맹 관계가 있었다는 점이다. 정서적 친근성이란 독일 이상주의 철학의 바탕에 깔린 정서와 우리의 유교적 전통의 기저에 놓인 정서 간의 유사성을 말한다.[27]

우리나라 사람 중 서양 철학에 대해 본격적인 연구서를 처음 쓴 것으로 알려진 이정직(1841 – 1910)에 대한 백종현의 다음과 같은 보고를 통해 독일 철학을 수용하는 당시의 상황을 짐작해볼 수 있을 것이다.

그(이정직)는 칸트 철학과 주자학을 비교하면서 칸트를 이해한 것으로 보이며, 칸트 철학의 초점이 여느 서양 철학자의 것과는 달리 사변이나 기술 과학 문제가 아니라 도덕·실천의 문제에 맞추어져 있음을 높이 평가하였다. 그는 '사람을 결코 수단으로 대하지 말고 목적으로 대하라.'는 칸트의

---

27) 유교적 전통과 독일 이상주의 전통 간의 정서적 유사성이 있다는 백종현의 주장은 물론 사회심리학적인 논거를 통해 보충되어야 마땅할 것이다.

도덕 철학은 다름 아닌 인(仁) 사상이며 '칸트야말로 동양 유학자의 화신이 서양에 가서 태어난 것이 아니겠느냐.'고 말하면서 칸트 사상은 성스럽다고까지 평했다.[28]

1900년대 초에 유학자들을 통해 한자나 일본어를 통해 간접적으로 수용되던 독일 철학은 1920년대 해외 유학생들을 거쳐 직접 수용되기 시작하며 1930년대 이후 안호상, 박종홍, 신남철, 박치우 등을 통해 실천적 관점에서 토착화의 길에 들어서게 된다.[29] 이 과정에서 일제 식민지라는 척박한 상황으로 말미암아 "이론과 실천"에 대한 논쟁은 불가피하게 대두될 수밖에 없었지만 해방 이후 분단과 전쟁은 이들 철학자에게 치열한 논쟁을 허락하는 대신 실존적 선택을 강요하였다. 그리고 전쟁이 끝난 후의 남북 분단 상황에서 지속된 이념적 갈등은 다른 길을 갔던 박치우와 신남철과 같은 철학자들을 오랫동안 암흑 속에 가두어둔 채 규범적 논의 자체를 빈곤하게 만들면서 사상의 자유를 질식시켜왔다. 그 결과 칸트와 헤겔의 철학은 1970년대까지는 존재론이나 인식론을 중심으로 이론 철학 분야가 주로 탐구되면서 이들의 공화주의 사상과 같은 사회 철학이나 정치 사상에 대한 연구

---

28) 백종현, 「독일 철학의 유입과 수용 전개(1900-1960)」, 『철학사상』 5(1995), p. 110.

29) 백종현은 독일 철학의 수용 과정에 대해 다음과 같이 보고하고 있다. 즉 1900년 대부터 1920년대까지는 이정직이나 전병훈(1860?)과 같은 유학자들을 통해 주자학과의 유사성에서 이해되었으며, 1920년부터 1929년까지는 이관용(?-1933), 백성욱(1897-1981), 안호상(1902-1999) 등 초기 해외 유학생들을 통해 수용되었다. 1930년 이후에는 김계숙, 배상하, 안용백, 신남철, 박치우, 박종홍을 통해 서양 철학 사상의 토착화·한국화가 진행되었다. 같은 글, p. 123.

는 1980년대 사회적 변혁 운동이 본격화될 때까지 자의반 타의반 유
보되었다.

그 결과 1968년 국민윤리교육헌장 초안 작업에 깊이 간여한 박종
홍의 경우를 제외한다면 칸트나 헤겔 철학은 한국 현실 문제에 대한
적극적인 활용 가능성에 대한 관심보다는 학술적 연구에 주력하였다.
이렇게 된 또 한 가지 이유는 칸트나 헤겔 혹은 후설이나 하이데거와
같은 거장 철학자들의 사상 자체를 정확하고 엄밀하게 이해하는 것이
급선무였을 뿐만 아니라, 이러한 철학자들을 연구한 국내 학자들에게
윤리적 주제는 이들의 철학 전체에서 일부분이었다는 점에서 이들의
윤리학이 전면적으로 주목받기 힘든 면도 적지 아니하다. 또한 20세
기 후반 다양한 분과 학문이 소개되고 하나의 학문 영역 내에서도 전
공 분야가 세분되면서 어떤 학자가 가령 칸트의 윤리학을 중점적으로
연구하더라도 그는 윤리학자로 일컬어지기 전에 먼저 칸트 전공자로
간주된 한국 학계의 학풍 역시 적지 않은 요인이라 할 것이다.

그런데 흥미로운 점은 해방 이후 한국 윤리학계에 대한 황경식의
다음과 같은 보고이다.

70년대까지 윤리학 연구물들은 교재, 개론서들이 대부분을 이룬다 해도
과언이 아니며 철학자 개인과 관련된 것으로는 칸트 윤리학이 압도적이며
그 외 하르트만, 듀이, 스피노자의 윤리학에 대한 연구가 70년대까지 주
종을 이룬다. 비록 직접적으로 윤리학 자료라 하기는 어려우나 넓은 의미
에서 윤리학적 성과라고 할 수 있는 사회, 역사, 인간, 문화 등의 자료 중
700여 편도 넓은 의미에서 윤리학적 자료로 분류할 수 있다. 이 중 마르크
스와 관련된 건수는 그중 70%를 넘는 500여 편에 이른다는 사실도 흥미

롭다. 이는 많은 철학도들이 한국 현실의 규범적 요구가 영미 윤리학보다는 마르크스의 사회 철학에 의해 그 해답을 찾을 수 있다고 추정했던 결과가 아닌가 생각된다.[30]

이것은 다양한 해석이 가능하겠으나 1970년대 이후 한동안 지속되었던 한국 철학계 내에서 윤리학, 특히 규범 윤리학의 기피 현상과 밀접히 연관되어 있다.[31]

1970년대 후반부터 본격 수용되기 시작한 프랑크푸르트학파의 비판 철학은 그 명칭이 시사하듯 특정한 주제들을 다루면서 한국 사회의 구조적 부정의 문제들에 대해 직접적 언급을 할 수 있는 길을 제공하였다. 그러나 이들은 윤리의 관점보다는 구조의 관점에서 다양한 비판 활동을 전개하면서 비판 철학에 대한 연구를 윤리학과는 구별되는 의미에서 '사회 철학'이라고 명명함으로써 윤리적 문제들을 외면하는 것과 같은 태도를 취하였다. 또한 1980년대 진보적 시각에서 근본적인 사회적 변혁을 도모하였던 진영 역시 독일 이상주의의 휴머니즘을 바탕으로 강력한 규범성을 견지하면서도 윤리에 대해서는 비판적인 태도를 견지하였다.

윤리 혹은 윤리학에 대한 부정적 인식은 1970년대와 1980년대 군부 독재라는 전반적인 사회적 상황과 학계의 일부 윤리학자들의 태도

---

30) 황경식, 「서양 윤리학의 수용과 그 영향」, 『철학사상』 6(1996), p. 143.

31) 1970년대 규범 윤리학에 대한 기피 현상에는 다양한 이유가 있을 것이지만, 윤리학계 자체의 특성에서 그 이유를 찾아볼 수 있을 것이다. 가령 독일 윤리학의 경우 구체적인 도덕규범을 정당화하기 위해서 형이상학 혹은 존재론에 호소하고 있다는 점이다. 이와 달리 영미 윤리학의 경우 20세기 초반 이래 분석 윤리학이 압도하고 있었다는 점을 생각해볼 수 있다. 같은 글, pp.139-141.

로 인해 더욱 심화되었다. 1970년대 후반 정부 주도로 강화된 '국민윤리'는 1960년대 말 정부에서 발표한 '국민교육헌장'과 함께 내용상의 논란은 말할 것도 없거니와 반공 이데올로기를 앞세워 군사정권을 정당화하면서 국가에 대한 맹목적 충성을 강요하며 체제에 순응하는 방식으로 국민정신까지 개조하겠다는 시도로 말미암아 심각한 반발을 초래하였다. 특히 자본주의 경제를 일방적으로 옹호하면서 사회 구조의 정당성 문제에 대해서는 침묵한 채 국가주의를 강요함으로써 비판적 논의 자체를 불가능하게 만들었다. 또한 1980년대 정당성을 결여한 정권에서 '국민윤리'가 더욱 강조되면서 도대체 '윤리란 무엇인가?'에 대한 근본적 의문이 등장할 수밖에 없었다.[32] 뿐만 아니라 '정의사회구현'이라는 형용모순의 국정 방침에 따라 추진되는 '국민윤리'에 저항하거나 이를 바로잡기보다는 오히려 이에 편승하거나 침묵하고 있던 자칭 일부 윤리학자들의 모습은 윤리에 대한 거부감을 더욱 격화하였다.[33]

---

[32] 이러한 성찰을 통해 2000년대 이후 '국민윤리'라는 표현은 정부의 공식 용어에서 사라졌다. 이와 더불어 2007년 개칭된 '윤리교육과'는 윤리 교육 전반을 새롭게 포괄하고자 한다. "본과의 학문은 도덕·윤리 교과교육학, 동양윤리학 및 서양윤리학, 정치철학, 국제윤리 및 통일교육 등 도덕·윤리 교과와 관련된 인문·사회과학의 여러 영역에 대한 학제적 접근(interdisciplinary approach)을 통해 연구를 수행하는 종합학문의 성격을 지니고 있다." 서울대학교 사범대학 윤리교육과 홈페이지.(http://edu.snu.ac.kr/NationalEthicsEducation(2017.04.29.))

[33] 황경식은 "철학교수들이 국민윤리에 대해 비판적인 이유는 아마도 윤리 교육이어야 할 국민윤리가 정치학 전공자들에 의해 정치 이데올로기 교육으로 왜곡되었기 때문이기도 할 것이다."고 주장한다. 그러나 바로 앞 단락에서 '국민윤리교육의 주도적 인물'로 거명된 학자들 중 그 당시 철학계의 대표적 학자들이 적지 않다는 점은 철학계 전체의 진지한 자기성찰을 요구한다 할 것이다. 황경식, 앞의 글(1997), p. 58.

이로 인해 1980년대 이후 사회 구조적 문제에 적극적인 관심을 기울인 독일 철학 연구자들을 통해 윤리가 단순히 개인과 개인 간의 문제를 넘어서 공동체 속에서 살아가는 인간이 공동체를 통해 어떻게 형성 발전되는가에 대해서뿐만 아니라 공동체 자체의 도덕성에도 적극적으로 주목하는 것이어야 한다는 인식이 확산되면서 공공 윤리를 위한 지평이 확장되었다. 특히 칸트, 헤겔, 마르크스 그리고 하버마스 철학에 대한 그동안의 누적된 연구는 1990년대 이후 영어권 윤리학계의 주요 관심사로 등장한 자유주의와 공동체주의 논쟁이 한국 학계에 수용된 이후 전통 사상과 맞물려 더욱 풍성하게 진전되면서 윤리에 대한 학술적 논의를 심화하는 중요한 바탕이 되었다.[34]

독일 윤리학을 중점적으로 다룬 저술들은 다음과 같다.

정하경, "칸트의 도덕율과 자유 연구"(1962)

이원상, "칸트의 도덕과 행위의 문제"(1965)

민동근, "N. 하르트만의 윤리적 가치에 대한 연구"(1965)

조희영, "Max Scheler와 N. Hartmann에 있어서 가치의 서열의 문제"(1965)

장재덕, "칸트에 있어서 최고선에 대한 소고"(1966)

최일운, "선험적 자유의 본질, 실천 이성 비판의 근본문제로서"(1966)

이창복, "칸트의 자유론 비판"(1967)

전원배, "윤리학에 있어서의 형식주의와 실질주의"(1967)

---

34) 황경식, 앞의 글(1996), p. 157. 칸트에 대한 국내 학위 논문에 대해서는 다음 글 참고. 백종현, 「한국 칸트철학계 석·박사 학위 논문 목록 1949-2004」, 이 글은 백종현, 『윤리형이상학정초』(아카넷, 2005)에 부록으로 실려 있다.

하영석, "초기 Scheler의 철학의 고찰, 가치 윤리학 정초에의 시도"(1971)

이를 바탕으로 황경식은 1970년대 후반까지 독일 윤리학에 대한 한국 윤리학계 연구에 대해 다음과 같이 서술하고 있다.

> 1970년대 후반에 이르기까지 … 압도적으로 칸트에 집중되고 있으며 나아가 칸트의 선험적 윤리학을 비판하고 나온 막스 쉘러나 하르트만의 현상학적 윤리학에 초점이 모아지고 있다. 따라서 독일 윤리학에 관심을 갖는 학자들은 자연히 칸트의 윤리학과 쉘러 및 하르트만의 윤리학 간에 성립하는 논의의 맥락에 주목하지 않을 수 없는 것이며 이는 관심과 주목의 표적이 윤리학의 근본 문제인 도덕 원리에 관한 것임을 말해주고 있다.[35]

주지하다시피 칸트는 공리주의적인 행복의 원리나 아리스토텔레스식의 완성의 원리가 아니라 경험과 무관한 순수 이성의 형식적 실천 원리만이 도덕의 원리가 될 수 있다고 주장하면서 자신의 윤리설을 전개하였다. 물론 칸트의 이러한 입장은 그 이후 헤겔과 하르트만, 쉘러 등 독일 윤리학계 내부로부터도 다양한 비판을 받으며 윤리학이 다양한 양상으로 발전하는 계기가 되었다. 한국의 독일 윤리학 전공자들의 경우 대체로 칸트 윤리학의 압도적인 영향 가운데 사람들이 일상적으로 윤리라고 생각하는 바에 주목하기보다는 원론적인 의미에서 윤리의 본성에 대한 연구에 집중하였다고 할 수 있다. 그 결과 윤리의 본성, 즉 '도대체 윤리란 무엇인가?'의 문제가 한국의 독일 윤

---

35) 황경식, 앞의 글(1996), p. 157-158.

리학자들에게는 가장 중요한 연구 주제로 간주되면서 영미 윤리학자들 및 고전 윤리학자들과 치열한 논쟁을 불사하면서 윤리에 대한 학문적 깊이를 더하였다.

4. 영미 철학의 수용과 윤리의 변화

1) 메타 윤리학

해방과 더불어 남한 사회는 미군정의 지배에 놓이게 되면서 서양 문명, 특히 미국의 문물을 직접 수용하기 시작하였다.[36] 미국의 영향이 압도적으로 확장되었다는 점은 서양의 다양한 열강으로부터 문물을 수용하던 개화기의 수용 방식과는 매우 다른 양상이었다. 물론 해방 이후에도 철학계 안에서 독일 철학의 영향이 막강한 가운데 1980년대까지만 해도 영미 철학은 그 영향력이 극히 미약하였다.[37] 그러나 한국 사회에서 미국의 영향력이 절대적 비중을 차지하면서 영미 철학이 급속히 확장되었다.

---

36) 한치진은 1921년 도미하여 남캘리포니아 대학에서 철학박사 학위를 취득한 뒤 1930년 귀국한 이후 당시 미국 학계에서 성행하던 거의 모든 학문 분야에 대한 개론서를 집필하면서 한국에서 서양 사상을 수용하는 과정에서 큰 기여를 하였다. 그는 1934년 『증보윤리학개론』에서 미국의 실용주의 철학을 소개하면서 기독교의 관점에서 윤리 문제에 주목하였다. 그는 다른 1세대 철학자들과 비교해 기독교적인 색채가 강하였을 뿐만 아니라 한국 전쟁 중 피랍됨으로써 그의 연구가 사실상 연속되지 못하였다. 참고 이장형, 「한치진을 통해 본 한국 기독교사상계의 기독교윤리 이해」, 『기독교사회윤리』 24(2012), pp. 36–37.

37) 김효명, 「영미 철학의 수용과 그 평가」, 『철학사상』 6(1996), p. 79.

영미 윤리학 분야에서 가장 먼저 체계적으로 수용된 것은 이모티비즘이었다. 20세기 초반 분석철학으로 대변되는 영미 철학에서 윤리학 분야의 중심은 메타 윤리학, 그중에서도 이모티비즘이었다. 이모티비즘은 논리실증주의자들의 엄밀한 논리적 분석의 방법을 도덕 철학의 영역에 적용하여 윤리학의 제반 개념 및 논증의 특성을 밝히고자 하였다. 논리실증주의자들은 검증 가능성(verifiability)이라는 금과옥조와 같은 기준을 도덕적 탐구에 엄밀하게 적용한 후, 도덕 판단들은 자연과학처럼 사실에 관한 것이 아니라 인간의 주관적 감정을 표현한 것일 뿐이라고 주장하면서 규범 윤리학의 학문적 가능성 자체를 인정하려 들지 않았다. 그 결과 이모티비즘은 두 차례에 걸친 세계 대전과 심각한 사회적·경제적 위기 상황 속에서도 현실의 윤리적 상황에 대한 직접적 언급을 하는 대신 윤리적 언어 분석에 몰두하면서 현실에 대한 무관심을 조장한 점을 부정할 수는 없을 것이다.

특히 미국에서 메타 윤리학으로 학위를 마친 김태길 교수가 귀국하여 서울대에서 엄밀한 분석적 방법론에 기반하여 윤리학 연구를 본격화하였다.[38] 김태길 교수 본인의 현실적 관심에도 불구하고, 윤리학은 현실적 문제에 대한 직접적 대응보다는 이론적 엄밀함을 추구하게 되었다. 영국과 미국의 메타 윤리학자들의 이러한 태도는 한국 사회에 그대로 수용되었고 그 결과 사회적 격동의 시기에 한국의 윤리학

---

38) 김태길이 1957년 미국 존스 홉킨스 대학에서 "Naturalism and Emotivism: Some Aspects of Moral Judgement"로 박사 학위를 취득한 것에 대해 황경식은 "한국 윤리학계의 메타 윤리학적 전회를 예고하는 일대 사건"이라고 하면서 한국 윤리학계의 이러한 지각 변동은 거의 전적으로 한 사람의 학자(김태길)에 의해 이루어진 셈이라고 한다. 황경식, 앞의 글(1996), p. 153.

자들 역시 오로지 학문 연구에 몰두하였다. 물론 윤리학을 엄밀한 분석적 방법을 통해 정초하고자 한 이러한 시도는 이후의 윤리학 연구를 정치하게 이끌어나갈 수 있는 학문적 능력을 향상시키고, 나아가 1980년대 이후 첨단 과학 기술의 발전과 더불어 등장한 복잡하고 다양한 유형의 실천 윤리학 문제들에 대한 능력을 배양할 수 있는 긍정적 결과를 낳았다고 할 것이다.

여기서 한 가지 부연해둘 점은 김태길의 활동이다. 그는 1960년대 중반 서울대학교에 부임하여 1980년 중반 은퇴할 때까지 후학을 양성하며 한국 윤리학계의 방향을 정초하였다. 뿐만 아니라 그는 한국학정신문화연구원(현재 한국학중앙연구원) 설립에 자의반 타의반 개입하였고 또한 1970년대 정부 주도의 국민윤리를 수립하는 과정에도 간여하였다. 다른 한편 유려한 문장으로 어려운 서양의 윤리 이론을 간결명료하게 소개하였다. 1964년 발간된 『윤리학』은 해방 이후 발간된 철학서 중 최장기 스테디셀러로서 한국 윤리학계의 연구 방향을 주도하면서 아직까지도 윤리학 전공자들뿐만 아니라 다양한 지식인층에 널리 읽히고 있다. 또한 그는 『한국윤리의 재정립』(철학과 현실사, 1995), 『직업 윤리와 한국인의 가치관』(철학과 현실사, 1997), 『공자사상과 현대 사회』(철학과 현실사, 1999), 『우리시대의 윤리』(뜨인돌, 2001), 『유교적 전통과 현대 한국』(철학과 현실사, 2001), 『소설에 나타난 한국인의 가치관』(철학과 현실사, 2010) 등 많은 저술을 발표하였다.

뿐만 아니라 그는 은퇴 후에는 철학문화연구소를 세워 철학의 대중화, 대중의 철학화 작업을 이끌었을 뿐만 아니라 '성숙한 사회 가꾸기 모임'이라는 윤리 운동 단체를 조직하여 한국 사회의 윤리 의식을 진작하기 위해 다양한 활동을 펼쳤다. 『변혁시대의 사회철학』(철학과 현실사, 2002)이라는 그의 저술에서 볼 때 사회 구조의 도덕성 문제에 무관심했던 것은 아니지만 전반적으로는 영국과 미국의 개인주의적 관점에서 한국인들의 윤리 의식을 고양하고자 한 것으로 보인다. Utilitarianism을 당시 독일 철학 전공자들과는 달리 功利主義가 아니라 公利主義로 번역함으로써 벤담이나 J. S. 밀과 같은 고전적 공리주의자들이 공유하고 있던 공공 정신(public mind)을 전하고자 하였지만, 이는 한국에서 utilitarianism의 정체성에 대한 논쟁을 촉발하는 계기가 되었다.

그는 '功利主義'라는 일본인의 번역이 영국 철학에 대한 이해가 일천하던 시절의 졸속한 번역으로 utilitarianism의 뜻과는 너무나 거리가 있다고 주장하였다. '功利'라는 한자어는 본래 '이익을 힘씀' 또는 '공명(功名)과 이욕(利慾)' 등을 뜻하는 말로서 다분히 이기적이며 타산적인 태도 또는 목적과 깊은 연관성을 가지고 있기 때문에 '功利主義'라는 한자어는 이기주의 또는 이해타산을 권장하는 사상이라는 뜻을 함축하게 마련이라는 것이다. 그러나 영국의 utilitarianism은 '모든 사람의 행복' 또는 '공동의 선', '공동의 이익'을 최고의 선으로 보는 사상으로서 이기주의와는 정면에서 대립한다는 것이다. 그러므로 '공중의 이익'을 의미하는 '公利'와 붙여서 '公利主義'라는 한자어로 옮기는 것이 옳다는 것이다.[39] 그런데 한글 사용이 본격화되면서 utilitarianism은 일상 표기에서 모두 '공리주의'로 표기되면서 올바른 한자어 논쟁과 상관없이 '최대다수의 최대이익'으로 간결하게 소개되어 정부 정책

---

39) 김태길, 『윤리학』(박영사, 2001 중판), p. 81‒82. 윤리학 분야 교과서처럼 간주되고 있는 저술은 1964년 초판이 발행되었으며, 증보판(1980), 개정판(1987), 개정증보판(1998)이 발행되었다.

을 결정하는 과정에서 직접적인 해결책을 제시할 수 있는 이론으로 수용되었다. 그 결과 공리주의는 공익 혹은 국가 전체를 위해 소수의 개인은 양보해야 한다는 일종의 집단주의 이론으로 간주되었다.

그러나 공리주의는 그 창시자인 벤담 이래 철저한 개인주의에 기초하여 공동체의 이익을 개인 이익의 총합으로 간주하고 있다[40]는 점에서 서로 다른 개인의 사적 이해관계를 조정하는 역할은 할 수 있을지언정 이를 넘어서는 공익 혹은 공공성을 설명할 수 없다. 이 때문에 롤즈와 같은 철학자는 자신의 저서 『정의론』 서문에서 '이 저술의 목적은 공리주의에 대한 대안이 되는 새로운 입장을 제시하는 것이다. 왜냐하면 현재 영어권에서 지배적 사상으로 간주되는 공리주의는 민주주의 제도의 이론적 바탕이 될 수 없기 때문'이라고 밝혔다. 개인의 이해관계의 총합이 곧 공동체의 이해관계라는 발상, 즉 홉스, 로크 그리고 벤담을 통해 일관되고 있는 소유 중심적인 고전적 자유주의(자유지상주의)는 20세기 말 신자유주의의 위세와 더불어 더욱 강화되면서 공공성이라는 개념 자체를 체계적으로 약화시키며 사적 이해관계로 환원하고자 한다.[41] 그 때문에 그는 한국 사회에서 독일 이상주의의 의무론적 전통에 충실하여 개인의 이해관계와 무관하게 도덕과 윤리를 정당화하고자 하는 학자들로부터 '한국 사회에서 윤리 개념 자체를 근본적으로 오도하는 계기를 제공하였다.'는 비판을 오늘날까지

---

40) Jeremy Bentham, *An Introduction to the Principles of Morals and Legislation*, 1789. 강준호 역, 『도덕과 입법의 원칙에 대한 서론』(아카넷, 2015) 제1장.

41) Crawford Brough MacPherson, 황경식 외 역, 『홉스와 로크의 사회 철학』(박영사, 1990), pp. 305-306.

받고 있다.[42]

2) 결과주의 윤리설

필자가 확인한 바로 공리주의에 대한 최초의 번역서는 1958년 사상연구회에서 펴낸『밀 공리주의』(상허문화사)이다.[43] 벤담의 사상은 1970년대 후반부터 피세진을 통해 소개된다. 그러나 공리주의 사상은 경제학자들과 사회과학자들을 중심으로 일종의 사회 정책 이론처럼 소개되었다. 당시 영미 사회과학계에서 풍미하던 실증주의의 학풍에서 볼 때 공리주의 사상은 '무엇이 추구할 만한 가치인가'에 대한 추상적 논의를 배제한 채 사회 전체의 이익을 도모할 수 있는 사회 정책을 계량적으로 결정할 수 있는 이론적 근거로 간주되었던 것이다. 물론 공리주의자들이 공평성(impartiality)이나 공감뿐만 아니라 경우에 따라서는 이타심까지 강조하고 있지만 옳음이나 공동체적 결속보다는 개인의 쾌락을 윤리적 판단의 일차적 준거로 삼고 있기 때문에 한국 사회에서는 영미권의 개인주의 사상이 이기주의로 오인되는 중요한 계기를 제공하였다.

공리주의는 한국 사회에서 당시 지배적 위치에 있던 독일 철학 전공자들로부터 미국의 실용주의(pragmatism) 사상과 마찬가지로 천박한 이론으로 배격당하였다. 그러나 사회과학자들과 일반인들에게는

---

42) 이런 주장을 펴는 대표적인 학자는 진교훈과 백종현이다. 백종현,『윤리개념의 형성』(철학과 현실사, 2003), pp. 171-172.

43) 황경식은 이 책이 1961년 간행되었다고 밝혔는데 구체적 서지 사항을 밝혀두지 않아 확인할 수 없다. 황경식, 앞의 글(1996), p. 162.

'최대다수의 최대이익'으로 간결하게 소개되면서 구체적인 해결책을 제시할 수 있는 이론으로 수용되었으며, 때로는 국가라는 전체를 위해 소수의 개인은 희생될 수도 있다는 식으로 간주되면서 더욱 환영받기도 하였다. 나아가 공리주의는 이미 상당한 영향을 미치고 있던 실존주의 사상과 결부되어, 한국 사회에서 탈도덕주의 내지 윤리적 상대주의가 심화되는 중요한 요인으로 작용하였다. 왜냐하면 저급한 쾌락이건 고급의 쾌락이건 모두 똑같이 존중받아야 한다는 것이 공리주의의 기본 주장이기 때문이다.

공리주의 윤리설의 국내 수용과 관련하여 특이한 점은 1980년대까지만 하더라도 철학계 내부에는 스스로 공리주의 옹호자로 나서서 적극적으로 옹호한 학자가 드물었다는 점이다. 이런 연유에서 보자면 한국 사회에서 공리주의는 "고아"처럼 부당한 오해와 괄시를 받았을 수도 있다. 1980년대 말 미국에서 유학한 학자들이 귀국하면서 국내에 공리주의 사상을 긍정적으로 소개하려는 시도가 등장하기 시작하였다. 특히 임신 중절이나 안락사와 같이 의료기술의 발달로 인해 새롭게 부각된 응용 윤리 문제에서 공리주의 윤리설은 오로지 당위를 강조하는 전통적 의무론에 비해 불편부당한 관점에서 합리적 해결책을 제시하는 것으로 간주되면서 많은 주목을 받게 되었다. 뿐만 아니라 고통과 쾌락은 그 누구의 것이건 동등하게 다루어져야 한다는 발상은 동물에 대한 윤리적 관심을 부각시키면서 공리주의는 기존의 인간 중심주의를 벗어난 새로운 윤리를 제시하는 것으로 간주되기도 하였다. 그러나 공리주의는 개체 중심의 선택 논리를 공동체의 운영 원리로 확대하고자 한다는 점에서 개인 윤리와 공공 윤리 간에 근본적

차이점이 있을 수 있다는 것을 원칙적으로 부정한다.[44]

3) 롤즈의『정의론』

1971년 롤즈의『정의론』출간과 더불어 윤리학의 '규범적 전환 (normative turn)'이라고까지 일컬어질 정도로 적어도 미국의 윤리학계는 공공 윤리에 대해 본격적으로 관심을 쏟기 시작한다.[45] 국내의 경우 롤즈의 정의론은 1974년 한국철학회에서 특집으로 소개되고 1977년 완역되었지만 한동안은 논의가 활성화되지 못하였다. 이것은 롤즈의 정의론이 현실의 당면한 부정의를 척결하고자 하는 직접적인 실천적 대안을 제시하는 것이 아니라 이상적인 정의의 원칙을 제시하고 있었던 것뿐만 아니라 그 이전 서양 철학, 특히 영미 철학을 수용한 학자들이 보여준 현실의 윤리적 위기 상황에 대한 무감각 혹은 무관심에서 연원한 바도 없지 아니하다. 그리하여 롤즈의 정의론은 오히려 미국 자본주의를 옹호하는 부르주아지 이데올로기로 간주되기조차 하였다. 그럼에도 불구하고 우리 사회가 윤리적으로 심각한 위기 상황이라는 공감이 확산되고 헤겔–마르크스로 이어지는 급진 변혁 사상이 동구의 몰락으로 관심에서 멀어지면서 정의론은 새롭게 주목받게 된다.

---

44) Jeremy Bentham 저, 강준호 역, 앞의 책, 제1장.

45) John Rawls, *A Theory of Justice*(The Belknap Press of Harvard University Press, Cambridge, Mass. 1971), 황경식 역,『사회정의론』(서울: 서광사, 1977). 이 책의 개정판이 1999년 출판되었으며, 개정판 역시 황경식에 의해『정의론』(이학사, 2003)으로 번역되었다.

1980년대 중반부터는 롤즈 정의론에 대한 영미 철학계의 다양한 논쟁이 국내에 거의 실시간으로 활발히 소개되었다. 주지하다시피 롤즈는 자신의 정의론에서 일차적 주제를 사회의 기본 구조로 간주하였으며, 사회란 협력의 체제라는 점을 통해 자신의 정의론을 전개하였다. 이런 점에서 롤즈의 정의론은 기존의 개인 중심의 윤리학의 틀을 넘어 사회 구조의 정의, 즉 공공성에 대한 적극적 관심을 촉발하였다. 그 결과 영미 철학계에서는 롤즈의 정의론이 등장하면서 규범 윤리학 방법론, 자유의 가치, 개인주의–공동체주의, 민주주의 이론에 대한 논의가 본격 전개되면서 개인 윤리와는 구별되는 의미에서 공공 윤리 내지 공공 철학이 부각되기 시작하였다.[46] 국내에서도 롤즈에 대한 연구는 자유주의–공동체주의 논쟁의 맥락에서 재구성되면서 개인의 행위에 대한 윤리학적 논쟁을 넘어 사회 철학 내지 정치 철학적 논의로 확대 발전된다. 특히 그의 후기 저작이 『정치적 자유주의』라는 이름으로 등장하면서 자유주의에 대한 논의는 새로운 지평을 맞게 되면서 '개인 윤리', '사회 윤리', '공동선', '보편 윤리', '대동사회' 등의 용어들이 새로이 주목받게 되었다. 이는 결국 사회 구조의 도덕성이 윤리학의 중심 주제로 등장하면서 공공 윤리에 대한 관심이 새롭게 부각되었다.

롤즈의 사상은 '평등주의적 자유주의'로 요약된다. 자유와 평등이라는 민주주의 핵심 이념을 어떻게 조화하고자 하는가에 대해 많은 연구가 진행되었고 특히 평등과 관련하여 차등 원칙은 많은 주목을

---

46) Michael Sandel, "Political Liberalism", *Harvard Law Review*, Vol. 107(2003), p. 1747. 이에 대한 상세한 소개는 다음 논문 참고. 정원섭, 「영미윤리학계의 최근 연구 동향과 도덕교육」, 『윤리교육연구』 14(2007).

받았다. 그럼에도 차등 원칙이 박애의 정신을 구현한다는 점에 대한 연구는 국내외에서 모두 등한시된 것으로 보인다. 자신보다 '못한 처지에 있는 타인들에게 이익이 되지 않는 한 보다 큰 이익을 가질 것을 원하지 않는다.'는 롤즈의 차등 원칙의 기본 취지는 시민적 우애와 사회적 연대감을 표명하는 박애의 원칙에 다름 아니다.[47] 이 점에서 롤즈의 차등 원칙은 단순히 복지를 정당화하거나 위험을 회피하며 자신의 이익을 극대화하고자 하는 합리적 선택의 원칙을 넘어 자유, 평등, 박애로 일컬어지는 민주주의가 지향하는 공공 정신을 표현하고 있는 것이다.

한국 사회에서 롤즈의 정의론 연구 과정에서 주도적 역할을 한 것은 황경식이다. 그는 롤즈의『정의론』을 번역하고 하버드 대학교에서 롤즈로부터 수학한 후 서울대학교에서 '고전적 공리주의와 롤즈의 정의론에 대한 비교 연구'를 통해 박사학위를 받았다. 1980년대 중반부터 2010년대 초반 은퇴할 때까지 서울대학교에서 후학을 양성하며 영미 철학계에서 진행되고 있는 롤즈에 대한 연구를 소개하며 국내에서 한국 사회의 구조적 윤리 문제에 깊이 천착한다. 뿐만 아니라 1990년 초반 "한국사회·윤리학회"를 창립하여 윤리학에 대한 연구를 사회구조적 문제와 결부시키려는 노력을 주도하였을 뿐만 아니라, 경제정의를 추구하는 시민운동 단체인 "경제민주화실천연합" 창립 과정에 관여하며 시민사회와 학자들 사이의 가교 역할을 하며 토지 공개념을 제시하는 등 한국 사회의 공공성 강화를 위한 노력을 경주하였다.

또한 그는 1990년대 말 "다산강좌"를 개설하여 10년 동안 김태길,

---

47) John Rawls 저, 황경식 역, 앞의 책(2003), 17절.

칼 오토 아펠, 존 설, 마이클 왈처, 찰스 테일러, 슬라보예 지젝, 뚜웨이밍, 마이클 샌델 등과 같이 공공 윤리 분야의 전 세계 저명한 학자들을 초청하여 한국 철학계와 서구 학계 간의 학술적 교류를 증진하며 한국 사회의 공공성 증진을 위한 노력을 기울였다. 은퇴한 이후에도 그는 롤즈 정의론에 대한 기존 연구를 바탕으로 덕 윤리학에 대한 적극적인 연구를 통해 서양의 윤리학과 동양의 윤리학을 상보적으로 통합하고자 하는 노력을 경주하고 있다.

한국 사회에서 공공성 내지 사회적 정의에 대한 관심을 학술적 논의를 넘어 일반인들에게까지 확장하는 데 결정적 기여를 한 것은 마이클 샌델의 『정의란 무엇인가?』라는 저술이다.[48] 2010년 이 책이 국내에 번역된 후 불과 3년 만에 120만 부가 팔려나가면서 한국 사회의 정의 내지 공공성에 대한 관심을 전문 학자들뿐만 아니라 일반 독서 대중에 이르기까지 확장하였다. 이와 더불어 철학자들뿐만 아니라 다양한 전공자들이 한국 사회에서 정의 문제에 대한 관심을 기울이게 되었다. 사실 한국 사회는 1998년 외환 위기를 겪으면서 신자유주의가 본격 도입되고 공공성보다는 생존과 경쟁이 더욱 강조되면서 사회적 양극화가 심화되고 있었다. 이러한 상황에서 샌델의 저술은 정의 문제를 일반인들에게 친근하게 부각시키면서 공공 윤리의 가능성으로 관심을 확장하였던 것이다.

---

48) Michael Sandel, *Justice: What's the right thing to do*, 이명신 역, 『정의란 무엇인가?』(김영사, 2010).

4) 롤즈 이후 영미 윤리학계의 주요 논쟁들

이처럼 롤즈의 정의론 이후 미국과 영국의 윤리학계 논의들이 거의 실시간으로 한국 윤리학계 담론에 영향을 주고 있다는 점에서 1990년대 이후 영국과 미국의 윤리학계 주요한 논의를 소개하고자 한다.

1980년을 기점으로 영국과 미국 사회는 대처리즘과 레이거노믹스가 말해주듯 보수화의 길을 걷는다. 공교롭게도 거의 비슷한 시기에 양국에 등장한 보수적 집권 세력은 1970년대 만성화되었던 경제적 위기를 극복하기 위한 일환으로 자유 시장 경제 체제를 강화하고자 정부 부문의 지출을 감소시키면서 복지 정책을 축소하는 등 보수적 전략을 택한다. 그 결과 1990년대에 이르면서 두 나라 모두 상당한 정도의 경제적인 호황을 누리게 되었고 다른 한편으로는 구소련이 붕괴하면서 이데올로기적인 승리를 구가한다.

1990년대 역시 생명 공학과 디지털 기술 등 첨단 기술 덕분에 양국은 호황을 이어가지만 세계화 과정에서 영국의 경우 이슬람권 이민자들이, 미국의 경우 중남미 및 아시아권 이민자들이 급증하면서 종교적·문화적·사회적 이질화가 심화되면서 심각한 내적 갈등을 겪게 된다. 뿐만 아니라 21세기 벽두 9·11테러와 런던 도심의 테러 모의는 기존의 전쟁들과는 달리 두 나라의 본토를 직접 겨냥한 것이라는 점에서 내부 소수 집단에 대한 눈에 보이지 않는 경계심과 외부에 대한 배타적인 애국주의(patriotism)가 본격적으로 등장하는 계기를 제공한다. 전쟁과 테러라는 이 두 가지 극단적 상황 그리고 첨단 공학 기술의 급격한 발전이 1980년대 이후 영국과 미국 사회의 보수화 경향과 맞물려 특히 영국과 미국 윤리학계의 연구 동향에 어떤 주목할 만한 변화를 초래하는지 살펴보고자 한다.

1971년 롤즈의『정의론』출간과 더불어 윤리학의 '규범적 전환(normative turn)'이라고까지 일컬어질 정도로 적어도 미국의 윤리학계는 규범 윤리학에 대한 본격적인 관심을 쏟기 시작한다.[49] 1970년대 이후 영미 윤리학계에서 전개된 논쟁을 규범 윤리학 방법론 논쟁, 자유의 가치 논쟁, 공동체주의 논쟁, 민주주의 이론 논쟁으로 나누어 소개하고자 한다. 이 논쟁은 모두『정의론』에서 비롯된 것이라 해도 과언이 아니다.[50]

(1) 규범 윤리학 방법론 논쟁

규범 윤리학 방법론 논쟁이란 윤리학에서 기초가 되는 '옳음(the right)'이라는 개념과 '좋음(the good)'이라는 개념을 어떻게 규정할 것인가 그리고 이렇게 규정된 두 개념을 어떤 방식으로 서로 연관 지을 것인가에 대한 논쟁이다. 일반적으로 결과론자들은 전체 복지의 증진을 강조하면서 '좋음'을 먼저 규정한 후 그 극대화로 '옳음'을 설명하고자 한다. 반면 의무론자들은 인권과 같은 모종의 불가침의 권리에 주목하면서 '좋음'과는 상관없이 '옳음'을 규정하고자 한다.[51] 이 논쟁은 롤

---

49) John Rawls 저, 황경식 역, 앞의 책(1997). 이하 인용에서는 TJ로 줄여 표현하며, 개정판이나 번역본에서 인용할 경우 별도로 밝히겠다.
50) Michael Sandel, op. cit., 2003, p. 1747. 샌델은 이 글에서 민주주의 논쟁에 대해서는 언급하고 있지 않지만, 현재 치열하게 진행되고 있는 민주주의 이론 논쟁 역시 롤즈의 정치 철학의 영향을 크게 받고 있다는 점에서 이 글에서 롤즈의 영향이라는 맥락에서 다루고자 한다.
51) William Klaas Frankena, *Ethics*(Englewood Cliffs : Prentice-Hall, 1963), 황경식 역,『윤리학』(종로서적), 제2장 참고.

스가 로크, 루소, 칸트로 이어지는 사회계약론, 즉 권리 중심적 의무론적 윤리설을 정교화하여 그 당시까지 영국과 미국 사회의 지배적인 결과주의 윤리설인 공리주의를 비판하면서 본격적으로 전개된다.

롤즈는 "모든 사람은 사회 전체의 복지라는 명분으로도 유린될 수 없는 정의에 바탕을 둔 불가침성을 갖는다."고 함으로써 권리 중심적 의무론적 윤리설을 옹호하고자 하는 자신의 입장을 명확히 밝힌 후 전통적인 사회계약론을 일반화시켜 공리주의에 대한 대안적 정의관을 제시하고자 한다. 이런 상황에서 의무론자들과 결과론자들과의 논쟁은 불가피한 것이었다. 이 과정에서 센(A. Sen), 하사니(J.C. Harsanyi), 애로우(K. J. Arrow) 등 공리주의 경제학자들뿐만 아니라 그외 인접 유관 분야의 다양한 학자들까지 참여하여 롤즈의 정의론의 핵심이 되는 정의의 두 원칙에 대한 정당화 및 그 내적인 정합성 문제뿐만 아니라 합리적 선택 이론과의 상관성 등 다양한 논쟁들이 전개된다. 그러나 1980년대 이후 미국 사회의 보수화 경향과 맞물려 롤즈의 정의의 원칙들에 대한 논의는 퇴조를 보이는 반면, 이러한 논쟁 과정에서 계약론적 방법론과 공리주의는 더욱 정교화된 형태로 발전하면서 여전히 영미 윤리학계에서 규범 윤리학, 특히 응용 윤리학 분야의 주요한 방법론으로 남아 있게 된다.

반면 합리적 선택 이론은 롤즈의 정의의 두 원칙에 대한 정당화 문제와 관련하여 영미 윤리학자들의 주요한 관심사로 본격 등장하여 계약론적 방법론과 맞물려 영미 도덕 철학계에서 주요한 도덕 철학 방법론으로 자리매김하면서 현재까지도 강력한 영향력을 행사하고 있다. 롤즈 이후 계약론은 합리적 선택 이론을 어떻게 받아들이느냐에 따라 대체로 두 가지 방향, 즉 타산적 계약론과 규범적 계약론으로 뚜렷이 분화되어 전개되고 있다 할 수 있을 것이다. 타산적 계약론 (contractarianism)이란 홉스식의 계약론에서 연원하는 것으로 도덕을 자기 이익의 극대화 전략으로 이해하고자 하는 계약론적 입장을 말한 다. 가령 고티어의 『합의도덕론』은 전통적인 사회계약론이 암묵적으 로 전제하고 있는 규범적 요소를 거의 완벽하게 배제한 상황에서 오 로지 상호 이익의 극대화 전략을 통해 도덕규범을 찾고자 한다는 점 에서 도구적 이성 개념에 충실한 전형적인 타산적 계약론이라 할 것 이다.[52] 반면 규범적 계약론(contractualism)은 칸트의 사회계약론에 충 실하고자 하는 입장으로, 롤즈와 스캔런에서 볼 수 있듯이 합리성 자 체가 이미 타인의 인격에 대한 상호 존중과 같은 규범적 내용을 함축 하고 있다고 상정하고 있을 뿐만 아니라 전통적 계약론에 암묵적으로 가정되어 있던 제반 규범적 요소와 인간의 상호 의존적 존재 방식에 대한 반성적 성찰을 통해 계약론을 발전시키고자 한다는 점에서 규범 적 계약론이 할 수 있을 것이다.[53]

(2) 자유의 가치 논쟁

두 번째 자유의 가치에 관한 논쟁은 크게 보아 의무론으로 분류될 수 있는 권리 중심적 자유주의 내부의 논쟁이라 할 수 있다. 샌델(M. Sandel)은 이 논쟁을 자유주의 국가의 복지 정책에 대한 논쟁으로 이

---

52) David Gauthier, *Morals By Agreement*(Oxford; Clarendon, 1987), 김형 철 역, 『합의도덕론』(철학과 현실사, 1993) 참고. 또한 Jan Narveson과 James Buchanan 등 많은 학자들이 이러한 맥락에서 꾸준히 합리적 계약론을 발전시키 고 있다.

53) Thomas Michael Scanlon, *What We Owe to Each Other*(Belknap Press of Harvard University Press, 1998) 참고.

해한 후, 논쟁의 양 축을 복지국가 옹호론으로 이해된 롤즈의 평등주의적 자유주의(egalitarian liberalism)와 시장 경제를 강조하는 노직 (R. Nozick)의 소위 자유지상주의(libertarianism) 간의 논쟁으로 규정한다.[54]

노직에 따르면 정의에서 본질적인 것은 경제적 평등이 아니라 '소유할 수 있는 자유'이다. 합리적 개인에게 거래의 자유가 허용될 경우 설령 최초에 평등한 분배 상황에서 시작하더라도 일정 기간이 경과하면 불평등한 상태에 이르게 된다. 만일 거래 과정에서 폭력이나 기만 등 부정의가 개입되지 않았다면 이것은 불평등하지만 자유가 행사된 정상적인 결과일 뿐이다. 만일 이러한 결과를 최초의 평등한 상태로 되돌리고자 할 경우 거래 과정에서 행사된 개인의 자유가 부정될 수밖에 없다는 것이다. 이런 의미에서 자유는 평등을 원칙적으로 거부한다는 것이다.[55]

이러한 노직의 보수주의적 비판은 누진세제나 경제적 재분배와 같이 현대 복지 국가 이념의 기본적인 가정들에 대하여 근본적인 의문을 제기하면서 한편으로는 경제적 정의에 대한 더욱 정교한 논쟁으로

---

54) Michael Sandel, op. cit., 2003, p. 1766. 왈처(Michael Walzer)의 경우, 롤즈의 정의론을 획일적인 평등(simple equality) 이론이라고 비판하고 다양한 영역마다의 독자적 정의 원칙을 주장하는 다원적 평등(complex equality)을 주장하는 사회민주주의자라는 점에서 이 논쟁의 주요한 하나의 흐름임은 분명하다. Michael Walzer, *Sheres of Justice; A Defense of Pluralism and Equality*(Basic Books, Inc., Publishers: New York, 1984), 정원섭 외 역, 『다원적 정의와 평등』(철학과 현실사, 1999). 이러한 좌파 비판적인 학자들의 입장은 *Dissent*지를 중심으로 현재까지 꾸준히 표명되고 있다.

55) Robert Nozick, *Anarchy, State and Utopia*(New York; Basic, 1974), 남경희 역, 『아나키에서 유토피아로: 자유주의 국가의 철학적 기초』(문학과 지성사, 1989) 참고.

발전하였다. 그러나 재분배 정책의 정당성에 대한 이 논쟁은 노직 자신이 분배적 정의 문제에 대한 논쟁에 더 이상 참여하지 않았을 뿐만 아니라 다른 한편으로는 1980년대부터 본격화된 미국 사회의 보수적 경향과 더불어 윤리학계의 논의에서는 급격히 퇴조하였다. 그 결과 1990년대 이후 하이예크류의 보수주의적 시각에서 전개된 소위 신자유주의 논쟁은 현재까지 주요한 사회적 논쟁임에도 불구하고 영미 윤리학계의 학문적 담론과는 일정 정도 무관하게 전개되고 있다.

자유의 가치에 대한 논쟁에서 더욱 주목할 점은 롤즈의 자유 개념에 대한 하트(H. L. A. Hart)의 비판과 그에 대한 답변을 중심으로 진행된 자유의 제도화 문제라고 생각한다.[56] 롤즈가 공리주의에 대하여 입헌 민주주의 제도의 기초로서 취약하다고 생각하는 가장 큰 이유는 공리주의가 자유롭고 평등한 인격체로서 시민들의 기본적 권리와 자유에 대하여 만족스러운 해명을 제시하지 못하며, 오히려 전체 사회복지를 극대화한다는 미명 아래 노예제조차 허용할 수 있다고 생각하기 때문이다.[57] 그래서 롤즈는 기본적 권리와 자유가 전체 사회복지보다 우선한다는 점에서 소위 자유 우선성의 원칙을 강조한다.

그러나 공리주의가 자유의 가치를 제대로 설명하지 못한다는 롤즈의 비판은 하트에 의해 바로 롤즈 자신에게 되돌아왔다. 나아가 기본적 자유, 평등한 자유의 공정한 가치, 입헌 민주주의 체제에서 자유의 제도화에 대한 이러한 일련의 논쟁 과정에 이미 말한 하트뿐만 아니

---

56) Herbert L. A. Hart, "Rawls on Liberty and its Priority", *University of Chicago Law Review* 40(1973), pp. 534-555 참고. 『정의론』개정판 서문, 17-18쪽.

57) John Rawls, op. cit., 1971, p. 158.

라 드워킨(R. Dworkin),[58] 파인버그(J. Feinberg), 버얼린(I. Berlin)을 위시한 다수의 법학자들이 참여하여 평등한 자유의 공정한 가치에 대한 다양한 논의를 토대로 이를 구체화할 수 있는 사회 제도의 모습에 대한 논의로 확대되면서 이 논쟁은 1990년 후반 본격적으로 전개된 민주주의 이론에 관한 논쟁에 이론적 토양을 제공한다.

(3) 공동체주의 논쟁

세 번째 공동체주의 논쟁은 전통적인 어법으로 말하자면 소위 자유주의 국가의 중립성 문제(neutrality problem)에 대한 것이다. 종교 개혁을 거치며 급격한 종교적 갈등의 와중에서 서구 사회의 지배적 정치 이념으로 등장한 자유주의는 국가가 특정 종교나 가치관, 심지어는 특정 계급이나 계층의 이해관계를 편파적으로 증진하는 것을 금기시하였다. 그러나 국가의 중립성이라는 명제는 멀리는 '정의란 강자의 이익에 불과하다.'는 트라시마코스의 주장[59]에서부터 가까이는 마르크스 이후 '국가란 부르주아지 계급의 이익을 대변하는 도구'일 뿐이라는 좌파 급진 사회주의자들의 계급 이론에 이르기까지 자유주의 정치 철학에서는 회피할 수 없는 도전이라 할 수 있다.

롤즈는 이 문제를 다루면서 칸트주의적 인간관과 결부하여 시종일관 '좋음에 대한 옳음의 우선성(priority of the right to the good)'이라는 관점에서 접근하고 있다. 우선 롤즈는 인간을 단순히 욕망의 총체로 간주하지 않는다는 점에서 공리주의와 차이를 다시 한 번 부각시키면

---

58) Ronald Dworkin, *Taking Rights Seriously*(Cambridge, MA: Harvard University Press, 1978).

59) 플라톤, *Politeia*, 박종현 역, 『국가』(서광사, 1997).

서도, 실현해야 할 특정한 목적을 지닌 존재로도 간주하지 않는다는 점에서 아리스토텔레스식의 완전설과도 결별한다. 즉 '합리적·도덕적 인격체로서 자유롭고 평등한 인간'이란 우리의 목적을 우리 스스로 선택하는 자유롭고 독립적인 자아이며 그런 한 자신의 목적을 스스로 선택한다는 점에서 어떤 선행하는 도덕적 의무나 유대에 의해 구속되지 않는 자율적 존재라는 점이다.[60] 결국 이것은 다음과 같이 두 가지 의미로 해석될 수 있다. 즉 첫째, 개인의 권리가 공동체의 이익에 우선한다는 점, 둘째 정의의 원칙이 특정 포괄적 가치관에 의존하지 않는다는 점이다.

롤즈에 대한 공동체주의적 비판은 처음 샌델을 중심으로 이런 칸트적 인간관에 집중되었으나, 매킨타이어(A. MacIntyre), 테일러(C. Taylor), 왈처(M. Walzer), 웅거(P. Unger), 바버(B. Barber), 벨라(Bella), 에치오니(Etzioni) 등 무수한 공동체주의자들이 합류하면서 자유주의 전반으로 확대되며 그 쟁점 역시 매우 다양한 모습으로 등장하였다. 이들의 비판을 다음과 같이 정리해볼 수 있을 것이다. 즉 자유주의자들은 인간의 규범 내지 윤리적 삶에서 공동체의 가치를 적절히 평가하지 않으면서 공동체적 관계를 계약적 관계로 이해하여 수단적 가치만을 부여함으로써 부모자식 간의 의무처럼 계약에 선행하는 의무를 제대로 설명하지 못하며, 잠정적이고 이차적인 치유의 덕목(a

---

60) 롤즈는 『정치적 자유주의』에서도 인간을 여전히 '타당한 권리 주장의 자기 확증적 원천(self-authenticating source of valid claims)'으로 간주하고 있다는 점에서 칸트주의적 요소를 유지한다. John Rawls, *Political Liberalism*(Columbia University Press, 1993), p. 32. 장동진 역, 『정치적 자유주의』(동명사, 1998). 다음부터는 PL로 줄여서 본문 중에 표시하며, 번역본을 참고한 경우 별도로 표시한다.

remedical virtue)이라 할 수 있는 정의를 최고의 덕목으로 상정함으로써 인생의 궁극적 목적에 대한 관심을 약화시켜 결국 인간을 모든 연고로부터 추상하여 도덕적 빈곤 상태로 몰고 간다는 것이다.[61]

이러한 공동체주의자들의 도전에 대해 자유주의와 근본적으로 궤를 달리하며 자유주의에 대하여 근본적인 반발이라기보다는 이론적 주안점을 달리하는 다종다양한 자유주의 이념들이 새로운 현실을 맞아 스스로를 진화해가는 과정으로 이해하는 것이 바람직할 것이다. 그러나 강력한 공동체주의적 전통 속에서 자유주의를 이해할 수밖에 없는 우리의 사회 및 도덕 교육에 대해 이 논쟁이 시사하는 바는 결코 적지 않을 것이지만 여기서는 국내 학계에서 그동안 산출한 연구 결과들을 소개하는 것으로 그치고자 한다.[62]

---

61) 특히 매킨타이어는 개별 행위(act)의 옳고 그름을 문제 삼는 칸트 이래 롤즈에 이르기까지 행위 중심의 자유주의 윤리학을 비판하면서 유덕한 인격(virtuous person)을 우선시하는 아리스토텔레스적 덕 윤리를 부활하고자 하였다. Alasdair MacIntyre, *After Virtue*(University of Notre Dam Press, 1981), 이진우 역, 『덕의 상실』(문예출판사, 1997). 현대 자유주의 사회에 대한 근본적 문제제기라고 할 수 있는 매킨타이어의 덕 윤리는 인성 교육에 관심을 두던 많은 도덕 교육자들로부터 지대한 주목을 받았지만, 그가 대안으로 말한 아리스토텔레스식 공동체가 현대 사회에 대한 근본적 비판은 될지언정 현실적 대안이 될 수 없다는 점에서 오래가지 못하였다. 그러나 1990년대 후반 이후 덕 윤리는 메타 윤리학에서 자연주의화 경향, 개인 정체성에 관한 인지심리학의 연구 성과, 서사 개념(narrative)에 대한 새로운 관심이 맞물리면서 '덕 윤리의 재부활'이란 용어가 등장할 정도로 새롭게 주목받고 있다. Galen Strawson, "Against Narrativity", *Ratio* 16(2004).
62) 황경식, 「왜 '자유주의와 공동체주의'인가?—개인권과 공동선의 갈등과 화합」, 이근식·황경식 편, 『자유주의란 무엇인가?』(삼성경제연구소, 2001); 유홍림, 「공동체주의의 철학적 기초」, 『미국학』 제19집(서울대 미국학연구소, 1996); 서영조, 「공동체주의의 자유주의 비판」, 『사회비평』 제16호(1996), pp. 134-154.

(4) 민주주의 이론 논쟁

네 번째 민주주의 이론에 관한 논쟁은 간단히 말한다면 자유주의와 민주주의가 서로 어떤 방식으로 관계 맺는가에 대한 논쟁이다. 우리가 흔히 사용하는 자유민주주의라는 개념은 자유주의에 기반한 민주주의를 말하는 것이며, 따라서 외적 간섭으로부터 개인의 자유를 우선적 가치로 설정하는 근대적 자유주의는 그 공동체에서 개인의 자유의 한계를 어떻게 설정하는가에 따라 공동체의 이념과 상호 갈등과 조화를 반복한다. 바로 이 점에서 자유주의에 대한 공동체주의자들의 불만이 시작하는 것이다. 그런데 롤즈는 자신의 정의관에 대한 공동체주의자들의 다양한 비판들에 직접적인 대답을 하는 대신 자신의 과제가 "민주적 사회를 위한 가장 적합한 도덕적 기초"를 마련하기 위한 것이었다는 점을 다시 한 번 확인하면서도,[63] 자신이 정당화하고자 하는 민주주의는 숙의 민주주의(deliberative democracy) 이념에 충실한 입헌민주주의라고 할 뿐 민주주의 이론을 구체적으로 상론하지는 않았다.

특히 1995년 *The Journal of Philosophy*에 게재된 하버마스와 롤즈의 대화를 계기로 하버마스의 철학, 특히 그의 민주주의 이론이 미국에 본격적으로 소개되면서 이 논쟁의 격을 한 단계 고양시킨다.[64]

---

63) PL, p. xv; TJ, p. viii;『사회정의론』, p. 13. 그로부터 약 한 세대 후 발표한 이 책의 개정판에서도 그는 자신의 정의관이 '민주주의 전통의 공통된 핵심의 본질적 부분을 표현'하고 있다고 말한다.『정의론』개정판, p. 16. 그리고 롤즈는 자신의 후기 논문들의 변화가 공동체주의에 대한 답변이라는 일부 주장은 근거 없는 것이라는 점을 분명히 밝힌다. PL, p. xvii, 각주 6.

64) Jürgen Habermas, "Reconciliation through the Public Use of Reason: Remarks on John Rawls's Political Liberalism", *The Journal of Philosophy*,

이미 롤즈는 『정치적 자유주의』에서 도덕 철학과 정치 철학을 구분한 후 자신의 정의관은 궁극적인 보편적인 진리를 모색하는 '포괄적 교설(comprehensive doctrine)'이 아니라 기본적 정의와 헌법의 핵심 사항과 같은 주요 정치적 주제에 대한 합의를 모색하는 정치적 정의관으로 재정식화한 후, '중첩적 합의(overlapping consensus)'와 '공적 이성(public reason)'이라는 개념을 정치적 정의관의 핵심적 개념으로 도입한다.

중첩적 합의란 사회를 정초하는 정치적 합의의 원칙들이 그 사회 내에 존재하는 모든 '합당한 포괄적 교설들로부터 중첩되는 동의를 받아야 한다.'는 생각이다.(PL, p. 144) 이에 반해 공적 이성이란 중첩적 합의가 시민의 공통된 이성에 기초하여 정당화되어야 한다는 점, 그리하여 합당한 시민이라면 누구나 합의할 수 있으며, 따라서 중첩적 합의가 그 사회에서 서로 경쟁하는 포괄적 교설들과는 독자적으로 존립한다는 생각이다.(PL, p. 223) 롤즈는 이러한 정치적 정의관에 대하여 합당한 시민들의 숙의를 통해 중첩적 합의에 이르게 될 때 입헌 민주주의가 정당화될 수 있다고 주장한다.

공적 이성에 대한 이러한 논의를 기반으로 롤즈의 정치적 자유주의를 민주주의적 방식으로 해석하면서 등장한 논쟁들은 다음과 같이 크게 네 가지로 대별될 수 있다.

1. 다원주의 사회에서 자유민주주의는 절차주의적일 수밖에 없다. 그러나 롤즈의 정치적 자유주의는 절차주의를 넘어서는 실질적 정의관(a

---

Vol. xciim, No. 3(March, 1995), trans, by Ciaran Cronian, p. 109.

substantial conception of justice)이다.(J. Cohen, S. Hampshire, R. Dahl, J. Habermas)

2. 롤즈의 정치적 자유주의는 현실에서 실현 가능하지 않다. 왜냐하면 다원주의 사회에서 모든 사람이 동일한 정치적 정의관에 합의할 수는 없기 때문이다.(S. Mouffe, B. Brower, J. Habermas, M. Walzer)

3. 롤즈의 공적 이성 개념은 민주주의의 핵심 가치인 인민 주권을 적극적으로 정당화할 수 없다. 왜냐하면 공적 이성은 지나치게 이성 중심적이기 때문에 민주주의적 과정에서 인민의 참여가 반드시 요구될 필요는 없기 때문이다.(A. Scheffler, S. Macedo)

4. 롤즈의 입헌민주주의 개념은 약한 민주주의에 불과하다. 왜냐하면 공적 이성은 의지라고 할 수는 없으며, 따라서 루소가 말하는 의미에서 일반의지, 즉 정치 공동체 내에서 인민의 민주적 의지를 형성할 수 없기 때문이다.(B. Barber, J. Habermas)

특히 9·11 테러 이후 미국 사회가 더욱 보수화되고 애국주의가 강화되는 사회적 분위기와 맞물리면서 이 논쟁에서 개인의 자유보다는 공동체의 가치를 강조하던 샌델을 위시하여 마세도우, 필립 페티트 등을 중심으로 공동체적 가치를 더욱 강조하고자 하는 다양한 유형의 공화주의가 모색되고 있다. 현재 공화주의를 모색하는 대부분의 학자들의 경우 법치와 자유를 강조한다는 점에서 일견 자유주의와 맥을 같이하는 것처럼 보인다. 그러나 이들은 시민적 덕목(civic virtues)을 유난히 강조할 뿐만 아니라 이들이 말하는 자유란 콩스탕트가 말하는 이른바 근대적 자유(the liberties of the moderns), 즉 외적 강제를 배제하고자 하는 소극적 자유를 말하는 것이 아니라 고대적 자유(the liberties of the Ancients), 즉 공동체에 대한 시민들의 공공적 참여를 강조하는 구성적 자유(constitutive liberty)라는 점에서 자유에 대한 자유주의적 이해방식과는 상반되는 입장을 개진한다.[65] 또한 현재 공화주의자들에게 공동체의 가치를 강조하는 루소식의 근대적 공화주의가 결국 공포주의로 이어지고 말았다는 엄연한 역사적 교훈은 공화주의에 대한 이론적 정교화 작업뿐만 아니라 그 적용 과정에서의 실천적 과제 역시 적지 않은 부담으로 작용할 수밖에 없을 것이다.

5. 과학 기술의 발전과 응용 윤리학

1980년대 이후 비약적으로 발전한 정보 통신 및 생명 공학은 과거에는 찾아볼 수 없었던 생명의료 윤리, 컴퓨터 윤리, 환경 윤리, 연구 윤리 등 새로운 분야에서 다양한 윤리 문제를 제기하였다. 뿐만 아니라 신자유주의 시장 경제체제의 등장과 더불어 미국의 대규모 기업들은 이제 자국의 표준을 전 세계로 확장하면서 새로운 유형의 기업 윤리 문제를 제기하고 있다. 이 장에서는 과학 기술 발전으로 야기된 컴퓨터 윤리 논쟁, 생명 공학과 우생학 논쟁, 기업 윤리 논쟁을 소개하고자 한다.

---

65) PL, p. 404. 각주 참고.

1) 컴퓨터 윤리학

1940년대 초반 위너(N. Wiener)의 선구적인 저술[66]을 통해 컴퓨터 윤리학의 학문적 기초가 마련되었지만, 1980년대 초반까지 컴퓨터 윤리학은 컴퓨터 전문가들의 기술적 직권 남용을 규제하고자 하는 직업 윤리적 성격이 강하였다. 조지 오웰의 『1984』라는 공상 소설에서 보듯이 컴퓨터 기술을 이용한 정보의 집중화로 인해 출현하게 될 감시 사회에 대한 공포 역시 전문 관료 집단 혹은 컴퓨터 전문가들을 위한 직업 윤리의 필요성을 보여주는 것이었다. 1985년 무어(J. Moor)는 기념비적인 논문에서 컴퓨터 윤리학의 성격을 직업 윤리를 넘어 독자적인 실천 윤리학으로 탐구되어야 이론적·실천적 근거를 제공하였다. 그에 따르면 컴퓨터 기술은 기존의 대책을 응용하는 것으로는 해결할 수 없는 정책적 공백(policy vacuum)을 야기하는데 그 이유는 컴퓨터 기술로 인해 기존의 개념 체계로서는 포착할 수 없는 더욱 심층적인 개념적 공백(conceptual vacuum)이 야기되고 있기 때문이라는 것이다.[67] 그의 이러한 주장은 1990년 팀 버너스 리가 월드 와이드 웹을 세상에 선보이면서 인터넷의 대중화와 더불어 더욱 설득력을 얻게 된다.

월드 와이드 웹은 지역적 한계나 시간적 한계에서 벗어나 누구나 쉽게 참여할 수 있는 세계적인 의사소통 통신망을 구축함으로써 다양한 편의를 제공하는 것 못지않게 새로운 윤리적 문제들을 제기하였다. 인터넷이 유용한 의사소통의 도구로 이용될 것이라는 애초의 기

---

66) Norbert Wiener, *The Human Use of Human Beings: Cybernetics and Society*(Doubleday, 1950).

67) James Moor, "What is Computer Ethics?", *Metaphilosophy*(1985).

대와는 달리 인터넷 공간에 음란물이 범람하면서 1990년 후반 미국 의회는 두 차례에 걸쳐 통신예절법을 통과시켰지만, 인터넷에서는 그 특성상 텔레비전 방송이나 인쇄매체에 비해 표현의 자유가 더욱 존중 받아야 한다는 이유에서 모두 위헌 판결을 받는다. 이 과정에서 미국 사회는 언론과 사상의 자유라는 자유주의의 전통적인 가치를 두고 진보 진영과 보수 진영 간의 치열한 논쟁을 새롭게 전개하였다.

컴퓨터 윤리와 관련하여 뜨거운 논란이 되고 있는 주제는 사생활 침해와 지적 재산권 문제이다. 음악, 영화, 저술, 소프트웨어 등이 디 지털화되어 인터넷을 통해 공개되면서 인터넷에서 공유를 주장하는 사용자들의 요구와 지적 재산권을 강화하고자 하는 개발자들의 입장 이 첨예하게 대립된다. 음악 공유 사이트인 냅스터 분쟁에서 보듯이 현재 전반적 흐름은 다양한 암호화를 통해 지적 재산권을 보호하여 개발에 대한 유인을 제공하고자 하면서 시장의 논리와 기술 우위의 논리가 지배하면서 과거에 비해 공정 이용(fair use)의 폭은 매우 축소 되고 있는 것으로 보인다.

다른 한편 관료적 효율성을 위해 개인 정보가 디지털화되어 관리되 면서 개인 사생활에 대한 침해 우려는 한층 높아지고 있다. 유럽에서 시작된 개인 정보의 자기 결정권이라는 개념이 미국에서도 본격적으 로 강조되고 있지만 디지털 기술의 위험성과 불안정성으로 인해 해킹 의 우려가 상존하면서 정보 유출의 가능성을 줄이기 위하여 보안 시 스템을 강화하고자 하는 다양한 시도가 다양한 수준에서 이루어지고 있다. 그러나 이것은 역설적으로 정보에 대한 일반인의 접근을 근본 적으로 차단하면서 정보에 대한 평등한 접근을 위협한다는 점에서 개 인 정보 보호의 문제는 현재 컴퓨터 윤리학의 뜨거운 논쟁거리가 되고 있다.

2) 생명 공학과 우생학

첨단 의료기술은 무병장수라는 인간의 오랜 염원을 현생에서 실현
할 수 있는 실질적 수단을 제공하고 있지만 체외 수정, 임신 중절, 안
락사, 장기 이식, 유전자 조작 등 과거 신의 영역으로 간주되어온 문
제들에 대하여 인간의 손길이 개입할 수 있는 길을 열면서 새로운 윤
리적 논쟁들이 전개되고 있다.

1978년 영국 의료진에 의해 최초의 시험관 아기 루이스브라운이
태어났는데, 출산의 과정에 의료 기술이 어떤 방식으로 어느 수준까
지 개입할 수 있는가에 대한 논쟁을 촉발하면서 생명의료 윤리 논쟁
의 본격적 시발점이 되었다. 물론 생명의료 윤리와 관련된 가장 첨예
한 실천적 논쟁은 임신 중절 찬반논쟁이라 할 것이다. '태아의 생명'과
'여성의 선택'이라는 두 가지 상반되는 가치 간의 대립 양상으로 전개
되고 있는 이 논쟁은 임신 중절 자체에 대한 단순한 찬성과 반대를 넘
어 결국 '태아가 인간인가.'라는 철학적 문제로 귀결될 수밖에 없었으
며, 그 결과 인간의 존엄성이라는 이념의 바탕이 되어온 '이성적 존재'
로서 인간이라는 정의 자체에 대한 반성적 성찰로 귀결되었다.[68] 이

---

68) '인간의 정의'에 대한 이 논쟁은 또 다른 방향으로 전개되기도 하였다. 가령 대표
   적인 공리주의자 중의 한 사람인 피터 싱어와 같은 경우 태아가 잠재적인 호모사
   피엔스로서 인간일 수는 있지만 인격적 존재라는 의미에서 인간이라고 할 수는
   없다고 주장하면서 태아의 고통을 고려하는 것 이상으로 고통받고 있는 고등 동
   물들에 대해 관심을 기울여야만 한다고 주장하면서 동물 해방론을 전개하고 있
   다. Peter Singer, *Animal Liberation*(London: Pimlico, 1995).

논쟁은 그 초기에 개인의 자기 결정권을 무엇보다 강조한 개인주의의 영향과 여성의 자율적 선택권을 옹호하는 강력한 페미니즘의 영향으로 임신 중절을 확대하여 허용하는 듯한 방향으로 전개되었다. 그러나 1980년대 이후 미국 사회에서 보수화 경향이 근본주의적 기독교와 맞물리면서 임신 중절과 안락사 문제에 대해 적극적인 반대 입장이 광범위하게 개진되고 있는 듯하다.[69]

1990년대 비약적으로 발전한 생명 공학이 그 연구 영역을 인간의 수정란과 줄기 세포로까지 확장하면서 등장한 소위 '자유주의 우생학' 논쟁은 기존 생명의료 윤리 논쟁의 초점을 바꾸어놓으면서 다른 한편 연구 윤리에 관해 광범위한 관심을 촉발하였다. 즉 유전자 조작이 상업화될 경우를 상상하여 노직이 제시한 '유전자 슈퍼마켓'이라는 철학적 상상이 이제 눈앞의 현실로 다가오면서 자유주의적 우생학을 옹호하는 학자들은 여전히 자율성과 개인의 권리라는 전통적인 자유주의적·규범적 용어들을 사용하면서 아이들이 누릴 삶의 전망을 향상시키기 위해 부모는 아이들의 유전적 특질을 향상시킬 자유가 있다고 주장한다.[70]

---

69) 페미니즘은 단순히 여성의 권리를 강조하는 것뿐만 아니라 기존의 담론이 이성 중심적이고 남성 중심주의적으로 전개되어왔다는 점을 주장하면서 최근 감성을 강조하면서 보살핌의 윤리(care ethics)라는 대안적 윤리관을 제시하고자 한다.

70) Robert Nozick, op. cit., p. 315n; Nicholas Agar, "Liberal Eugenics", in H. Kuhse and P. Singer, eds., *Bioethics*(Oxford: Blackwell, 1999); Allen Buchanan, Daniel W. Brock, Norman Daniels and Daniel Wikler, *From Chance to Choice: Genetics and Justice*(Cambridge: Cambridge University Press, 2000); Ronald Dworkin, "Playing God: Genes, Clones, and Luck", in Dworkin, *Sovereign Virtue: The Theory and Practice of Equality*(Cambridge: Harvard University Press, 2000), pp. 427-452 참고.

예를 들어 드워킨(R. Dworkin)은 "미래 세대의 삶이 더 길어지고 더 많은 재능으로 그래서 더 많은 성취로 가득 차게 하려는" 야망에 어떤 잘못도 없다고 주장한다. 오히려 그는 윤리학적 개인주의라는 원리는 그런 노력을 의무로 만들고 있다고 말할 정도로 적극적인 주장을 한다.[71] 물론 복제와 유전 공학의 반대론자들 역시 자율성과 권리란 용어를 통해 자신들의 입장을 옹호한다. 예를 들어 하버마스(Jürgen Habermas)는 심지어 찬성할 만한 유전적 개량(enhancement)조차도 아이들이 특정 삶을 선택하도록 함으로써, 그리하여 삶의 계획을 스스로 선택할 권리를 침해함으로써, 그들의 자율성과 개성을 해칠 수 있다고 우려한다.[72]

그러나 현재 다수의 미국 정치 철학자들은 새로운 "자유주의적 우생학"에 대해 긍정적으로 생각하고 있다.[73] 이들에 따르면, 과거 우생학의 문제점은 약자와 빈자들이 부당한 불임 시술을 요구받고 격리되는 등 우생학의 부담이 사회적 소외 계층에게 불균형적으로 지워졌다는 데 있었다는 것이다. 그러나 만약 유전적 개량에 따른 이득과 부담이 공평하게 분배된다면 우생학적 수단에 반대할 이유가 없을 뿐만 아니라 도덕적인 요구 사항이 될지도 모른다는 게 이들의 주장이다. 가령 니콜라스 아자르(Nicholas Agar)는 "과거 권위주의적 우생학자들은 시민들을 하나의 중앙집권적으로 설계된 틀에서 구워내려고 시도

71) Ronald Dworkin, op. cit., p. 452.

72) Jurgen Habermas, *The Future of Human Nature*(Cambridge, U.K.: Polity Press, 2003).

73) Michael Sandel(2005), "The Ethics of Stem Cell Research, Human Cloning, and Genetic Engineering", 다산기념철학강좌 2강연 참고.

했지만, 새로운 자유주의 우생학의 가장 큰 특징은 국가로부터 중립적이란 점"이라고 주장한다. 물론 정부가 부모들에게 이러저러한 맞춤아기들을 생산하라고 요구해서는 안 되지만, 부모들은 아이들의 인생 계획의 선택에 대해 어떤 편견도 없이 오로지 아이들의 역량을 개량하는 특질만을 엔지니어링할 수 있다는 것이다. 유전학과 정의(正義)에 관해 최근 출간된 책의 공저자인 뷰캐넌, 브록, 다니엘스, 위클러 역시 유사한 견해를 제시하고 있다.

3) 기업 윤리

1970년대 이후 본격 대두된 기업 윤리는 영리 추구를 제일의 목표로 삼는 기업이 법률의 빈틈을 악용하여 은밀하게 때로는 노골적으로 반사회적·비윤리적 행위를 일삼는 것에 대한 윤리적 비난에서 시작하였다. 이때 기업의 행위가 이 조직에 속해 있는 구성원들에 의해 이루어진다는 점에서 기업에 대한 윤리적 비난의 일차적 대상은 해당 기업에 속해 있는 경영진과 그 종업원들이다. 따라서 기업 윤리는 그 기업 조직의 일원으로서 직업을 갖고 있는 사람들의 윤리 문제에서 출발할 수밖에 없고 그 결과 조직에 대한 충성심이나 업무에 대한 성실성과 같은 덕목들을 강조하는 직업 윤리적 성격을 피할 수 없다.[74]

---

74) 이런 덕목들을 지나치게 강조할 경우, 내부자 고발과 같은 경우 기업 구성원을 해당 기업의 관행으로부터 나아가 사회 전체의 공익을 증진하기 위해 보장되어야 함에도 불구하고 정당화되기 매우 힘들어진다. 이런 문제들을 포함하여 직업 윤리에 대한 세부 논의는 전문직 윤리로 의사, 회계사나 변호사 혹은 컴퓨터 전문가 등 해당 전문 직종을 중심으로 구체적으로 논의되고 있다는 점에서 이 글에서는 상세한 논의를 하지 않겠다.

그러나 1980년대 이후 글로벌 기업들이 속속 등장하면서 기업 활동의 영향은 개인의 생활 양식뿐만 아니라 자연 환경에 이르기까지 폭발적으로 증대되고 있지만, 이러한 기업 활동에 대한 책임을 말단 종업원은 말할 것도 없거니와 주주나 최고 경영진에 대한 책임으로 모두 환원시키는 것은 불가능할 뿐만 아니라 바람직한 것도 아니게 되었다. 따라서 기업 윤리는, 기업이란 조직 자체의 특성과 이 조직의 행위가 어떻게 윤리적 평가의 대상이 될 수 있는가에 대한 우선적 논의를 필요로 하게 된다. 이를 기반으로 집단 책임의 문제 등이 본격적으로 거론되면서 기업 윤리는 기업의 비윤리적 행위를 방지하고자 하는 소극적 접근 방식에서 점차 벗어나 특히 1999년 유엔규약(UN Global Compact)이 채택된 것을 전후로 기업의 사회적 책임을 적극적으로 강조하는 것이 현재의 추세라고 할 수 있다.[75]

기업의 사회적 책임을 어느 수준에서 요구할 것인가의 문제와 관련하여 기업 윤리에 대한 접근 방식은 크게 네 가지 입장에서 전개되고 있다. 첫째 입장은 기업과 윤리는 아무런 관계도 없다는 철학자 드 조지(De George)의 입장이다.[76] 기업의 활동은 도덕과 무관하다는 이러한 발상(the myth of amoral business)은 기업 윤리라는 말 자체가 형용모순(oxymoron)이며 현행 법률 조문 이외에 어떤 규제나 사회적 책임을 기업에 대해 요구해서는 안 된다는 입장이다. 만일 기업이 현행 법률 이외의 다른 어떤 윤리적 요구도 받아들이지 않는다면, 사회는 더욱 강력한 법률 제정을 통해 기업 활동을 규제할 것이라는 점에서 기

---

75) www.unglobalcompact.org.
76) Richard De George, *Business Ethics*, 2nd ed.(New York: Macmillan, 1986).

업의 자율성과 이윤이 침해받고 말 것이라는 점에서 이런 입장은 현재 더 이상 주목받지는 못하고 있다.

두 번째 입장은 밀턴 프리드먼의 주장, 즉 '기업의 사회적 책임이란 더욱 많은 이윤을 창출하는 것'이라는 점이다.[77] 첫 번째 입장이 기업과 윤리 간에 어떤 관계도 설정하려 하지 않는 데 비해 이 입장은 이윤 창출 그 자체를 사회적 책임으로 간주한다는 점에서 첫 번째 입장과는 다르다. 이 입장은 영리 추구 이외 기업의 사회적 책임에 대하여 매우 소극적 태도인 것은 분명하다. 그러나 이 입장은 기업이 창출한 이윤이 해당 기업의 주주나 경영진 혹은 종업원뿐만 아니라 그 기업의 고객 혹은 주변 지역 주민이나 지역 공동체 등 그 기업과 연루된 다양한 이해 당사자(stakeholder)들의 이해관계에 대해 직간접적으로 긍정적 기여를 할 수 있을 것이라는 점을 가정한다.

세 번째 입장은 '윤리적 기업이 이윤도 많이 남긴다.(Ethics pays)'는 입장이다. 즉 프레드릭과 페인 등은 가령 기업의 윤리적 활동이 그 기업에 대한 사회적 신뢰 증진으로 이어져 장기적으로는 기업의 이윤율을 증가시킨다고 주장한다.[78] 이런 입장은 이윤 추구 행위와 윤리적 활동 간의 상보적 성격을 강조하고 있다는 점에서 기업 입장에서 윤리적 요구를 쉽게 수용하도록 할 수 있다는 장점이 있다. 그러나 이런 입장은 윤리를 이윤을 위한 도구로 간주할 수 있다는 점뿐만 아니라

---

77) Milton Friedman, "The Social Responsibility of Business is To Increase Profits", *New York Times Magazine*(1970), pp. 122-126.

78) Robert E. Frederick, "Is Good Ethics Good Business?", in S. M. Nathale and J. B. Wilson, eds. *The Ethical Contexts for Business Ethics*(Lanham: University Press of America, 1990), pp. 119-126; Lynn Sharp Pain, "Does Ethics Pay?", *Business Ethics Quarterly*(2000), vol. 10, pp. 319-330.

윤리적 활동과 이윤율 증대 효과의 관계가 많은 경우 분명하지 않다는 일부 경험적 연구 결과 때문에 실질적인 지지를 받고 있지는 못한 것으로 보인다.

네 번째 입장은 기업 활동 과정에서 윤리적 고려 사항이 이윤 추구에 우선하여야 한다는 입장이다. 뉴턴(Newton)은 윤리적 고려 사항과 이윤 추구 활동이 상충한다면 이윤 추구 활동은 의당 윤리적 고려 사항에 종속되어야 한다고 주장한다.[79] 이 입장은 공룡처럼 비대해진 대규모 기업의 사회적 책임을 강조하는 최근의 기업 윤리 논의와 맞물려 많은 지지를 받고 있지만 도덕적 고려 사항들의 수준을 어떻게 설정할 것인가의 문제와 관련하여 많은 논쟁을 유발하고 있다.

---

79) Lisa H. Newton, "The internal Morality of the Corporation", *Journal of Business Ethics*, Vol. 5(1986), pp. 249-258.

결론—새로운 공공 윤리의 모색

1. 우리 사회 윤리의 연원

오늘날 한국 사회에서 요청되는 윤리 문제를 해결하기 위한 방안을 고찰하기 위해 지금까지 제1부에서는 한국 사상 혹은 중국 사상에서 인간의 삶과 제도를 규율했던 유교의 윤리(성리)가 무엇이었는가에 대해 논했다. 제2부에서는 19세기 말부터 20세기 초기에 걸쳐 서양의 윤리학이 동아시아에 도입되는 과정을 분석했다. 제3부에서는 20세기 후반의 한국에 초점을 맞춰 독일 철학과 영미 철학이 수용되는 과정을 중심으로 윤리 개념의 변화와 한국 사회 윤리 문제를 다루었다.

전근대시기에 동아시아 지역에서 전개되었던 유교 윤리의 주요한 특징은 도덕성의 실재에 관한 논의가 수양에 대한 논의와 연동되어 있다는 것이다. 개인이 도덕성이 실재한다는 것을 깨닫기 위해서는 반드시 수양을 요청했다. 역으로 도덕성의 주체적 체험은 수양을 더욱 확신에 찬 것으로 만들어줄 수 있는 또 하나의 윤리적 토대가 되는 것이다. 물론 유교적 윤리는 전근대 중국과 한국의 군주제를 중심으로 하는 정치 체제 속에서 전개되었기 때문에, 시대적 조건에 따른 정치 철학적 함축을 지니고 있다. 맹자의 성선론에서 잘 드러나듯이, 인간의 선한 본성, 즉 증여적 본성의 실재를 입증하려 했던 까닭은 봉건적 세계 체제를 뒷받침할 수 있는 인간론을 확립하기 위해서였다. 막강한 왕권이 지배적인 권력을 행사하는 정치 체제에서 북송대의 사대부와 조선의 사대부는 이러한 인간론을 기반으로 자신들의 정치적 이상을 실현하고자 했다. 즉 그들이 이상으로 삼은 '봉건' 체제는 권력의 지역적 분산이며, 분산된 권력의 담당자는 주로 사대부 계층이다. 사대부들은 예(禮)라는 규범을 통해 권력의 집중과 분산이 균형을 이루도록 하고자 했다. 선한 본성의 실재성을 강조한다는 것은 곧 사대부의 정치적 책임 의식이었고, 예행을 통한 수양을 강조한 것은 왕조 및 가문에 대한 사대부의 책무였다. 이러한 점은 19세기 말에서 20세기 초에 걸쳐, 서양 윤리학이 수용되면서 '수신(修身)'이 강조되고, 한편으로 윤리가 애국의 문제와 연관되는 하나의 지평을 형성했다고 볼 수 있다.

근대적 전환기를 대표하는 소설가인 춘원 이광수는 1917년에 발표한 『무정』에서 근대적 지식인의 윤리적 고민을 여실히 드러내고 있다. 이 소설의 주인공은 미국으로 유학을 가서 윤리학을 공부하려고 했다. 유교적 규범 체계에서 성장한 조선의 근대적 지식인들이 서양에 가서 새로운 윤리를 모색하고자 한 것이다. 이러한 양상은 한국의 근대 시기에만 한정되는 것은 아니었다. 일본이 근대화를 추구한 메이지유신을 전후해서 많은 지식인들이 서양의 과학과 기술뿐만 아니라 철학과 윤리의 문제에 관심을 가졌다. 1880년대 후반부터 일본에서는 '윤리' 혹은 '수신'이라는 표제를 단 서적이 활발하게 간행되었다. 중국 또한 20세기에 진입하여 마찬가지 현상이 전개되었다. 한국도 일본과 중국을 경유하여 서양의 윤리학이 수용되었으며, 새로 만들어진 신식 교육 체제에서 수신학과 윤리학이 가장 중시되었다. 이러한 과정을 통해 20세기를 전후하여 '윤리(ethics)'라는 동아시아의 근대적 언어가 탄생하였고, 마침내 윤리학의 시대가 도래하였다.

한국을 비롯한 동아시아의 지식인이 20세기를 전후하여 서양을 통해 새로 학습하고자 한 윤리학은 유교적 사회에서 규범화된 윤리와 동일한 것은 아니었다. 새로 습득해야 한다는 것은 분명 이전의 윤리가 어떤 문제점을 지니고 있고, 새로운 윤리는 새로운 가능성을 제시할 것으로 기대하고 있다. 한편으로는 인간이 사람들과 만나면서 사회를 구성하고 국가를 형성하는 과정에서 유교적 윤리와 서양의 근대적 학문 체제로서 등장한 윤리학은 본질적인 문제에서 분명 연관성을 지닐 수 있다. 과거의 윤리와 미래의 윤리, 이들 둘 사이의 복잡한 단속성과 연속성이 현대 한국의 윤리 문제에 대한 성찰에서 피할 수 없는 내재적인 문제라고 할 수 있다.

해방 후 한국 사회는 남북전쟁을 거치면서 경제적 토대가 붕괴되었고, 최소한의 삶이 보장되지 않는 상황에서 '윤리'는 성립할 수 있는 토대를 상실하였다. 이범선은 『오발탄』에서 "윤리는 나일론 빤쓰 같은 것이죠. 입으나마나 불알이 덜렁 비쳐 보이기는 매한가지죠."라고 하면서, 한국 사회의 윤리의 부재와 허위의식을 고발하였다. 1970년대 이래로 한국은 경제적 활력을 되찾아가면서 민주주의의 깃발 아래 근대 국가의 창출에 매진하였다. 서구의 개인주의 전통에 기반하여 새로운 국가 공동체를 급하게 건설하는 과정에서, 한국 사회의 윤리 개념은 매우 광범위하게 변화될 수밖에 없었다. 남북한의 정치적 대결은 윤리 문제의 설정을 더욱 복잡하게 만드는 계기가 되었다. 이러한 과정에서 한국 사회에서 윤리 개념의 토대는 유교와 불교와 같은 전통적 요소, 기독교와 자유주의와 같은 외래적 요소, 식민지 체험, 전쟁과 분단 체제의 고착, 경제적 성장과 사회적 민주화 같은 사회적 요소 등으로 세분하여 고찰할 수 있다.

1980년대까지 한국 철학계에서 주류를 형성한 독일 철학 연구자들은 해방과 더불어 '국민윤리'가 등장한 시대적 배경 속에서 사회의 구조적 문제에도 적극적인 관심을 가졌다. 그들은 인간이 공동체를 통해 윤리를 어떻게 형성 발전시키는가에 대해서뿐만 아니라 공동체 자체의 도덕성에도 적극적으로 주목해야 할 것을 주장하면서, 한국에서 공공 윤리를 위한 지평을 마련하였다. 한국의 독일 윤리학 전공자들은 대체로 칸트 윤리학의 세례를 받으면서 원론적인 의미에서 윤리의 본성에 대한 연구에 집중하였다. 그들은 윤리의 본성, 즉 '도대체 윤리란 무엇인가?'의 문제를 계속해서 논의하였고, 당시 철학계의 또 하나의 영역을 차지한 영미 윤리학자들 및 고전 윤리학자들과 치열한 논쟁을 주고받으면서 윤리에 대한 학문적 깊이를 심화하였다.

해방 이후 한국에 소개된 영미 철학 계통의 윤리학은 주로 메타 윤리학, 그중에서도 이모티비즘이었다. 이후로 벤담과 밀의 고전적 공리주의, 롤즈의 정의론이 소개되면서 윤리학 분야에서 규범 윤리학 방법론 논쟁, 자유의 가치 논쟁, 공동체주의 논쟁 등 많은 논쟁이 전개되었다. 1980년대 이후 정보 통신 및 생명 공학이 비약적으로 발전한 이래로 생명의료 윤리, 컴퓨터 윤리, 환경 윤리, 연구 윤리 등 이전과는 차원을 달리하는 다양한 문제가 윤리 문제에 포함되었다. 이제 산업화와 민주화를 통해 근대 국가의 토대를 형성한 한국은 자율성에 기반한 공공 윤리의 새로운 토대를 요청하고 있다.

2. "윤리" 그리고 "윤리와 무관한 것"

동질적이며 정태적인 사회에서는 건전한 상식에 기반한 전통 윤리가 중요한 역할을 한다. 그러나 한 사회가 기능적으로 분화하면서 역동성과 다원성이 확장할수록 사회적 갈등이 심화하면서 기존의 윤리는 무기력해진다. 우리 사회는 20세기 세계에서 유례를 찾기 힘든 격동을 겪으며 '사람의 도리', 즉 윤리에 호소하는 전통적인 갈등 해결 기제가 무력화되면서 더욱 심각한 사회적 갈등을 마주하고 있다.

몇 년 전 한 보고서에 따르면 우리나라는 사회적 갈등으로 인해 연간 약 300조 원의 비용을 지불하고 있다고 한다.[1] 이는 일인당 GDP의 27%에 해당하는 것으로, 27개 OECD 국가 중 네 번째로 사회적 갈등이 심각한 수준이라고 한다. 이러한 점은 같은 해 7월에 실시한 한 여론 조사 결과에도 잘 나타나 있다.[2] 이 조사에서 84.7%가 "우리

---

1) 삼성경제연구소, 「한국의 사회적 갈등과 경제적 비용」, 『CEO Information』 710호 (2009. 6. 24).
2) KBS · 동서리서치(2009. 7), 『한국사회의 갈등과 통합에 대한 국민 의식 조사』. 이것은 정치 영역의 경우 여와 야로 편이 갈라져 여러 논쟁이 지속적으로 전개될 뿐만 아니라 다른 분야에 비해 언론으로부터 더 큰 주목을 받기 때문에 그 갈등이 더욱 심각하게 인식되었을 것이다.

사회의 갈등이 심각하다."고 답한 데 비해, 불과 3.3%만이 심각하지 않다고 답하였다. 이것은 현재 한국 사회의 사회적 갈등이 객관적인 지표상으로뿐만 아니라 주관적인 의식 차원에서도 심각한 수준에 이르고 있다는 점을 잘 보여주고 있다.

특히 분단 이후 남한 정부는 북한과의 경쟁 상황에서 남한 체제의 내적인 공고화를 위해 언제나 사회적 통합을 강조해왔다는 점에서 더욱 그러하다. 그러나 이것은 지금까지 통합을 당위적으로 강조한 나머지 우리 사회 내부의 점증하는 다양한 차이를 외면한 불가피한 귀결일 것이다.

더욱이 국가와 사회를 가족의 확장으로 이해하는 우리의 전통적인 가족 중심 문화에서는 갈등에 대한 논의 자체를 힘들게 만들었다. 즉 우리 사회에서는 갈등에 대해 말을 하는 것 자체가 갈등을 더욱 확대 재생산할 수 있다는 이유에서 기피되어왔다. 또한 분단과 전쟁 그리고 산업화 과정에서 정치적으로 억압받고 경제적으로 수탈당하며 사회적으로 소외되었던 계층들은 그들의 목소리를 낼 수 있는 기회 자체를 박탈당하였다. 그들의 정당한 생존 요구조차 편협한 이기주의로 매도되고 사회 질서를 교란하는 반국가 사범으로 규정되면서 이를 평화롭게 표출할 수 있는 합법적인 길이 원천적으로 봉쇄당하였다.

이러한 상황에서 기존의 누적된 부정의를 시정하고자 하는 진지한 성찰 없이 단순히 갈등의 표출 자체를 제한하거나 윤리라는 이름으로 어느 일방, 특히 사회적 약자에 대해 또다시 희생을 강요한다면, 이는 단순히 기능론적인 미봉책일 뿐만 아니라 윤리 자체에 대한 반발을 초래하고 말 것이다. 진정 '포용 국가 대한민국'을 만들고자 한다면 먼저 우리 사회 도처에 누적된 부정의를 정면으로 응시하면서 현재 소외된 계층의 정당한 요구가 평화적으로 표출될 수 있는 다양한 사회적 통로를 적극 모색하여야 할 것이다. 이를 바탕으로 윤리의 영역과 "윤리와 무관한 것"에 대한 구분을 새로이 정립할 필요가 있다. 이러한 구분은 지금까지 지속적으로 모색되어왔을 뿐만 아니라 앞으로도 끊임없이 새롭게 구획되어야 할 것이다.

3. 구조적 정의와 시민 의식

설령 정의로운 사회라고 할지라도 사회적 변화로 인한 갈등이 전혀 없지는 않을 것이다. 중요한 점은 사회적 갈등 자체를 소멸시키거나 그 표출 자체를 봉쇄하고자 하는 것이 아니라 이를 평화롭게 조화시킴으로써 미래를 위한 건강한 사회적 자산으로 전환하는 것이다. 윤리적 맥락에서 사회적 갈등에 대한 접근 방식은 크게 두 가지로 나누어 볼 수 있다.

첫째, 사회 구조의 정당성, 즉 사회 윤리적 접근 방식이다. 사회 구조란 그 사회의 다양한 구성원들의 합의를 모색하고 그 합의를 집행하는 기제이다. 만일 사회 구조 자체가 부정의하거나 적절하지 못할 경우 더욱 심각한 사회적 갈등을 유발할 수 있기 때문에 사회적 갈등을 다룰 때 제도에 대한 논의가 일차적으로 중요한 위치를 차지한다.[3] 그렇다면 우리 사회의 기본적인 구조가 현재의 사회적 갈등을

---

3) 물론 시장 자본주의 체제가 정의로운 경제 제도인가에 대한 질문이 가능할 수도 있을 것이다. 특히 신자유주의 경제 정책을 경제적 정의의 관점에서 검토하는 것 역시 중요한 과제가 될 수 있을 것이다. 여기서는 정치 제도에 관해서만 간략히 언

다루기에 적절한 정도로 정의로운지에 대해 먼저 검토해보지 않을 수 없다.

둘째, 인적인 접근, 즉 개인 윤리이다. 제도란 결국 사람에 의해 운영된다는 점에서 인적 요인이 지닌 중요성은 재론할 필요도 없을 것이다. 그런데 대의 민주주의 체제에서는 인적 요인과 관련하여 두 가지 차원을 구분할 필요가 있다. 즉 일반 시민과 그들로부터 권한을 위임받아 공무를 수행하는 대표 및 대표에 의해 임명된 고위 공직자이다.

대의 민주주의는 규모의 문제만이 아니라 사회의 복잡한 기능적 분화에 효과적으로 대처하기 위한 수단이라 할 수 있다. 오늘날 우리가 접하는 많은 문제는 평범한 일반 시민의 입장에서는 이해하기조차 힘들 정도로 난해하기 때문에 고도의 전문성을 필요로 한다. 또한 국제 질서 속에서 당면한 경쟁은 신속한 결정을 요구한다. 이러한 상황에서는 주요한 많은 결정이 고위 공직자에게 위임될 수밖에 없으며 그 결과 고위 공직자일수록 민주적 통제로부터 더욱 멀어지면서 자의적인 권한 행사에 대한 유혹에 빠지기 쉽다. 따라서 공직 수행자는 공공의 선을 지향할 의무를 갖게 된다. 즉 그들은 선출 혹은 선발 과정에서부터 직무 수행 과정에 이르기까지 공직자로서 전문적인 직무 수행 능력뿐만 아니라 윤리적 소양을 검증받아야 하며, 나아가 자신들의 결정이 공공의 선을 위한 것이었다는 점을 공중 앞에서 입증해야 할 부담을 진다는 점을 명심하여야 한다.

인적 접근 방식에서 더욱 중요한 차원은 결국 일반 공동체 구성원

급하겠다.

한 사람 한 사람의 윤리이다. 서양 근대 이후 민주주의 사회에서 대체로 시민은 자유롭고 평등하며 합리적인 존재로 규정된다. 서양 근대인들은 자유를 국가의 간섭 없이 자신의 사적 이해관계를 극대화하는 것으로 이해하였으며 정부조차도 개인의 재산권을 보호하기 위한 계약의 결과물로 이해하였다. 특히 비밀 투표라는 고립된 상황은 선거 과정 자체를 개인의 사적 이해관계를 극대화하는 장으로 변질시키며 시민이 중요한 정치적 결정 과정에서 공동체 전체를 진지하게 고려할 수 있는 여지를 소멸시키고 말았다. 게다가 '민주주의란 결국 다수결'이라는 발상과 더불어 다수의 이익을 공동체 전체의 이익과 기계적으로 동치시키는 다수의 횡포가 시작되면서 소수는 사회적 소외층으로 전락한다. 시민을 단순히 자신의 이익을 추구하는 합리적 개인으로 상정하고 이를 바탕으로 한국 사회 시민의 비합리성을 질타하며 시민 윤리를 세우고자 했던 일부의 시도는 근본적으로 재고되어야 한다. 공동체에 대한 공공적 관심을 결여한 채 자신의 이익을 바탕으로 의사 결정을 하고자 하는 시민들이 참여하는 선거와 정치 과정은 인간을 고립시켜 결국 민주주의를 형해화하기 때문이다.

4. 공적 이성과 새로운 공공 윤리

우리 사회는 해방 이후 일제 잔재 청산의 실패, 삼 년 동안 지속된 전쟁, 민주 혁명과 군부 쿠데타, 산업화와 민주화를 경험하였다. 이 과정에서 공적인 문화와 공동체적 연대가 급격히 무너지면서 개인은 오로지 '살아남는 것' 자체를 절체절명의 과제로 인식하면서 각종 사회적 부정과 구조적 비리에 대한 건전한 비판의식조차 무뎌진 나머지 우리 사회 전반에 천박한 이기주의가 확산되었다는 점을 부정할 수는 없을 것이다. 물론 이러한 천박한 이기주의가 역설적으로 개인의 생존 경쟁력을 극대화시키면서 대한민국을 현재 수준까지 발전시킨 하나의 원동력이었을 수도 있다. 그러나 이제 우리 사회는 많은 이들이 지적하듯 이러한 개인주의적 생존 경쟁을 통해 도달할 수 있는 최고의 극점에 있는 것으로 보이며, 그로 인해 파생된 다양한 부작용이 미래로 향하는 도약을 가로막는 걸림돌이 되고 있는 상황이다.

천박한 이기주의가 횡행하는 사회에서 연대나 공동선 따위는 순진무구한 어리석음이나 야비한 위선으로 평가 절하된다. 이미 아담 스미스는 공동선을 들먹이는 사람들을 신랄하게 비판한 바 있다. '정당한 요구' 역시 '밥그릇 싸움'으로 간주하는 냉소주의가 대단한 통찰로 간주되고 사회적 갈등을 조정할 수 있는 제도 자체가 그 정당성을 상실하면서 오히려 새로운 갈등을 유발하는 역설적 상황에 도달한다. 이런 상황에서 사회적 역동성이란 분열의 씨앗이자 카오스일 뿐이다.

그 해결책은 무엇일까? 홉스는 정부의 성격을 설명하기 위해 정부가 없는 상황, 즉 자연 상태를 상정한다. 홉스가 볼 때 자연 상태의 인간들은 철저히 이기적이며 서로 힘도 엇비슷한 평등한 상황에 있기 때문에 서로 불신하며 갈등하면서 결국 만인 대 만인의 잠재적 전쟁 상태에 놓일 수밖에 없다. 따라서 홉스는 이와 같은 이기적 인간을 완벽히 제압할 수 있는 절대 권력 곧 리바이어던을 그 해결책으로 제시하였다. 바로 이것이 우리가 경험했던 권위주의 독재 체제이다. 그러나 이러한 해결책은 물리적 억압을 통해 갈등이 사회적으로 표출되는 것을 막을 수는 있겠지만 이성의 자유로운 발휘를 근본적으로 가로

막아 사회를 끊임없이 불안정으로 몰아간다는 점에서 분명 환영받을 수 없다.

이와는 달리 로크는 자연 상태를 어느 정도 합리적 이성을 지닌 인간들이 자연법을 준수하며 살아가는 완전히 자유로운 상태로 묘사한다.[4] 그러나 자연 상태의 인간들이 합리적이고 자유로운 존재들이지만 만일 그들이 자신과 관계된 사건에서 스스로 재판관이 될 경우 그들은 자신의 이익을 더 중요하게 여기거나, 자신과 친구를 편파적으로 두둔하거나, 악의와 격정과 복수심에 사로잡혀 과도한 처벌을 하고자 할 것이라고 주장한다.[5] 이런 불편을 해소하기 위해 개인들은 정부를 만들기로 합의한다. 정부는 자연 상태에서 피할 수 없었던 편파적 이기심, 사악한 격정, 불타는 복수심에서 등장하는 갈등을 공적으로 조정할 수 있는 의사 결정 구조가 된다. 홉스이건 로크이건 인간은 근본적으로 이기적이며 사회는 개인의 이해관계를 조율하는 장에 불과하였다. 윤리를 최소화시키면서 이윤을 극대화하고자 하는 것이 이런 사회의 특징이다.

그러나 인간은 다른 사람과 협력하면서 자기 이해관계를 넘어 공공의 세계를 바라볼 수 있다. 그래서 우리 인간이 우리 희망이다. 롤즈의 표현으로 바꾸면, 인간의 이성이 자유롭게 표출되는 민주사회란 사회적 협력의 공정한 기제이다.[6] 민주사회에서 자유롭고 평등한 시민들은 두 가지 의미에서 합리성을 갖는다. 물론 우선 시민은 누구

---

4) John Locke, *The Second Treatise of Government*, §4.

5) Ibid, §13.

6) John Rawls, *A Theory of Justice*(The Belknap Press of Harvard University Press, Cambridge, Mass. 1971) 참고.

나 자신의 이익을 극대화하고자 할 것이라는 점에서 타산적 의미에서 합리성(rationality)을 갖는다. 합당한 시민들은 규범적 의미에서 합리성, 즉 합당성(reasonableness) 역시 지닌다. 그래서 이들은 다른 시민을 평등한 존재로 대우하면서 협력 과정이 누적되면서 일시적인 불이익을 감수하며 연대와 박애로 나아가고자 한다.

자유롭고 평등한 시민들이 기꺼이 서로 협력을 하고자 하는 합당한 태도를 지녔다고 하더라도 이성을 자유롭게 발휘할 경우 종교나 근본적인 인생관에서뿐만 아니라 각자 일의 경중을 어떻게 부여하느냐에 따라 여전히 다양한 불일치들이 존재할 수 있다. 이러한 불일치는 그 나름대로 타당한 근거를 가지고 있으며 해소될 전망도 거의 없다. 결국 현대에서 합당한 다원주의는 당면한 불가피한 현실이며 결국 사회적 갈등의 씨앗은 여전히 존속한다.

이러한 사회적 갈등에 대해 롤즈는 공적 이성(public reason)에 호소함으로써 대처하고자 한다. 이성이란, 단순화하여 말하자면, 개인이나 집단이 어떤 일을 결정하는 방식이나 능력, 혹은 그 근거를 말한다.[7] 공적 이성이란 공중의 이성, 즉 특정 개인의 이성이 아니라 한 사회의 시민 전체의 이성이다. 전제 국가나 귀족 사회의 경우, 전제 군주나 귀족 집단이 임의로 결정하고 집행하지만 민주사회만이 시민 전체의 의사에 따라 결정한다는 점에서 공적 이성은 곧 민주주의 사회의 독특한 이성이라고 할 수 있다. 따라서 공적 이성에 따라 행동한다는 것은 이기적 개인들이 고립된 공간에서 비밀투표를 통해 자신의

---

7) John Rawls, *Political Liberalism*(The Belknap Press of Harvard University Press, Cambridge, Mass. 1992), pp. 212-213.

고유한 이해관계를 추구하는 것이 아니라 시민들이 시민 전체의 입장에서 사고하고 결정한다는 것을 의미한다. 즉 시민들은 국가의 중대사가 걸린 중요한 안건에 대해 토론하거나 투표를 할 때 오로지 자신의 개인적인 이해관계가 아니라 다른 시민들도 받아들일 수 있는 방식으로 행위하며 또한 그러하길 기도한다. 이것이 바로 공적 이성의 이상이며 이는 곧 민주사회 시민으로서의 덕성이자 의무(duty of civility)이다. 이러한 시민성의 의무는 일반 시민뿐만 아니라 동시에 이러한 시민의 대표 및 주요 정책을 수립하고 수행하는 다양한 공직자의 의무이기도 하다.

공적 이성에 호소함으로써 현대 다원주의 사회가 당면한 사회적 갈등을 해결하고자 하는 이러한 발상은 오늘날 우리 사회에서는 '공론화위원회'라는 형식으로 구체적으로 활용되고 있다. 그러나 공적 이성에 호소한다 해서 우리 사회가 당면하고 있는 심각한 사회적 갈등을 깔끔하게 해소할 수는 없다. 또한 공적 이성을 통해 해결하고자 하는 문제들 역시 시대마다 사회마다 다를 수 있다. 공론화위원회에 참여하는 모든 시민이 처음부터 완벽하게 공적 이성에 따라 행동할 수는 없을 것이다.

그러나 적정 수준의 합당한 태도를 지닌 시민이라면 그 사회의 기본적 정의의 문제들을 공적 이성의 이상에 따라 해결하는 과정에 참여하면서 자신의 사적인 이해관계를 넘어 공공선을 지향하게 된다. 즉 다양한 수준의 합리성을 지닌 시민들이 공적 이성에 따라 문제를 해결하는 과정에 참여하면서 시민들은 자신들의 주장 중 비합리적 요소들을 스스로 철회하면서 공공선을 지향하는 자세를 더욱 공고히 갖게 되며 이러한 선순환의 과정을 거듭 경험하면서 공공의 선과 개인의 이해관계가 합치되는 바람직한 상황으로 나아가는 것이다. 이것이 우리가 지향하고자 하는 자유롭고 평화로운 민주공화국의 이상적 모습이자 공공 윤리가 적절히 구현된 상황이다.

공공 윤리와 관련하여 처음 명시적으로 표현된 것은 1919년 4월 11일 공포된 '대한민국 임시헌장 선포문'이라고 할 것이다. 이 선포문은 임시 정부가 "국민의 신탁으로 완전히 다시 조직"되었다고 밝힌 후 제1조에서는 "대한민국은 민주공화제로 함"이라고 명시한다.[8] "대한민국이 민주공화제"라는 발상은 제헌헌법 제1조에도 그대로 표현되어 있을 뿐만 아니라 이 조문은 현행 헌법에서도 고스란히 유지되고 있다. 이를 토대로 우리는 "근대 한국헌법이 초기 출발부터 추구한 핵심 가치는 '개인 · 시장 · 경쟁'이라기보다는 '전체 · 균등 · 공공' 이념이라고 할 것이다."[9]

임시정부가 판단하기에 당시의 우리 민족이 지킬 "최고 공리"는 "사회 각층 각 계급의 지력과 부력의 향유를 균평하게" 하는 것이었다. 이는 조소앙의 삼균주의에 바탕한 것이었다. 균등론으로 대표되는 삼균주의 사상은

---

8) '대한민국 임시헌장 선포문.' 또한 제3조에서는 "대한민국의 모든 인민은 남녀 귀천과 빈부의 계급이 무(無)하고 일체 평등임"이라고 밝힌다. 또한 4조에서는 "대한민국의 인민은 신교(信敎), 언론, 저작, 출판, 결사, 집회, 신서(信書), 주소 이전, 신체 소유의 자유를 향유함"이라고 명시하고 있다. 1945년 공포된 대한민국임시헌장에서는 전문에서 "유구한 역사를 통하여 국가 생활을 하면서 인류의 문명과 진보에 위대한 공헌을 하여왔다"고 한 후 여전히 제1조에서 "대한민국은 민주공화국임"이라고 명시하고 있다. 한국정신문화연구원, 『한국민족문화대백과』(한국정신문화연구원, 1991) 참고.
9) 시희경 · 박명림, 「민주공화주의와 대한민국 헌법 이념의 형성」, 『정신문화연구』 30권 1호(2007봄), 79쪽.

조소앙이 대한독립선언서 및 대한민국 임시정부헌장(1919. 4)을 기초할 때 피력한 후, 임정의 여러 헌법에 반영되어오다가 점차로 체계화·종합화되어 임정이 발표한 '대외선언'에서 임정의 건국 원칙으로 채택되었고(1931), 그 후 이 원칙은 임정이나 그 산하 단체의 이념적 기초가 되었다. 즉 삼균주의는 1934년 임정 국무회의를 통과한 후 수많은 비판과 심화 과정을 통해서 완성된 것이었다. 또한 이 사상은 1944년 4월 임정의 마지막 헌법인 제5차 임시헌장의 이념적 토대가 되었다.[10]

물론 해방과 더불어 가장 주목받은 것은 자유라는 이념이었다. 공공성이 지닌 추상성으로 인해 제헌 헌법의 제1조가 대한민국이 민주공화국임을 명시하고 있음에도 현실 정치 과정에서는 1950년대 집권당의 명칭이 '자유당'이었다는 사실에서 보듯이 공동체의 공공성보다는 개인의 자유가 우선되었다. 이때 자유는 대체로 외부의 간섭을 받지 않고 마음대로 할 수 있는 소극적 자유를 의미하였다. 또한 '자유'는 '공산주의'에 상반되는 개념으로 이해되었고 그 결과 한국 사회에서 자유주의와 민주주의는 서로 갈등하는 측면보다는 친화적으로 수용되어 오늘날까지도 이 두 용어의 결합어인 자유민주주의라는 말이 큰 부담 없이 친숙하게 사용되고 있다. 뿐만 아니라 '공화국'이라는 용어가 북한 체제를 일컫는 것으로 굴절되면서 군사 정변을 통해 등장한 군부 세력이 '공화당'이라고 참칭하면서 일상에서 '공화국'이라는

---

10) 같은 글에서 재인용; 김영수, 『한국헌법사』(학문사, 2001), 311쪽; 김용호, 「조소앙의 삼균주의 연구: 그 형성·전개 과정과 내용 및 評價」, 서울대학교 정치학과 석사학위논문(1979); 정학섭, 「조소앙의 삼균주의에 관한 일 연구: 사회사상사적 접근」, 서울대학교 사회학과 석사학위논문(1984), 37–39쪽.

표현은 더욱 기피되었다.

개인의 자유를 강조할 경우 초래될 수 있는 공공성의 훼손을 막기 위한 하나의 시도가 국민윤리교육 헌장 선포로 대변되는 이른바 '국민윤리'라고 할 수 있을 것이다. 그러나 정치 권력에 의해 강압적으로 진행된 국민윤리는 공공성을 강화하겠다는 목표와는 달리 정당성을 상실한 군부 정권에 대한 무분별한 정당화를 곧 공공의 윤리인 양 포장하면서 오히려 윤리를 다시 한 번 조소의 대상으로 전락시키며 윤리에 대한 냉소주의를 강화시켰다. 또한 남북 분단이라는 특수한 상황을 빌미로 정부 정책에 대한 사소한 반대조차 국민의 총화를 훼손하며 사회적 분란을 야기하는 불온한 행동으로 간주되면서 합리적 비판은 설 자리를 잃게 되었다.

다른 한편으로는 정당한 권리조차 좀처럼 존중하려 하지 않는 데에는 여러 이유가 있을 터이지만 권리라는 용어 자체에서도 연원한다고 할 수 있다. 왜냐하면 권리(權利)라는 용어는 그 어원상 이익과 결부되어 있는바 유교 전통에서 볼 때 이익을 주장하는 것은 소인배의 이기적 행위로 결코 존중할 만한 것이 못 되기 때문이다. 뿐만 아니라 일제 강점기부터 유포되기 시작한 출처조차 불분명한 '멸사봉공(滅私奉公)'이라는 말이 횡행하면서 공공성을 위해서는 당연히 개인의 권리를 포기해야 하는 것처럼 간주되었기 때문이다.[11] 그 결과 자신의 권리를 공공의 장에서 정당하게 주장하는 것을 기피하는 것과 동시에 타인의 권리를 존중하고자 하는 태도조차 갖기 어렵게 된다.[12]

---

11) 이윤옥, 『오염된 국어사전』(인물과 사상사, 2013).
12) 이에 비해 서양의 경우 'rights'나 'Recht'의 경우 "옳음"과 어원상 결부되어 있다는 점은 매우 주목할 만한다. 장은주, 『인권의 철학』(새물결, 2010), 30쪽.

그럼에도 불구하고 20세기 후반 산업화를 통해 성취한 경제적 발전과 민주화를 통해 향상된 국민의 의식 수준은 자율성에 기반한 공공 윤리의 새로운 토대를 구축하고 있다. 1990년대 동구의 몰락은 한편으로는 급진 세력의 존립 근거를 무너뜨리면서 다른 한편으로는 정부에서 더 이상 강압적인 방식으로 이념적 간섭을 할 필요성을 사라지게 만들었다. 물론 아직까지도 유지되고 있는 분단 체제 속에서 등장하고 있는 크고 작은 분쟁과 위협은 여전히 건강한 비판과 합리적 토론을 가로막으면서 자율적인 공공 윤리의 바탕을 축소시키고 있지만, 오히려 이러한 상황이 한국 사회에서 공동체에 대한 결속을 강화하는 측면 역시 무시할 수 없다.

공공 윤리의 가능성과 관련하여 또 하나 주목할 점은 소위 '세계화'이다. 일반적으로 정치 공동체에서 그 시민들은 그 사회에 태어나 일생 동안 그 사회 내에 머물 것이라고 가정된다.[13] 시민들은 자신이 속한 공동체를 임의로 떠날 수 없는 것이다. 희랍의 경우 자신의 정치 공동체를 떠나 다른 공동체로 갈 수는 있었지만 이 경우 그는, 흔히 소피스트로 일컬어지는 사람들이 그러하듯, 자유 시민에서 외국인 거주자로 전락하면서 정치 과정에 제대로 참여할 수가 없었다. 이것은 희랍 도시 국가의 내적 결속을 강화하는 중요한 요인이었다. 서양의 전통에서 노블리스 오블리제 역시 공동체에 대한 이러한 운명적 구속과 무관하지 아니하며, 일반 시민들의 경우 그 사회 내의 불합리한 관행까지 전통이라는 이름으로 관용하도록 강제되기 일쑤이다.

그런데 1990년대 중반 이후 급속히 전개된 세계화 과정은 우리 사

---

13) John Rawls, 황경식 역, 『사회정의론』(이학사, 2003), 40쪽.

회의 불합리한 관행들을 척결하는 중요한 계기가 되었다. 1998년 외환 위기로 말미암아 한국 경제는 엄청난 어려움을 겪었지만, 이 과정에서 IMF가 요구한 분식회계금지와 같은 '국제적 기준'은 우리 사회의 투명성을 제고하는 긍정적 역할 역시 없지 않았다. 부침을 거듭하고 있기는 하지만 한국 사회의 청렴도 혹은 부패 인식 지수 역시 전체적으로 보아 꾸준히 개선되고 있다. 뿐만 아니라 점점 많은 기업이 사회적 공헌 활동이라는 변형된 형식을 취하고 있기는 하지만 기업의 사회적 책임에 대한 ISO 26000이라는 국제적 기준을 충족시키기 위해 사회적 소외 계층에 대한 지원 활동을 통해 우리 사회의 공공성을 강화하는 노력에 참여하고 있다.

요약하자면, 20세기 동안 한국 사회는 질곡의 역사 과정에서 개인의 존엄성과 자율성의 바탕이 되어야 할 개인주의가 타산적 이기주의처럼 곡해되면서 전통적 공동체성을 상실하는 경험을 하였다. 또한 정부가 나서서 강압적인 방식으로 공공 윤리를 주입하고자 할 경우 오히려 공공 윤리의 생명이라 할 수 있는 시민 정신(civility)을 훼손할 수 있다는 경험을 통해 알게 되었다. 그럼에도 불구하고 역사 교과서의 국정화 시도에서 보듯이 정부 주도로 '관제' 공공 윤리를 강제하고자 하는 시도가 사라진 것은 아니다. 그러나 산업화와 민주화 그리고 세계화를 통해 기능적으로 고도로 분화된 사회 구조는 '관제' 공공 윤리가 등장할 수 있는 가능성을 원천적으로 차단하면서 건강한 합리성에 기반한 자율적 공공 윤리의 새로운 장을 열어주고 있다. 이런 견지에서 20세기 후반 한국 사회에서 윤리 개념의 변화를 전통 유교 윤리와 서양 윤리 사상이 접변하는 과정을 통해 살펴보고자 한 본 연구가 앞으로 합리적 개인의 자율성을 존중하는 민주사회의 공공성을 건강히 키워나가는 과정에 조그마한 기여라도 할 수 있기를 희망한다.

5. 한국 윤리, 과거에서 미래로

베버의 입론에 따르면, 유교에는 기독교의 신에 상응하는 존재가 상정되지 않았기 때문에 유학자들의 관심은 피안이 아니라 차안을 긍정하게 되었으며, 차안을 긍정한 결과 인간의 선한 본성을 전제하게 되었다고 한다. 때문에 자신의 사악한 본성과 맞서 싸우는 도덕적 투쟁, 자율적 윤리를 결여하게 되었다고 여겨진다. 그런 유학자들의 주요 관심사는 예(禮)였다. 고대의 유학자는 예가 우주의 구현물이라는 조화적 우주론을 갖고서 사람은 예를 수용해야 한다고 주장했다. 예란 전통적 관습 가운데에서 비교적 바람직하다고 여겨지는 규범 체계로서 정치적으로는 봉건제와 깊은 관련이 있었다. 그래서 예는 자연스럽게도 기존 권력 질서에 대한 순응을 초래할 가능성이 컸다.

지난 20세기 후반부터 현대에 이르기까지 중국, 타이완 등 동아시아는 물론 유럽과 미국 등의 여러 연구자가 베버가 설정했던 프레임에서 벗어나기 위해 노력해왔다. 그들에 따르면, 유학자들 역시 도덕적 이상과 타락한 현실 사이의 거대한 간극에 절망하면서도 그것을 메꾸기 위해 노력을 해왔다고 주장했다. 그런데도 유교에는 참된 의미의 윤리는 존재하지 않는다는 인식 또는 선입견이 학계와 일반인들 사이에서 광범위하게 퍼져 있다. 현실 사회 내 인간관계를 체험적으로 반성해볼 때 그런 인식 또는 선입견이 단지 오해로부터 비롯되었다고 치부되기에는 힘들 듯하다.

유교는 초월적인 도덕적 이상과 타락한 현실 사이의 팽팽한 긴장 관계 속에서 도덕을 향한 분투에 지고의 가치를 부여해왔음에도 불구하고, 어째서 오늘날에 이르기까지 진정한 의미의 윤리학을 성립시키지 못했다고, 다시 말해서 참된 윤리적 인간을 양성하지 못한다고 비판받고 있을까? 그 원인은 유교 내에서 찾아져야 할 것이다. 유교의 지식인은 분명히 부패하고 불의한 현실을 개혁하여 공정하고 정의로운 세계를 앞당기기 위해 치열한 노력을 한다. 하지만 그러한 세계는 인륜(人倫)이 구현되는 봉건적 세계였다. 그들에게서 인륜은 단순한 미풍양속이 아니라, 인간의 선천적 본성에 근거를 둔 자연적(自然的) 질서이다. 때문에, 유교 지식인의 도덕적 분투는 외견상 자율성과 주체성을 갖는 것 같지만, 그런 인간 측의 분투는 결국 '자연'의 실현을 위한 것이므로 상대적 자율성과 주체성만 지닐 뿐이다.

유교 지식인은 부도덕한 현실의 개혁을 통해 더 나은 세계로 나가고자 하는 도덕적 파토스를 갖는다는 점에서 베버가 상정했던 유럽의 윤리적 인간형과 공통점을 갖는다. 하지만 양자 사이의 차이점은 근대 유럽의 윤리적 인간형이 도덕적 세계를 주어진 것으로 전제하지 않고, 자율적이고 주체적으로 새롭게 발견하거나 구성하려는 태도를 보여주었음에 비해, 유교 지식인은 인륜을 너무나 당연한 것으로 전제한다는 것이다. 구한말 이후 한국에서 근대적 윤리학이 잘 정착하지 못했던 이유 가운데 하나는 이러한 인륜 본위의 도덕적 의식이 아직도 강고하게 사람들 사이에 자리 잡고 있기 때문일 것이다.

인륜적 가치는 봉건제라는 정치적 이상과 불가분의 관계를 갖는다. 오늘날 봉건제는 타파되어야 할 구시대의 적폐로 인식되고 있지만, 사실 그것은 지방자치제에 가까운 것이었다. 그런 만큼 중앙 권력은 무소불위의 권력을 휘두르는 것에 제약을 받는다. 중앙 권력은 지방 권력에 물질적·정신적 증여를 함으로써 덕(德)의 권위를 확보하고, 이를 통해 지방으로부터 자발적 복종을 끌어내야 했기 때문이다. 이러한 덕의 발산으로부터 비롯되는 자발적 복종과 조화로운 관계를 뒷받침하는 원칙이 바로 인륜(人倫)이다.

봉건제는 성리학자들이 꿈꾸었던 이상적 정치 체제였다. 중국 송대의 유학자와 조선 전기 사대부들에 의해 제시되었던 군신공치론(君臣共治論)은 봉건제를 현실에서 실현하기 위한 일련의 목표 중 하나였다. 군신공치론을 문자 그대로 해석하면 임금과 신하가 나라를 공동으로 통치한다는 것이지만, 그 실제 내용은 재상, 즉 신하의 대표자에게 대부분의 통치를 일임한다는 것이었다. 그런데 이런 목표는 유교적 공화론(共和論) 및 공(公) 개념과 긴밀한 관련을 맺는다. 유교적 공화론 또는 '공' 개념의 핵심 내용은 어느 한 사람이 권력을 독점하지 않는 것이라고 할 수 있다. 중국의 송대(宋代)와 조선은 이런 정치적 이념이 실현되었던 시대였다.

동아시아의 근대 시기에도 유교는 이 두 가지 측면에서 우리의 일상에 영향을 끼쳤을 것이다. 즉 인륜이라는 자연적 질서를 실현하기 위한 도덕적 노력과 유교적 공화론 및 '공' 개념이 그것이다. 이는 한편으로는 온전한 의미의 윤리학을 이 땅에 뿌리내리고 그에 의해 윤리적 인간을 배양하는 것을 어렵게 만들 것이다. 그러나 다른 한편으로는 권력이 어느 한 계층으로 집중되는 것을 끊임없이 견제하면서 그것을 다양한 집단 또는 지역으로 분산시키려는 공적 지향을 끊임없이 재생산할 것이다.

19세기 중엽 이래로 동아시아는 세계사의 무대에 진입하였다. 그때까지 동아시아는 유교적 가르침에 의거하여 정치적 제도를 형성하고 사회적 질서를 유지해왔다. 유교는 중국과 한국, 혹은 일본 등의 지역에서 시대적 조건에 따라 다른 형태로 전개되어왔지만, 기본적으로 예제(禮制)를 통해 도덕적 규범을 구현하고자 했다. 예(禮)는 도덕적 사회를 구축하기 위한 방편이 아니라 오히려 자연의 이법과 질서를 내장하고 있기 때문에, 인간이 따르고 지켜야 할 원리로 간주되었다. 그러나 동아시아의 지식인들은 강력한 군사력과 뛰어난 생산력을 갖춘 서양과 조우하면서, 서양이 부강한 국가를 형성한 비결을 알아내고자 노력하였으며, 한편으로는 유교적 사회의 근간을 형성해온 유교적 규범 그 자체에 대해 의문을 제기하고 반성적 사유의 대상으로 삼기 시작했다.

동아시아에 서양을 학습하는 시대가 도래하였다. 동아시아 지역이 인도 혹은 유럽과 만나면서 불교와 천주교 등을 수용하고 학습한 적이 있었지만, 그렇다고 해서 불교 혹은 천주교를 배태한 인도 문명이나 유럽 문명 그 자체에 특별히 관심을 갖지는 않았다. 그렇지만 20세기를 전후하여 동아시아는 서양의 군사와 경제뿐만 아니라 서양이 국가를 형성하고 사회를 유지하는 기본 원리를 탐구하고자 하였다. 한국에서도 서양으로 유학을 떠나기 시작했으며, 청년들은 미국으로 가서 교육학과 윤리학을 배우고자 했다. 바야흐로 서양을 학습하면서 새로운 원리에 기초하여 근대적 의미의 국가와 사회를 기획하고자 한 것이다.

서양을 모범으로 삼아 근대적 국가를 기획하는 사업에 가장 먼저 뛰어든 것은 일본이었다. 일본은 서양의 제도를 본받아 도쿠가와 막부 체제를 청산하고 천황을 정점으로 하는 입헌군주제를 달성했다. 일본의 근대적 개혁은 이러한 정치적 변혁에 그치는 것이 아니었다. 일본은 서양이 사회를 구성하고 합리적 질서를 구축하는 기본 원리에 관심을 가졌다. 메이지 유신 전후 일본은 서양 사회의 근본 원리를 설명하는 서적들을 대량으로 번역하는 이른바 '번역된 근대'의 방식을 선택했다. 특히 서양 철학에 관한 서적들이 집중적으로 번역되었으며, 윤리학에 관한 저서들도 소개되기 시작했다. 윤리학 분야에서는 아리스토텔레스, 칼덴우드(H. Caldenwood), 자네(P. Janet), 스펜서(H. Spencer), 시지윅(H. Sidgwick), 칸트, 분트(W. M. Wundt), 파울젠(F. Paulsen) 등 다양한 철학자들의 저서들이 번역되었다. 이러한 번역 작업을 통해 마침내 이노우에 데쓰지로, 이노우에 엔료 등 도쿄제국대학 철학과를 졸업한 일본인 학자들이 직접 윤리학과 관련된 저서를 편찬하는 단계로 나아갔다.

동아시아에서 Ethics가 '윤리학'으로 번역되고 정착하는 과정에서 중요한 역할을 담당한 것은 이노우에 데쓰지로가 편찬한 『철학자휘』(1881)였다. 이 사전의 ethics 항목을 살펴보면, 윤리학(倫理學)이라는 번역어가 제시되어 있다. 그리고 '윤리학'이라는 서양의 학문을 설명하기 위해 유교의 기본 경전인 『예기』와 성리학의 입문서인 『근사록』을 인용하고 있다. 『철학자휘』의 Ethics 항목에는 '윤리학'이라는 번역 아래 "『예기』 「악기」 편에서는 윤리에 통한다고 했으며, 또 『근사록』에서는 윤리를 바르게 하며 은의를 돈독하게 한다."라는 해설이 포함되어 있다.

서양의 근대적 학문 분과의 하나인 Ethics의 번역에 사용된 '윤리(倫理)'는 중국의 고대 언어였다. 이노우에 데쓰지로가 '윤리학'을 설명하면서 중국 고전의 전고를 거론한 것은 Ethics뿐만 아니라 '윤리'에 '학'을 추가한 '윤리학'이 낯선 개념이었기 때문에 보충적으로 설명을 추가한 것이라고 할 수 있다. 한편으로는 '윤리학'이 서양으로부터 연유된 학문이지만 중국의 고전과 밀접한 관련성을 지니고 있다는 것을 보여주기 위한 의도에서 비롯된 것이라고 추정할 수도 있다. 『예기』「악기」에서는 "음악은 윤리에 통하는 것이다."라고 했다. 이 구절은 음악에서 각각 서로 다른 소리가 조화를 이루어내듯이, 서로 다른 구성원들이 유교적 예에 의해 안정되고 질서 있는 모습을 이루어야 한다는 의미로 사용되고 있다. 『근사록』에 나오는 인용 역시 가족 내에서 공적인 질서의 필요성을 가리키고 있다.(2장 2절 참조)

메이지유신 이후 일본 사회는 정치·사회 분야뿐만 아니라 교육에서도 적지 않은 변화를 초래하였다. 교육 제도의 변화와 함께 요청된 것은 교과서였다. 1890년대 일본은 교과서의 시대였으며, 윤리학 분야의 교과서 역시 전성시기를 맞이하였다. 학교 교육에서 윤리와 관련된 교과로 '수신' 과목도 등장하였다. 윤리학이 수신학으로 이해되기도 하였으며, 윤리와 수신을 구별하기 위한 학문적인 노력도 있었다. 윤리, 수신, 도덕 이들 세 개념 사이의 혼동도 피할 수 없었다. 유럽의 학문적 배경과 사회적 풍토에서 형성된 서양의 윤리학설이 유교적 사회에서 통용되어온 수신과 동등한 차원에서 논의될 수는 없을 것이다. 그럼에도 불구하고 서양의 윤리학은 수신이라는 기존의 언어를 통해 이해되는 경향이 농후했다. 중국의 고대 문헌에서 사용된 '윤리'는 메이지시대의 학문적 풍토 속에서 '윤리학'으로 변신하였으며, 수신과 도덕, '일본 도덕'과 '동양 윤리'라는 새로운 학문 체계 속에서 새로운 시대적 의미를 포함하게 되었다.

일본이 선도적으로 서양의 문물을 수용하면서 동아시아의 지식 패러다임과 문화적 권력의 위상에 변화가 발생하였으며, 일본이 정치적·경제적 영역과 함께 사상과 문화의 영역에서도 주도적 역할을 담당하게 되었다. 철학의 분과로서 수용된 윤리학의 탄생과 전개 과정에서도 마찬가지였다. 일본에서 번역을 통해 만들어진 '윤리'라는 용어는 중국에서도 통용되었으며, 또한 윤리학과 관련된 일본인의 번역 혹은 저술이 중국과 한국에 전해졌다. 일본에서 1890년대 교과서가 활발하게 간행되었다고 한다면, 중국에서는 20세기 초가 바야흐로 교과서의 시대가 되었다. 한국 또한 20세기 초에 새로운 학제의 개혁으로 인해 교과서의 시대가 되었으며, 일본과 중국의 저술이 대량으로 번역되었다. 한국과 중국, 일본에서 '윤리학'이 표기상으로는 동일한 기표를 지니게 된 까닭은 20세기를 전후한 동아시아의 사상적 연쇄 과정이 있었기 때문이다.

중국에서 간행된 류스페이의 『윤리교과서』(1906), 차이위안페이의 『중국윤리학사』(1910) 등은 중국인이 직접 저술한 윤리학 교과서였다. 류스페이는 '자유'와 '권리' 등의 신어를 사용하면서 유교적 윤리를 근대적 윤리로 변형하고자 시도하였다. 그가 택한 방식은 '삼강(三綱)'과 같은 유교의 규범을 비판하면서 서양 윤리학을 수용하여 중국의 윤리를 만드는 것이었다. 이 과정에서 그는 유교 윤리가 사은(私恩)을 중시하고 공덕(公德)을 경시한다고 비판하면서 국민국가의 창출을 위한 윤리학을 모색하였다. 차이위안페이의 저술은 '중국윤리학사'라는 제목이 붙어 있지만, 그가 파울젠의 『윤리학 원리』를 번역하였듯이, 서양의 윤리학에 기반하여 중국의 윤리학설을 정리하고자 시도한 책이다. 그는 윤리학을 "학문적 이치의 연구를 목적으로" 하는 학문으로 정의하고 과학과 논리에 토대를 둔 중국의 윤리학을 구축해야 한다고 주장했다.

한국에서도 근대적 교육 제도가 성립하면서 수신과 윤리는 교과목의 명칭으로 정착되기 시작했다. 1897년경부터 『독립신문』에 긍정적 의미로서 등장한 '수신'이라는 용어는 수신제가라는 유교 경전의 용어라기보다는 새로운 교육 제도 속에서 요청된 소학교의 교과목 명칭이었다. 『독립신문』에서 제시된 '수신' 교과목은 체조, 외국어 등과 같이 근대적 의미를 함축한 교과목과 함께 제시되었다. 일본이 통감부를 설치하여 조선에 지배력을 미치면서 '수신' 교과목은 일본의 식민지 지배를 위한 이데올로기로 전환되었다. 통감부는 소학교와 중학교를 각각 보통학교와 고등학교로 개편하면서, 모든 교육 과정에서 '수신' 교과목을 선두 교과목으로 배정하였고, '윤리'라는 교과목의 명칭은 사용하지 않았다. 식민 통치를 위한 통감부의 교육 정책에 반발하는 민족 계열의 사립학교에서는 수신 교과목이라는 외적 장치 속에 자강 의식을 배양하고 애국심을 고취하는 내용을 담고자 했다. 통감부와 사립학교에서 각각 근대적 교육의 일환으로 동일하게 수신 교과를 개설했지만, 수신의 의미론적 방향은 동일하지 않았다. 사립학교 계열에서는 '윤리'라는 이름이 들어가는 교과서를 직접 제작하면서, 개인의 수신, 가족, 사회, 국가에 대한 근대적 학설을 소개하고자 했다.

해방 이후 한국인의 윤리 의식을 형성하는 과정에서 각급 학교의 윤리 교육이 결정적 역할을 하고 있다는 점에서 윤리 교육 과정에 대해 간략히 살펴볼 필요가 있다. 주지하는 것처럼 해방과 더불어 미군정청은 일제시대 '수신' 과목을 폐지하고 대신 '공민' 과목을 신설하였다. 이때 국정공민교과서 편집위원회에 참여한 최재희, 안호상, 정열모, 백낙준 등은 우리 민족의 우수성을 부각시켜 민족 중심의 교육을 강조하였다. 또한 개인보다 민족과 국가의 안위를 우선시하였다. 개인의 행복과 복리보다는 국가와 민족을 위하는 '공민'을 양성하고자 하였다.[14]

해방 이후 윤리 교육은 합리성에 대한 믿음을 바탕으로 개인의 자율성을 존중하는 것과는 거리가 있었다고 할 것이다.

그런데 1963년(제2차 교육과정기 1963-1973) 이후 초중학교에서부터 "반공 도덕생활" 영역을 설정하고 고등학교 과정에서는 "국민윤리"로 개설하면서 학교에서 윤리 교육은 반공이라는 이름 아래 5·16 군사 쿠데타와 유신체제를 옹호하는 데 악용당하면서 역효과를 초래하기 시작한다. 특히 제4차 교육과정기(1981-1987) 5·18 군사 정권이 국가와 반공생활 영역을 50-60%까지 확장하여 "국민정신교육"을 강화하겠다고 나서자 윤리 교육은 형용모순에 이르고 말았다. 특히 1980년 "서울의 봄"을 경험하며 민주주의에 대한 헌신과 군부 체제에 대한 반발이 최고조에 이른 비판적 대학생들에게 강제된 "국민윤리" 강좌 시간은 "윤리를 비롯한 상부 구조란 가진 자들의 이익을 대변하는 이데올로기에 불과하다."는 마르크스의 탈도덕주의를 입증하는 장이 되기 일쑤였다.

미군정과 더불어 남한 사회는 서구, 특히 미국의 영향이 압도적으로 높아지면서 윤리학 연구에서도 분석 철학의 영향력이 하루가 다르

---

14) 김동선, 「미군정기 국정공민교과서의 성격과 집필진의 구성」, 『한국민족운동사연구』, 통권 94(2018. 3), 103쪽.

게 높아졌다. 19세기 후반 논리실증주의 이후 분석 철학의 전통에서는 대부분의 학자들이 윤리학의 학문적 정당성에 대해 매우 회의적이었다. 분석 철학자들의 전가의 보도인 '오캄의 면도날' 앞에 대부분의 윤리 규범들은 무기력하게 쓰러졌다. 그런가 하면 1980년대 이후 프랑크푸르트학파의 비판 이론이 국내에 본격 소개되면서 그 일차적 표적 역시 우리의 전통 윤리 규범이 되었다. 이렇게 볼 때 1980년대 이후 한국 사회는 "도대체 윤리란 무엇인가?"에 대하여 지속적으로 논쟁을 하고 있는 것이다.

뿐만 아니라 루소와 칸트로 대변되는 대륙적 전통의 의무론적 윤리학뿐만 아니라 흄과 벤담 그리고 밀의 가르침에 충실한 공리주의가 연구되면서 윤리의 정체성에 대한 논쟁은 더욱 다채롭게 펼쳐지고 있다. 특히 1990년대 이후 생명 공학과 디지털 기술의 폭발적 발전과 더불어 임신 중절, 안락사, 유전자 조작, 개인 정보, 사이버테러 등 과거에는 생각하지도 못했던 윤리적 문제를 당면하게 되면서 이러한 문제들에 대해 개인적 차원에서뿐만 아니라 국가 정책 차원에서 바람직한 해결 방향에 대하여 사회적 합의를 모색하지 않을 수 없게 되었다. 최대다수의 최대행복이라는 공리주의 윤리설은 이론적 단순성과 현실적 호소력으로 특히 정책 입안자들에게 상당한 설득력을 얻고 있는 듯하다. 그러나 개인의 존엄성과 자율성은 이처럼 민주화된 우리 사회에서 손익의 크기에 의해 쉽게 유린될 수 없는 윤리의 바탕이라는 점 역시 시민 사회의 담론 과정에서 지속적으로 강조되고 있다.

바로 이 점에서 윤리의 문제가 단순히 개인적 차원으로 모두 환원될 수는 없는 것이다. 서로 다른 개인이 함께 살아가고 있는 다양한 공동체의 기본 구조 혹은 운영 방식이 정당한가에 대해 지속적으로 주목할 수밖에 없는 것이다. 롤즈의『정의론』이 1970년대 말 국내에 소개되었을 때에만 하더라도 "부르주아 복지주의를 정당화하는 미국판 이데올로기" 정도로 간주되었다. 군부 독재라는 폭압에 맞서 당장 인신의 구속을 염려해야 하는 상황에서 정의의 원칙에 대한 지극히 원론적인 철학적 담론은 참으로 한가한 이야기로 들릴 수밖에 없었을 것이다. 그러나 1990년대 구소련을 위시한 동유럽 사회주의 국가들이 붕괴하면서 정의에 대한 규범적 담론에 다시 주목하게 되었다. 이와 더불어 자유주의와 공동체주의 논쟁을 중심으로 펼쳐진 다양한 민주주의 논쟁들은 결국 사회 속에서 우리가 좋은 삶을 살아가기 위해서는 개인 행위 자체를 넘어 사회 구조와 역사적 전통 그리고 미래에 대한 조망을 바탕으로 윤리에 대한 넓은 시야, 즉 윤리적 관용을 끊임없이 요구하는 듯하다. 한국 사회에서 외국인 및 다문화 가정의 비율이 하루가 다르게 증가하고 있는 현실을 본다면 단순한 문화 상대주의를 넘어서는 윤리적 관용은 한국 사회가 새롭게 당면하고 있는 과제라고 해도 과언이 아닐 것이다. 옳고 그름을 논하기 전에 먼저 윤리적 관용의 의의와 한계에 대해 함께 성찰해볼 필요가 있지 않을까?

그런데 2010년 한국갤럽에 따르면 우리나라 사람들은 우리 사회의 도덕성 수준에 대해 낮게 평가하는 것으로 나타났다.[15] 이 조사는 2009년 12월 15일부터 2010년 1월 5일까지 제주도를 제외한 전국의 만 19세 이상 남녀 1,503명을 개별 면접한 결과이다. 조사 대상자는 당시 행정구역과 주민등록인구통계자료를 바탕으로 층화대표구를 추

---

15)　(주)한국갤럽조사연구소,『한국인의 철학: 여론조사로 생생하게 밝힌 한국 최초의 철학탐구서』(한국갤럽, 2010), 118쪽.

출한 후 해당 지역에서 선정하였으며, 최대허용 표본오차 한계는 ±2.5%포인트이다. 일반 국민을 대상으로 일반적인 윤리 인식에 대한 조사를 한 것은 이 조사가 처음이자 마지막인 것으로 판단되어 이 자료를 인용한다.

우리 사회의 도덕성 수준에 대한 질문에 27%(1%: '매우 높다', 26%: '높은 편이다')만이 긍정적으로 답하였다. 반면 69%의 부정적 답변 중 11%가 '아주 낮다'에 답하였다. 일반적으로 도덕 수준이나 준법 수준에 대한 평가가 인색하다는 점을 염두에 둔다면 이런 낮은 평가는 예상 가능한 것이었다고 할 수 있다. 특히 2000년대 이후 민주화가 공고화하면서 사회적 공정성에 대한 요구가 다양한 방면에서 확산되고 있는 점을 감안할 때 어느 사회에서건 도덕적 상황은 비판과 개선의 대상이 될 수밖에 없을 것이다. 그럼에도 불구하고 시대별 조사나 다른 사회와의 비교 조사가 이루어진다면 유의미성을 이끌어낼 수 있는 훌륭한 조사임을 부정할 수 없다.

우리 사회의 도덕성이 낮다고 생각하는 가장 큰 이유에 대해서는 35%가 "국민 개개인의 이기주의"를 지목하였으나 34%가 "지도자들의 부정부패"에 답한 것으로 볼 때 일반 국민과 지도자 모두 책임이 있다고 생각하는 것으로 해석할 수 있을 것이다. "물질만능주의"(21%)와 "외래문명의 무분별한 수용"(5%) 그리고 "도덕 교육의 실패"(5%)도 그 원인으로 주목받았다. 참고로 본 설문조사에서는 이유를 위의 5가지로 사전에 제시하고 그중에서 하나만 선택하도록 하였다.

이 조사에서 또 한 가지 흥미로운 점은 철학 공부와 윤리 의식과의 상관관계에 대한 항목에 대해 약 67%(관련이 있다 10%, 어느 정도 관련이 있다 57%)가 관련성이 있다고 답하였다. 그런데 철학의 구체적인 관심 분야에 대한 질문에서는 동양철학(21%), 윤리학(20%), 형이상학(10%), 사회정치 철학(10%), 논리학(8%) 순으로 나타났다. 사실 동양철학의 구체적 내용은 특히 유학의 경우 상당 부분 윤리학과 사회정치 철학이라는 점에서 우리 국민의 철학적 관심사 대부분은 윤리적 관심사라고 해도 큰 무리는 없을 듯하다.

윤리에 대한 국민들의 이렇게 큰 관심에도 불구하고 2010년 우리 사회의 도덕성 수준에 대해 우리 국민들이 스스로 낮게 평가한 이유는 무엇일까? 그로부터 10년이 지난 2020년 우리 사회의 도덕성 수준에 대한 국민 인식이 긍정적으로 변했다고 추정할 수 있을까? 그리고 지금부터 10년 후 도덕성에 대한 인식 조사를 한다면 조금이라도 더 긍정적인 답변을 기대할 수 있을까? 만일 우리가 나와 다른 윤리적 기준에 따라 행동하는 타인의 행위에 대해 비윤리적이라고 단정하고 비난하기 전에 조금 더 관용을 발휘할 수 있다면 우리 모두 함께 좋은 삶을 살아가는 데 윤리가 활력소 역할을 할 수 있지 않을까?

■참고문헌

제1부 '성리'의 정립을 향하여

원전류

『老子』

『論語』

『孟子』

『墨子』

『荀子』

『禮記』

『春秋左氏傳』

『二程集』, 臺北: 漢京文化事業有限公司, 1983.

歐陽脩, 『文忠集』(文淵閣 四庫全書 電子版)

司馬光, 『傳家集』(文淵閣 四庫全書 電子版)

徐積, 『節孝集』(文淵閣 四庫全書 電子版)

蘇軾, 『東坡易傳』(文淵閣 四庫全書 電子版)

蘇軾, 『東坡全集』(文淵閣 四庫全書 電子版)

蘇轍, 『老子解』(文淵閣 四庫全書 電子版)

蘇轍, 『孟子解』(文淵閣 四庫全書 電子版)

王安石, 『王臨川集』, 臺北: 世界書局, 1988.

劉敞, 『公是集』(文淵閣 四庫全書 電子版)

李翱, 『李文公集』(文淵閣 四庫全書 電子版)

李覯, 『旴江集』(文淵閣 四庫全書 電子版)

張載,『張子全書』(文淵閣 四庫全書 電子版)

陳襄,『古靈集』(文淵閣 四庫全書 電子版)

韓愈,『韓昌黎集』(文淵閣 四庫全書 電子版)

胡瑗,『周易口義』,(文淵閣 四庫全書 電子版)

논저류

나카자와 신이치 저/ 김옥희 역,『사랑과 경제의 로고스』, 서울: 동아시아, 2004.

데이비드 니비슨 저/ 김민철 역,『유학의 갈림길』, 서울: 철학과 현실사, 2006.

도성달,『서양 윤리학에서 본 유학』, 성남: 한국학중앙연구원 출판부, 2012.

마르셀 그라네(Marcel Grane) 저/ 신하령 · 김태완 역,『중국의 고대 축제와 가요』, 서울: 살림출판사, 2005.

마르셀 모스 저/ 이상률 역,『증여론』, 파주: 한길사, 2005.

박봉배,「조화의 철학에 기초한 유교 윤리」,『기독교사상』14(12), 대한기독교 서회, 1970.

박종배,「조선시대 학교의례 연구」, 서울대학교 대학원 박사학위논문, 2003.

박종홍,『지성과 모색』, 서울: 박영사, 1967.

백종현,『윤리 개념의 형성』, 서울: 철학과 현실사, 2003.

벤자민 슈월츠 저/ 나성 역,『중국 고대 사상의 세계』, 서울: 살림, 2004.

송영배,「현대사회의 불안요인과 유교적 윤리관의 의미」, 한국실학학회 편, 『한국실학연구』3, 2001.

오구라 기조 저/ 조성환 역,『한국은 하나의 철학이다』, 서울: 도서출판 모시는 사람들, 2017.

이봉규,「인륜: 쟁탈성 해소를 위한 유교적 구성」,『태동고전연구』제31집, 2013.

이수덕,「鄕飮酒禮의 起源과 形成」, 대구사학회,『대구사학』83권, 2006.

이원석, 「북송대 인성론 연구」, 서울대 대학원 박사학위논문, 2011.

장동익, 「덕 윤리적 관점과 유교 윤리」, 『도덕윤리과교육』 제36호, 2012.

토머스 메츠거 저/ 나성 역, 『곤경의 탈피』, 서울: 민음사, 2014.

한나 아렌트 저/ 이진우·태정호 역, 『인간의 조건』, 서울: 한길사, 1996.

한평수, 「배려(Care)의 윤리와 인(仁)의 윤리」, 『철학사상』 제23권, 서울대학교 철학사상연구소, 2006.

加藤常賢, 『中國古代文化の研究』, 東京: 二松學舍大學出版部, 1980.

石塚正英·柴田隆行 監修, 『哲學·思想飜譯語事典』, 東京: 論創社, 2003.

楊聯陞, 『中國文化中報, 保, 包之意義』, 香港: 中文大學出版社, 1987.

嚴文明 편, 『中華文明史』 제1권, 北京: 北京大學出版社, 2006.

增淵龍夫, 「中國古代の社會と國家」, 東京: 岩波書店, 1996(新版).

陳來, 『仁學本體論』, 北京: 三聯書店, 2014.

Derk Bodde, "Feudalism in China", in Derk Bodde, *Essays on Chinese Civilization*, New Jersey: Princeton University Press, 1981.

Eugene Cooper, "The Potlatch in Ancient China: Parallels in the Sociopolitical Structure of the Ancient Chinese and the American Indians of the Northwest Coast", *History of Religion*, Vol. 22, No. 2(Nov., 1982), The University of Chicago Press.

Heiner Roetz, *Confucian Ethics of the Axial Age: a Reconstruction under the Aspect of the Breakthrough toward Postconventioanl Thinking*, New York: State University of New York Press, 1993.

Peter K. Bol, *This Culture of Ours*, Stanford: Stanford University Press, 1992.

제2부 동아시아에서 윤리 개념의 정초

원전류

『고려사』, 『조선왕조실록』, 한국사데이타베이스.

정약용, 『목민심서』, 한국고전연구원.

김민재 역, 『근대수신교과서 3』, 소명출판, 2011.

이광수, 『무정』, 민음사, 2011

허재영 등 역, 『근대수신교과서』 1, 소명출판, 2011.

한국학문헌연구소 편, 『한국 개화기 교과서 총서(9권)―수신·윤리편』 I, 「해제」, 아세아문화사, 1977.

유길준, 『서유견문』, 東京: 交旬社, 1895.

『황성신문』, 『기호흥학회월보』, 『독립신문』

康有爲 撰, 姜義華 編校, 『康有爲全集』 第3集, 上海古籍出版社, 1992.

顧燮光, 『譯書經眼錄』, 石印本, 1927.

梁啓超, 『飮冰室合集』, 中華書局, 1989.

劉師培, 『劉申叔先生遺書』 1~4冊, 太原: 寧武南氏, 영인본, 台北: 京華書局, 1970.

北京愛如生數字化技術研究中心 編, 中國基本古籍庫. 서울대학교 도서관.

舒新城編, 『近代中国教育史料』 第1冊, 北京: 人民教育出版社, 1961.

西村茂樹, 『日本道德論』, 西村金治, 1877. 일본 국립국회도서관 디지털컬렉션.

柴田昌吉·子安峻, 『增補訂正英和字彙』, 懸車堂, 1888. 일본 국립국회도서관 디지털컬렉션.

柴田昌吉·子安峻 編, 『英和字彙: 附音插図』, 日就社, 1873. 일본 국립국회도서관 디지털컬렉션.

井上圓了, 『倫理通論』 第1, 第2卷, 普及社, 1887.

井上哲次郎, 『倫理新說』, 東京: 酒井清造等, 1883. 일본 국립국회도서관 디지털컬렉션.

井上哲次郎, 有賀長雄 增補, 『哲學字彙』, 東洋館, 1884. 일본 국립국회도서관 디지털컬렉션.

中國蔡元培硏究會編, 『蔡元培全集』第1卷, 浙江教育出版社, 1997.

W. Lobscheid, *An English and Chinese dictionary*(增訂英華字典), as revised and enlarged by Tetsujiro Inouye, Tokyo, 1883.

단행본

고야스 노부쿠니 저, 이한정 옮김, 『한자론: 불가피한 타자』, 연세대학교대학출판문화원, 2017.

김민재, 『학교 도덕교육의 탄생—1894~1910년 근대 계몽기의 수신교과서를 중심으로』, 케포이북스, 2014.

김영우, 『한국 개화기의 교육』, 교육과학사, 1997.

이광수, 『무정』, 민음사, 2010.

이원순, 『조선서학사연구』, 일지사, 1986.

璩鑫圭 · 童富勇 편, 『中國近代教育資料彙編: 教育思想』, 上海教育出版社, 2007.

石塚正雄 · 柴田隆行 監修, 『哲學思想飜譯語事典』, 論創社, 2쇄: 2004.

艾儒略, 『西學凡』, 『天學初函』1卷, 臺灣學生書局, 1965.

王有朋 主編, 『中國近代中小學教科書總目』, 上海辭書出版社, 2010.

熊月之, 『西學東漸與滿淸社會』, 上海人民出版社, 1894.

子安宣邦, 『漢字論—不可避の他者』, 岩波書店, 2003.

Zarrow, Peter Gue, *Educating China: Knowledge, Society and Textbooks in a Modernizing World, 1902–1937*, Cambridge University Press, 2015.

연구서

김민재, 「근대 수신 교과서를 통해 살펴본 '도덕과 교육'의 연속성—『윤리학 교과서』와 『고등 소학수신서』를 중심으로」, 이화여자대학교 한국문화연 구원, 『한국문화연구』 19권, 2010.

양일모, 「근대 중국의 서양학문 수용과 번역」, 『시대와 철학』 제15권 제2호, 2004.

양일모, 「해제: 윤리신설」, 한림과학원 편, 『동아시아 개념연구 기초문헌해제 2』, 선인, 2013.

양일모, 「근대 중국의 민주 개념—민본과 민주의 간극」, 『중국지식네트워크』 No. 9, 2017.

양일모, 「유교적 윤리 개념의 근대적 의미 전환—20세기 전후 한국의 언론잡 지 기사를 중심으로」, 『철학사상』 64호, 2017.

이행훈, 「1900년대 전후 도덕 개념의 의미장—수신·윤리 교과서를 중심으 로」, 『개념과 소통』 제12호, 2013.

이혜경, 「근대 중국 '倫理' 개념의 번역과 변용—유학과의 관계를 중심으로」, 『철학사상』 37, 2010, pp. 95–129.

황경식, 「서양 윤리학의 수용과 그 영향」, 『철학사상』 6, 1996.

アルベルト・ミヤン・マルティン, 「阿部泰蔵 『修身論(原典 F. Wayland, *Elements of Moral Science*)』における「God」の翻訳をめぐって」, 『一神 教世界』 2, pp. 73–92, 2011.

江島尚俊, 「近代日本の大學制度と倫理學—東京大學における教育課程に着眼 して」, 『田園調布學園大學紀要』 第10号, 2015.

江島尚俊, 「明治期における「倫理書籍」の出版動向と「日本倫理 論の類型」, 『田 園調布學園大學紀要』 第10号, 2015.

龔穎, 「明治期の倫理學関係著(訳)書の中国における傳播」, 『世界の日本研究』, 2017.

藤田昌士,「修身科の成立過程」,『東京大學教育學部紀要』8, 1965.

李立業,「井上圓了著作の中国語訳及び近代中国の思想啓蒙に対する影響」, 『国際井上圓了研究』6, 2018.

楊玉榮,「倫理學的厘定」,『武漢大學學報(人文科學版)』第62卷 第6期, 2009.

楊玉榮,「劉師培與中國近代倫理新術語的生成」,『河北師範大學學報 哲學社會 科學版』第36卷 第2期, 2013.

李萍,「近代中國"倫理"概念的再形成」,『上海師範大學學報(哲學社會科學版)』 第41卷 第5期, 2012.

山口るみ子,「梁啓超「東籍月旦」に見る西洋近代思想受容の態度と倫理思想」, 『東洋大學中國哲學文學科紀要』12, 2004.

徐曼・王夢圓,「"五四"後西方倫理學在中國傳播途徑考略」,『河北大學學報』(哲 學社會科學版), Vol. 34, No. 2, 2009.

西悠哉,「「ethics」概念の受容と展開—倫理教科書を中心として」,『佛教大學大 學院紀要—文學研究科篇』第38호號, 2010.

石岡信一,「倫理學を中心にして—倫理通論と日本倫理學案からみた圓了の倫 理學—」, 清水乞 編著,『井上圓了の學理思想』, 東洋大學井上圓了記念學 術振興基金, 1989.

石鷗鳩・吳小鷗,「清末民初教科書的現代倫理精神啟蒙」,『倫理學研究』第5期 (總第49期), 2010.

小泉仰,「西周の『生性発蘊』とコントの人間性論: 資料としての檢討」,『哲學』 (慶應義塾大學紀要) 第56集, 1970.

王世光,「清末修身教科書芻議」,『河北師範大學學報』教育科學版, 2016年 3 期.

子安宣邦,「近代 '倫理'概念の成立とその行方—漢子論・不可避他者」,『思想』 No. 912, 2000.6.

陳瑋芬,「'倫理', '道德'概念在日本的轉化與再生—與近代中國的比較」. 李明 輝・邱黃海 編,『理解,詮釋與儒家傳統—比較觀點』, 中央研究院中國文哲研究所, 2010.

土屋洋, 「"中國教育史"的诞生―蒋黼及其《中國教育史資料》考论」, 『中國人民大學教育學学』, 2016년 제1기.

土屋洋, 「清末の修身教科書と日本」, 『史林』 88권 3호, 2005.

黃興濤·曾建立, 「清末新式學堂的倫理教育與倫理教科書探論―兼論現代倫理學學科在中國的興起」, 『清史研究』 第1期, 2008.

제3부 서양 윤리 수용과 윤리 개념 정초

교육과학기술부 고시 제2011-361호, "2009년 개정 교육과정에 따른 도덕과 교과서 집필 기준".

김영수, 『한국헌법사』, 학문사, 2001.

김용호, 「조소앙의 삼균주의 연구: 그 형성·전개 과정과 내용 및 평가」, 서울대학교 정치학과 석사학위논문, 1979.

김태길, 『윤리학』, 박영사, 2001(중판).

김태길, 『한국윤리의 재정립』, 철학과 현실사, 2010.

김태창, 「韓사상·韓철학과 공공윤리」, 『윤리교육연구』 26, 2011.

김학준, 「해방후 한국 정당변천사연구」, 『국사관논총』 25집, 1983.

김효명, 「영미철학의 수용과 그 평가」, 『철학사상』 6, 1996.

백종현, 「독일철학의 유입과 수용 전개(1900-1960)」, 『철학사상』 5, 1995.

백종현, 「서양 철학의 수용과 한국의 철학」, 『철학사상』 5, 1995.

백종현, 『윤리개념의 형성』, 철학과 현실사, 2003.

백종현, 『현대한국사회의 철학적 문제: 윤리 개념의 형성』, 철학과 현실사, 2003.

손봉호 외, 「한국의 시민사회와 시민윤리」, 『시민교육연구』 28, 1999.

시희경·박명림, 「민주공화주의와 대한민국 헌법 이념의 형성」, 『정신문화연구』30권 1호, 2007.

이윤옥, 『오염된 국어사전』, 인물과 사상사, 2013.

이장형, 「한치진을 통해 본 한국 기독교사상계의 기독교윤리 이해」, 『기독교
사회윤리』24, 2012.

장은주, 『인권의 철학』, 새물결, 2010.

조대엽·홍성태, 「공공성의 사회적 구성과 공공성 프레임의 역사적 유형」,
『아세아연구』56(2), 2013.

정원섭, 「영미윤리학계의 최근 연구 동향과 도덕교육」, 『윤리교육연구』14,
2007.

정학섭, 「조소앙의 삼균주의에 관한 일 연구: 사회사상사적 접근」, 서울대학
교 사회학과 석사학위논문, 1984.

한국정신문화연구원, 『한국민족문화대백과』, 한국정신문화연구원, 1991.

홍성태, 「공공성의 사회적 구성과 정치과정의 동학」, 한국사회학회, 『한국사
회학회 사회학대회 논문집』, 2012.

황경식, 「서양윤리학의 수용과 그 영향」, 『철학사상』6, 1996.

황경식, 「한국윤리학계의 연구 현황II('80 – 현재)」, 『철학사상』7, 1997.

Jeremy Bentham, *An Introduction to the Principles of Morals and
Legislation*, (1789), 강준호 역, 『도덕과 입법의 원칙에 대한 서론』, 아카
넷, 2015.

Jonathan Haidt, *Righteous Mind*, 왕수진 역, 『바른 마음』, 웅진지식하우스,
2014.

Immanuel Kant, *Zum Ewigen Frieden*, 백종현 역, 『영원한 평화』, 아카넷,
2013.

Crawford Brough MacPherson, 황경식 외 역, 『홉스와 로크의 사회철학』,
박영사, 1990.

David Mattew, "The Public in Practice and Theory", *Public*

Administration Review 44, 1984.

John Rawls, *A Theory of Justice*, The Belknap Press of Harvard University Press, Cambridge, Mass. 1971. 황경식 역, 『사회정의론』(서울: 서광사, 1977). 개정판; 황경식 『정의론』, 이학사, 2003.

John Rawls, *Political Liberalism*, The Belknap Press of Harvard University Press, Cambridge, Mass. 1992. 장동진 역, 『정치적 자유주의』, 동명사, 1998.

Jean Jacques Rousseau, *Du Contrat Social*, 이환 역, 『사회계약론』, 서울대학교 출판부, 1999.

Michael Sandel, "Political Liberalism", *Harvard Law Review*, Vol. 107, 2003.

Michael Sandel, *Justice: What's the right thing to do*, 이명신 역, 『정의란 무엇인가?』, 김영사, 2010.

James Sullivan, "Civics and civics teaching", *The Encyclopedia Americana*, Vol. 6, 1918.

서울대학교 사범대학 윤리교육과 홈페이지. http://edu.snu.ac.kr/NationalEthicsEducation(2017.04.29.)

■ 찾아보기

■ 저자 소개

양일모

서울대학교 철학과를 졸업하고 같은 대학 대학원에서 동양철학 전공으로 석사학위, 도쿄대학 대학원 인문사회계연구과에서 박사학위를 받았다. 현재 서울대학교 자유전공학부 교수로 재직하고 있다. 저서로 『근현대한국총서 1~7』(책임편집, 2019), 『옌푸(嚴復): 중국의 근대성과 서양사상』(2008), 『민본과 민주의 개념적 통섭』(공저, 2017) 등이 있고, 번역으로 『천연론』(공역), 『관념사란 무엇인가』(공역) 등이 있다. 「한학에서 철학으로―20세기 전환기 일본의 유교 연구」, 「유교적 윤리 개념의 근대적 의미 전환―20세기 전후 한국의 언론잡지 기사를 중심으로」, 「중국철학사의 탄생―20세기 초 중국철학사 텍스트 성립을 중심으로」, "Translating Darwin's Metaphors in East Asia" 등의 논문이 있다.

이원석

서울대학교에서 「북송대(北宋代) 인성론 연구」(2011)로 철학 박사학위를 취득하고 현재 전남대학교 철학과 교수로 재직하고 있다. 공저로 근현대한국총서 시리즈 여섯 권(『서학의 충격과 접변』, 『동도서기의 의미지평』, 『서양 정치사상과 유교 지평의 확장』, 『사회사상과 동서접변』, 『동서사상의 회통』, 『동서접변 연구의 평가와 전망』)이 있고(2020), 역서로 『주희의 역사세계』(2015), 『이 중국에 거하라』(2012), 『주자와 양명의 철학』(2012) 등이 있으며, 논문으로 「정조와 윤행임의 「대학장구 서문」 해석과 인물성동이 논쟁」(2020), 「청년기 김굉필의 사상 전환과 그 지성사적 배경」(2020) 등이 있다. ophil91@jnu.ac.kr

정원섭

서울대학교 철학과를 졸업하고 같은 대학교 대학원에서 존 로크에 관한 연구로 석사학위(1989)와 존 롤즈에 대한 연구로 박사학위(2004)를 받았다. 지금 경남대학교 자유전공학부 교수로 일한다. 논문으로는 「영미윤리학계의 최근 동향과 도덕교육」, 「자유주의 정치철학과 복지」, 「인권의 현대적 역설」 등이 있고, 저서로는 『롤즈의 공적 이성과 입헌 민주주의』(2008), 『처음 읽는 윤리학』(2013), 『인공지능과 새로운 규범』(2018) 등이 있으며, 번역서로는 『다원적 평등과 정의』(M. 왈처, 1999), 『기업윤리』(N. 바우위, 1995), 『아시아의 인권교육』(유네스코한국위원회, 2000) 등이 있다. "A Property-Owning Democracy or Democratic Socialism?"(1998)으로 미국철학회로부터 'Foreign Young Philosopher' 최우수상을 받았다.

성리와 윤리
— 윤리 개념의 한국적 정초

대우학술총서 623

1판 1쇄 찍음 | 2020년 8월 14일
1판 1쇄 펴냄 | 2020년 8월 28일

지은이 | 양일모·이원석·정원섭
펴낸이 | 김정호
펴낸곳 | 아카넷

출판등록 | 2000년 1월 24일(제406-2000-000012호)
주소 | 10881 경기도 파주시 회동길 445-3
전화 | 031-955-9510 (편집)·031-955-9514 (주문)
팩시밀리 | 031-955-9519
책임편집 | 이하심
www.acanet.co.kr

Printed in Paju, Korea.

ISBN 978-89-5733-690-8 94190
ISBN 978-89-89103-00-4 (세트)

이 도서의 국립중앙도서관 출판예정도서목록(CIP)은
서지정보유통지원시스템 홈페이지(http://seoji.nl.go.kr)와
국가자료공동목록시스템(http://www.nl.go.kr/kolisnet)에서 이용하실 수 있습니다.
(CIP제어번호: 2020031394)